八字入門
好學又實用的八字學習書

序文

中國自古以來有關論述人生命理的學問與派別，可說是種類繁多而不及備載，諸如八字命理學、紫微斗數、鐵板神算、梅花易數、大六壬神課、奇門遁甲……等皆是。上述的這些學術、派別雖都各以不同的方式與內容在論述人一生的命與運之關係，但卻都有一個共同的情形，那就是充滿深奧難懂的文言文之八股文字，以致讓有心想學習中國這些先賢流傳下來的古經命典之人，本身如果不具備有一定程度的文學造詣及能夠沉靜下來之心性的話，是無法去悟透與學得這些命學經典的深奧義理，這也是為什麼命學從古時流傳到今日已歷經數千年之久，還是無法普及到社會大眾的原因之一，有不少人甚至存有排斥與鄙視的心態。

筆者自從學習「五術」學術，也就是我們常說的「山、醫、命、卜、相」以後，因此也得以一窺中華民族數千年來古聖先哲從天地宇宙間所領悟出的人與大自然間彼此存在一種無形的、看不見的、無法用現代科學去證明它的存在，但卻事實上會影響我們小至個人、大至國家，甚至於整個國際間國家彼此間互動的存亡利害關係的力量，這個力量就是古人所說的「運」，也就是現代人比較科學講法，所謂的「磁場」。這個無形的「運」、「磁場」，如果運用於大自然上的山崗、河水、平原……等地方的話，就是我們平常所說的「風水、地理、堪輿」，更是一般人所常講的「陽宅、陰宅」；如果運用到我們「人」的一生富貴貧賤的影響上，就是我們常說的「命、運」。

筆者在研讀、學習這「五術」學術之後，可真是佩服古聖先哲的智慧，他們能夠無中生有的將存在於大自然間的這個無形「氣場」，轉化成有形的文字，以驗證我們「人」一生的富貴貧賤、高低起伏而歷歷不爽，並且歷代名人輩出、名著甚多，到現在還是歷久不衰。

只是讓人嘆息、扼腕的就是這些古聖先哲所流傳後世的命學名著，不是文辭艱澀難懂、就是保留一手並稱若非家傳門人或嫡傳弟子，絕不傳授獨門秘學……等。以致於到現在已進入二十一世紀的今天，我們老祖宗這幾千年來「嘔心瀝血」的結晶尚無法像西洋星象學般的，已經深植社會之中，在平居生活中不管有沒有學過星象學之人，大概每個人都可以就某一個星座朗朗上口的談上一段見解出來；甚至於幾個三五好友在一起，又可以將星座的論述當作談話的內容。

中國的命理學術迄今不僅無法普及到社會大眾上，且無法被我們所謂的知識分子、科學界公開認同，而躋身學術殿堂，尤有甚者還被歸類為九流術士的行業，甚至有江湖術士、怪力亂神等的負面影響，有時候想一想，真會讓人感到嘆息與無奈。

其實，五術的「山、醫、命、卜、相」是一門很具有學理性、且又很生活化的學問，只是因古聖名著的文辭艱澀難懂，而現代宿耆、先進的名著內容，又都以從事五術行業的人為對象所編纂出來的書籍，以致於這一門學問仍然無法普及化，而為社會大眾所了解，並且能自己親身去運用及驗證。基於此因，筆者除了就古聖賢哲及現代先進的名著中所獲得的知識寶典，及筆者實務中所獲取寶貴的經驗，以很生活化、很白話的方式，並以學理性的態度去分析客戶現實生活實務案例，而在民國87年編寫、90年出版，以專業人士為閱讀對象的《八字自學講義》。

筆者先前所編寫的《八字自學講義》，其論述之內容雖然是以深入淺出及白話文的方式編寫，但終究它還是以專業人士為閱讀對象，全部約七十二萬個字、共一一四九頁，因此要讓一般的讀者看得懂這《八字自學講義》的內容，恐怕也不是一件容易的事。因此現今擬再將中國命理學術以更簡潔、明瞭及白話文的方式，並以一般社會大眾為閱讀之對象來編寫本書，以期望我們老祖宗的心血結晶能像目前「西洋星象學」為社會大眾所廣泛的接受，每個人除了能朗朗上口幾句之外，也對自身未來流年的吉凶起伏及一生運勢之好壞，能有一個預先的認知而得以為趨吉避凶的運籌帷幄，藉此以求人生中有更臻美好的人事際遇。

第一章

概論

日常生活中，我們常聽別人或者是自己經常說的「算命、算命」，其實這句話是有語病的，試想一個人一生的四柱八字命怎麼能夠用算的呢?而應該是以五行上的學理去推一生的命，所以筆者跟客戶、朋友談命理時，習慣上都說「推命」或是「排八字、概論一生的命運」，而不講算命。

所謂四柱八字，就是將我們農曆出生的年、月、日、時，分成四組，而每一組各由一天干字及一地支字組合而成，稱為一柱，所以年、月、日、時四組就合稱為四柱；另外因每一柱又包含著天干、地支兩個字，如此四柱加起來就是八個字，這也就是我們所說的「四柱八字」（詳下表）的由來。

	年	月	日	時
十神				
天干				
地支				
十神				

人類自有歷史記載之後，對遠古的事情都傳誦著一種美麗的傳說，如我國的盤古開天、女媧氏的煉石補蒼天，及西洋的亞當、夏娃在伊甸園嚐禁果而創造了人類。相同的，天干地支的起源，在明朝大儒萬育吾所著的《三命通會》有如下的說明：天干，猶如一棵樹木的主幹，強而有力屬於陽質；地支，猶如樹木的枝椏，弱且軟而屬於陰質。遠古祖宗「盤古氏」知道天地間存在著陰陽二氣而化生天、地、人三種類型，所以人就應該順著陰

陽之性的無為而治；隨後的「天皇氏」延續「盤古氏」無為而治則天、地、人自治的精神，將這陰陽無形之氣以有形的天干、地支制訂名稱，十天干原來的名稱是為：閼逢、旃蒙、柔兆、強圉、著雍、屠維、上章、重光、元默、昭陽等，十二地支原本的名稱是為：困敦、赤奮若、攝提格、單閼、執徐、大荒落、敦牂、協洽、涒灘、作噩、閹茂、大淵獻等。其後的學儒蔡邕又說：天干，樹幹也，它的名稱十個，也稱為十母，就是現今我們所說的甲乙丙丁戊己庚辛壬癸；地支，樹枝也，它的名稱有十二個，也稱為十二子，就是現今我們所說的子丑寅卯辰巳午未申酉戌亥等。

到了伏羲氏時，仰觀象於天、俯觀法於地、中觀萬物於人，製作了伏羲八卦（即先天八卦—詳叢書集第5冊：易卦概念章），以通神明之德、以類萬物之情，並用以做甲曆。逮及黃帝軒轅氏開國時，觀日月星辰的運行變化之象，於是有星官之書的著成，隨後命大撓氏深研金木水火土五行生剋制化的原理，以十天干配合十二地支，做為數法之用，並為記年、記月、記日的曆法之用，以干支第一個字甲子為組合的起始，如此便組合成我們常說的「六十甲子年」。

另有一說即淵海子平（宋徐大升編）：「黃帝時有蚩尤神擾亂，當是之時，黃帝甚憂民之苦，遂戰蚩尤於涿鹿之野，流血百里不能治之，黃帝於是齋戒築壇祀天、方丘禮地，天乃降十干、十二支。黃帝於是將十干排為圓形以象天形，將十二支排為正方形以象地形（這就是天圓地方的由來），以干為天、以支為地，然後乃能治也。自後有大撓氏為後人憂之曰，黃帝乃聖人尚不能治其惡煞，萬一後世見災被苦，將何奈乎，遂將十干、十二支分配成六十甲子」。

命理學自周文王創立後天八卦之後即已萌芽，至東周末、春秋戰國時期，學說雜陳、百家爭鳴，這個時候陰陽五行之說更是趁勢而起，其中的鄒衍乃根據其對各王朝興衰的觀察，提倡了五行相剋的學說。然後在兩百年後的西漢末期，又有大儒學家劉向、劉歆父子提倡五行相生的學說，從此後即奠定五行生剋制化的基礎與體系，五行陰陽學說也深植於人們的文化與日常生活中。

四柱推命法是自古以來最廣受採用的命學，以十天干、十二地支的旺相休囚、強弱、生剋制化、會合刑沖破壞，再加以神煞之論說為主。自周朝的珞琭子、鬼谷子，到漢朝的陰陽五行大家鄒衍、劉向、劉歆、董仲舒、管輅、晉朝的郭璞等，當時的論命都以年柱為主，到了唐朝

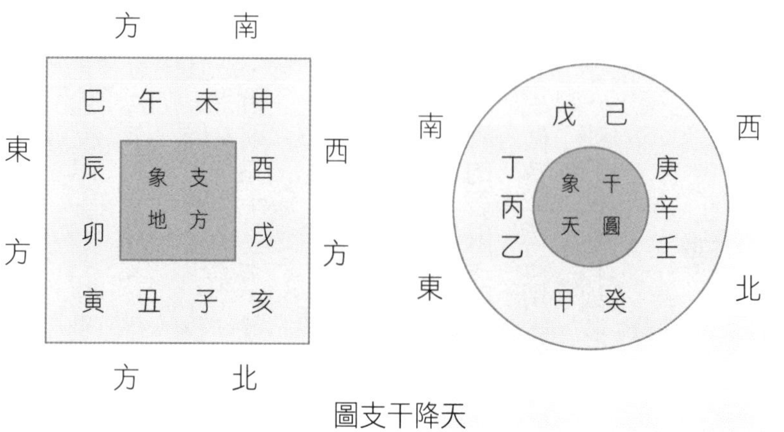

圖支干降天

的李虛中，論命除了以年柱為主外，並兼以六十甲子納音為論命的依據。

唐末宋初之時，東海名儒徐居易（即徐子平）盡得李虛中五行論命之術，去蕪存菁、增減損益，設計出四柱八字論命法，專主五行、不論納音，將過去以年柱為主的論命方式，改為以日柱為主、以月柱為提綱，就四柱內之干支八字，彼此間五行所產生的旺相休囚、強弱、生剋制化、合會刑沖破壞等變化來論命，至此，四柱八字的學術始建立了完整的體系。

第二章

干支五行概論

一、五行

研究命理首先需要明白五行是何物；五行者，就是春夏秋冬之氣候，流行於天地之間、循環不斷的一種無形的磁場，命學家就將這種磁場稱之為五行，也就是我們常說的金、木、水、火、土（其實學理上正確的唸法應該為木、火、土、金、水）。

北方陰極而生寒凍，寒凍則生水；南方陽極而生高熱，高熱則生火；東方陽氣散洩而生風，風動則生木；西方陰氣止息內斂而乾燥，乾燥則生金；中央之地陰陽交媾而溫潤，溫潤則生土。五行彼此之間，其相生也所以相維繫、其相剋也所以相制衡，以維持循環不息的關係，因此：

※五行的方位：東方屬木、南方屬火、西方屬金、北方屬水、中央屬土。

※五行的相生：木生火、火生土、土生金、金生水、水生木。（理解技巧：木材經引燃就生火；木材經火燒光而成灰燼、土壤；土壤、礦土中含有金屬礦物；以金屬器具挖掘水源；以水去灌溉花木，使其生長。）

※五行的相剋：木剋土、土剋水、水剋火、火剋金、金剋木。（理解技巧：花木之根能夠穿透土壤；土壤、堤防可以阻擋水的流勢；水能夠澆熄燃燒之火；燃燒之火可以熔化金屬器物；刀斧能夠砍伐花木。）

二、十天干及其五行之屬性與方位

十天干即甲、乙、丙、丁、戊、己、庚、辛、壬、癸。十天干又分五陽干與五陰干，分別如下：

※**五陽干**：甲、丙、戊、庚、壬。其性剛強。

※**五陰干**：乙、丁、己、辛、癸。其性柔弱。

干者，如樹木之主幹，天干在八字中又稱為「天元」。甲、乙為木，位屬東方；丙、丁為火，位屬南方；戊、己為土，位屬中央；庚、辛為金，位屬西方；壬、癸為水，位屬北方。

三、十二地支及其五行之屬性與方位

十二地支即子、丑、寅、卯、辰、巳、午、未、申、酉、戌、亥。十二地支又分六陽支與六陰支，分別如下：

※**六陽支**：寅、辰、巳、申、戌、亥。其性剛強。

※六陰支：子、丑、卯、午、未、酉。其性柔弱。

其中子、午、卯、酉稱為四正（又稱四仲），寅、申、巳、亥稱為四孟（又稱為四長生），辰、戌、丑、未稱為四庫土（又稱四墓庫、四財庫、四季）。

四庫土中，辰土為帶水之濕土，又稱為水土；丑土為帶金之寒土，又稱為凍土；未土為帶火之土，又稱為熱土；戌土為肅殺之土，又稱為燥土。

支者，猶如樹木之枝椏、細根，地支在八字中又稱為「地元」。寅、卯屬木，位屬東方；巳、午屬火，位屬南方；申、酉屬金，位屬西方；亥、子屬水，位屬北方；辰、戌、丑、未屬土，位屬中央。

其中：

東方：寅卯辰為春季代表。

南方：巳午未為夏季代表。

西方：申酉戌為秋季代表。

北方：亥子丑為冬季代表。

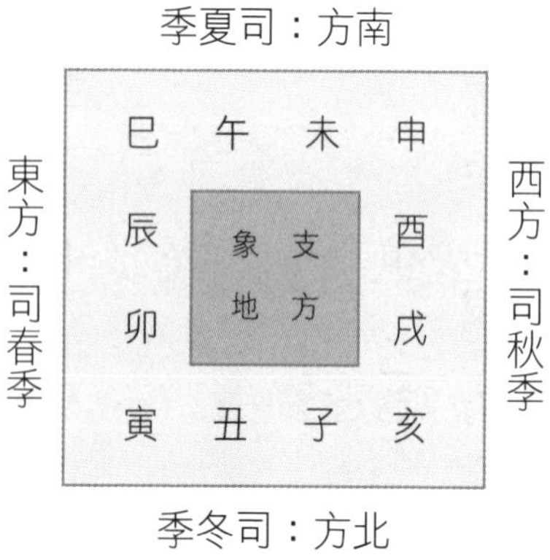

四、三元及支藏天干人元五行

天干稱為「天元」、地支稱為「地元」已如前述，但地支之氣較為複雜，因地支內又暗藏有天干之氣，稱為「人元」。地支暗藏干氣如下：

子藏：癸水。丑藏：己土、癸水、辛金。寅藏：甲木、丙火、戊土。卯藏：乙木。辰藏：戊土、乙木、癸水。巳藏：丙火、戊土、庚金。午藏：丁火、己土。未藏：己土、丁火、乙木。申藏：庚金、戊土、壬水。酉藏：辛金。戌藏：戊土、辛金、丁火。亥藏：壬水、甲木。（詳後表）

地支	藏干
子	癸
丑	己　癸　辛
寅	甲　丙　戊
卯	乙
辰	戊　乙　癸
巳	丙　戊　庚
午	丁　己
未	己　丁　乙
申	庚　戊　壬
酉	辛
戌	戊　辛　丁
亥	壬　甲

寅、申、巳、亥為四長生，辰、戌、丑、未為四墓庫，各藏三物，謂之雜氣。子、午、卯、酉為四正，各藏一物，謂之四專氣，其中己土乃附丁火而生，猶如戊土之附丙火而生者然。

註：右述地支藏人元的古歌口訣為：

「子宮癸水在其中，丑癸辛金己土同，寅宮甲木兼丙戊，卯宮乙木獨相逢，辰藏乙戊三分癸，巳中庚金丙戊從，午宮丁火並己土，未宮乙己丁共宗，申藏庚金壬水戊，酉宮辛金獨豐隆，戌宮辛金及丁戊，亥藏壬甲是真宗」。

五、論十二月建及二十四節氣

命理學論命的時間依據是以農曆（又稱陰曆）的立春、節、子時為年月日時的交換點，並為立四柱、排八字的根據。將一年分為十二月建，每一月建內又有一節、一氣，共十二節、十二氣，所謂：

節者—為每月月令的開始，即立春、驚蟄、清明、立夏、芒種、小暑、立秋、白露、寒露、立冬、大雪、小寒等，為十二節。

氣者—為每月月令的中氣，即雨水、春分、穀雨、小滿、夏至、大暑、處暑、秋分、霜降、小雪、冬至、大寒等，為十二氣。

命理學是以交立春日（節）為每年正月（即寅月）推算的開始，而不是以農曆一月一日為正月（寅月）的開始，不管此立春日是在去年歲底，或是在今年正月裡，以交驚蟄日（節）為二月推算的開始，其餘類推。所以統稱為十二月建、二十四節氣。（如後表）：

※十二月建及二十節氣表：

月令	月建	節：每月之開始	用事五行	氣：每月之中氣	用事五行	四季季候	別稱
正月	寅月	立春	戊土	雨水	甲木	孟春	端月
二月	卯月	驚蟄	甲木	春分	乙木	仲春	花月
三月	辰月	清明	乙木	穀雨	戊土	季春	桐月
四月	巳月	立夏	戊土	小滿	丙火	孟夏	梅月
五月	午月	芒種	己土	夏至	丁火	仲夏	蒲月
六月	未月	小暑	丁火	大暑	己土	季夏	荔月
七月	申月	立秋	戊土	處暑	庚金	孟秋	瓜月
八月	酉月	白露	辛金	秋分	辛金	仲秋	桂月
九月	戌月	寒露	辛金	霜降	戊土	季秋	菊月
十月	亥月	立冬	甲木	小雪	壬水	孟冬	陽月
十一月	子月	大雪	壬水	大寒	癸水	仲冬	葭月
十二月	丑月	小寒	癸水	冬至	己土	季冬	臘月

1、每年的開始乃以立春的日、時為起始標準，而非農曆的一月一日，並且依萬年曆所記載的日、時為起始標準。

例《1》：查萬年曆的87年正月8日8時57分（辰時）為立春日（節），則在這一日的8時56分59秒之前出生之人，必須以86年之年月來排四柱八字以論命；如果是在這一日的8時57分以後出生者，就以87年之年月來排四柱八字以論命。

例《2》：查萬年曆的87年12月19日14時57分（未時）為立春日，則在這一日的14時56分59秒之前出生之人，則以87年之年論；如果是在這一日的14時57分以後出生者，則以88年之年論。

2、每月的開始跟年的開始一樣，都是以入節日、時的時刻為起始標準，而不是以月初的一日為起始標準。

例《3》：查萬年曆的87年2月8日2時57分（寅時）為驚蟄日（節），則在這一日的2時56分59秒之前、立春之後出生者，就以87年正月論；如果是在這一日的2時57分以後、清明（節）之前出生之人，就以87年2月論。

3、每日的開始以子時（晚上11點至凌晨12點59分59秒）為交替基準，唯子時尚分為晚子時（晚上11點到11點59分59秒）及早子時（晚上12點到凌晨12點59分59秒）。此晚子時及早子時，容後詳述。

4、前例立春及驚蟄之間，夾著雨水，也就是我們所說的氣、中氣。中氣與節之間，大約相隔15或16日。又每年的立春日，也大都在國曆的2月4日或2月5日。

註：前面的論述都是以立春日為一個新年開始、年柱更換的基準，自古以來更是命學界論命的圭臬，奉行不逾。唯在數十年前，有一部分先進前輩卻主張以冬至日（氣）做為更換年柱的標準，並且說這是千古命理的一個突破。此冬至日（氣）換年柱的新學理，就筆者的經驗而言，並不準確；但若以立春日（節）來推論，則頗能符合現實生活的情形（詳例於後實務篇），所以筆者並不贊同冬至日（氣）換年柱的立論。

六、二十四節氣氣候

地球係太陽的九大行星之一，每日繞著太陽在運轉，繞行一周約365.26日，繞日的軌道為橢圓形，公轉同時地球本身每日也由西向東自轉一周，時間約需二十三小時又五十六分。

地球因本身的地軸左傾約23.5度，所以地球在公轉與自轉的時候，它的地軸與公轉軌道面成23.5度的角度，也就是赤道和黃道面成23.5度的交角，因而所受太陽照射的不同，就產生了不同氣候的變化。我國曆法即依此氣候的變化，劃分為二十四節氣氣候，每一節、氣都有其行事的準則，並做為農民春耕、夏耘、秋收、冬藏，四季種植的依據。

※二十四節氣氣候表：

月建	節	1~5日	6~10日	11~15日	氣	16~20日	21~25日	26~30日
寅月	立春	冬風解凍	蟄蟲始振	魚陟負冰	雨水	魚獺祭	候雁北	草木萌動
卯月	驚蟄	桃始華	倉庚黃鸝鳴	鷹化為鳩	春分	元(燕)鳥至	雷乃發聲	雷始電
辰月	清明	桐始華	田鼠化為鴽	虹始見	穀雨	萍始生	鳴鳩拂羽	戴勝降於桑
巳月	立夏	蟈蛙鳴	蚯蚓出	王瓜生	小滿	苦菜秀	靡草死	麥秋至
午月	芒種	螳螂生螻	伯勞鳥始鳴	反舌無聲	夏至	腐草為解	蟬始鳴	半夏生
未月	小暑	温風至	蟋蟀居壁	鷹始到達	大暑	螢鹿角	土潤溽暑	大雨時行
申月	立秋	涼風至	白露降	寒蟬鳴	處暑	鷹乃祭鳥	天地始肅	禾乃登穀
酉月	白露	鴻雁來	元(燕)鳥歸	群鳥養羞	秋分	雷始收聲	蟄蟲坯戶	水始涸

月建	節	1~5日	6~10日	11~15日		氣	16~20日	21~25日	26~30日
戌月	寒露	鴻雁來賓	雀入大水為蛤	菊有黃華		霜降	豺乃祭獸	草木黃落	蟄蟲咸俯
亥月	立冬	水始冰	地始凍	雉入大水為蜃		小雪	虹藏不見	地氣下降天氣上升	閉塞成冬
子月	大雪	雉鳥不鳴	虎始交	荔挺出		冬至	蚯蚓結	解麋角	水泉動
丑月	小寒	雁北鄉	鵲始巢	雉雊鳴		大寒	雞乳	征鳥厲疾	水澤腹堅

七、地支與十二生肖

子肖鼠，丑肖牛，寅肖虎，卯肖兔，辰肖龍，巳肖蛇，午肖馬，未肖羊，申肖猴，酉肖雞，戌肖狗，亥肖豬。

八、六十甲子

十天干、十二地支的最小公倍數為六十，所以將它們組合起來剛好是六十組，也就是我們常說的六十甲子、六十花甲子。

六十甲子自黃帝登基啟用之後，到現在已是第七十九次的循環。它是將天干的第一數「甲」配上地支的第一數「子」，而成「甲子」；將天干的第二數「乙」配上地支的第二數「丑」，而成「乙丑」等。周而復始、依序循環，共得六十組不同的干支組合，如後表：

甲子	乙丑	丙寅	丁卯	戊辰	己巳	庚午	辛未	壬申	癸酉
甲戌	乙亥	丙子	丁丑	戊寅	己卯	庚辰	辛巳	壬午	癸未
甲申	乙酉	丙戌	丁亥	戊子	己丑	庚寅	辛卯	壬辰	癸巳
甲午	乙未	丙申	丁酉	戊戌	己亥	庚子	辛丑	壬寅	癸卯
甲辰	乙巳	丙午	丁未	戊申	己酉	庚戌	辛亥	壬子	癸丑
甲寅	乙卯	丙辰	丁巳	戊午	己未	庚申	辛酉	壬戌	癸亥

註：本章都在論述干支五行上的學理概念，只希望能提供讀者一些命理上的基本常識，在進入浩瀚的命理世界之前，能先有一些理論上的認識。當然，學海無涯、學術無際，讀者在閱完本書後，對自身命理的了解與運用，能得心應手時，可以的話可再廣閱古時先賢及近代先進的精粹著作，以期能充實自身學識、造福社稷，進而將五術之學推上學術殿堂。

第三章
干支五行分論

一、干支五行生剋制化分論

所謂生剋制化，乃是十天干、十二地支自我屬性相互之間產生的天干五合、相剋、比和，及地支的三會、三合、六合、比和、三刑、六沖、破、壞，及五行木火土金水在春夏秋冬等四季的旺衰強弱等的情形。此五行的生剋制化，是很重要的命學入門基本常識，請讀者好好的理解並熟記。

命學先進鍾義明老師在其著作《命理乾坤》中說：「生、剋、比和的意義，因各人的立場、判斷態度不同，或感受不同，所下的定義也就互異。因此在研究五行的生、剋、比和之意義前，必須先弄清這三個名詞的定義：

『生』—養、起、進、產、出、動、造、性（本性）、來處（事物之起點）、加強。

『剋』—勝、必、急、殺、已（盡、死）、相對、敵對、限制、界止。

『比和』—類、校（較）、方（比喻）、比例（循舊例）、親近、偏黨、從、代、密、和、齊（平等）。」

1、天干：

甲、乙、丙、丁、戊、己、庚、辛、壬、癸。

※五陽干：甲、丙、戊、庚、壬。

※五陰干：乙、丁、己、辛、癸。

2、十二地支：

子、丑、寅、卯、辰、巳、午、未、申、酉、戌、亥。

※六陽支：寅、辰、巳、申、戌、亥。

※六陰支：子、丑、卯、午、未、酉。

3、天干五行、方位、四季：

甲乙屬木，位居東方，屬春季。丙丁屬火，位居南方，屬夏季。戊己屬土，位居中央。庚辛屬金，位居西方，屬秋季。壬癸屬水，位居北方，屬冬季。

4、地支五行、方位、四季：

寅卯屬木、位居東方，屬春季。巳午屬火，位居南方，屬夏季。辰戌丑未屬土，位居中央，分屬四季。申酉屬金，位居西方，屬秋季。亥子屬水，位居北方，屬冬季。

※寅卯辰—屬春季。巳午未—屬夏季。申酉戌—屬秋季。亥子丑—屬冬季。

5、五行相生、相剋：

相生：木生火，火生土，土生金，金生水，水生木。

相剋：木剋土，土剋水，水剋火，火剋金，金剋木。

6、天干五合、合化之五行：

甲己合，化土。乙庚合，化金。丙辛合，化水。丁壬合，化木。戊癸合，化火。

（一陽一陰，每隔五位而相合，故曰五合）

7、天干相剋（又稱相沖）：

五陽干相剋：甲剋戊，戊剋壬，壬剋丙，丙剋庚，庚剋甲。

五陰干相剋：乙剋己，己剋癸，癸剋丁，丁剋辛，辛剋乙。

8、地支三會：

寅卯辰三會木方。巳午未三會火方。申酉戌三會金方。亥子丑三會水方。

地支三會

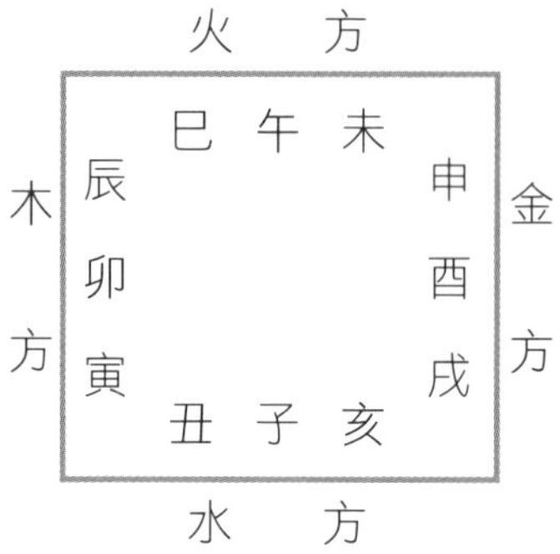

天干五合

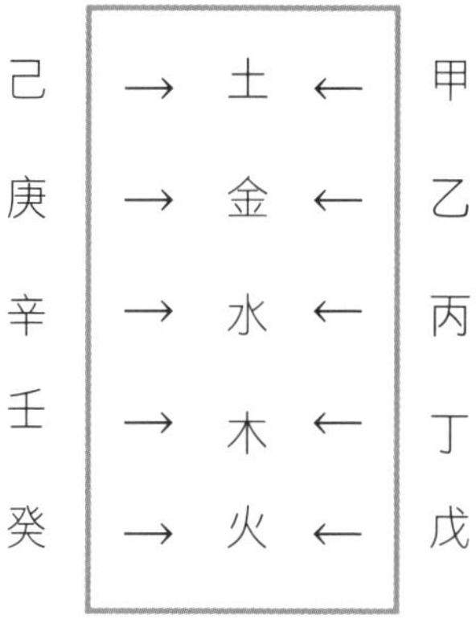

（一陽合一陰，每隔五位而相合，故曰五合。）

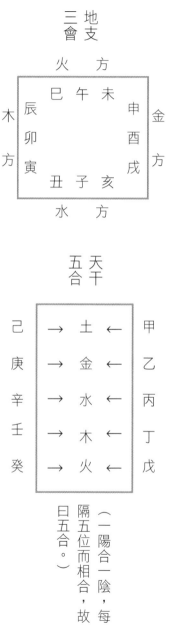

9、地支三合：

亥卯未三合木局。寅午戌三合火局。巳酉丑三合金局。申子辰三合水局。

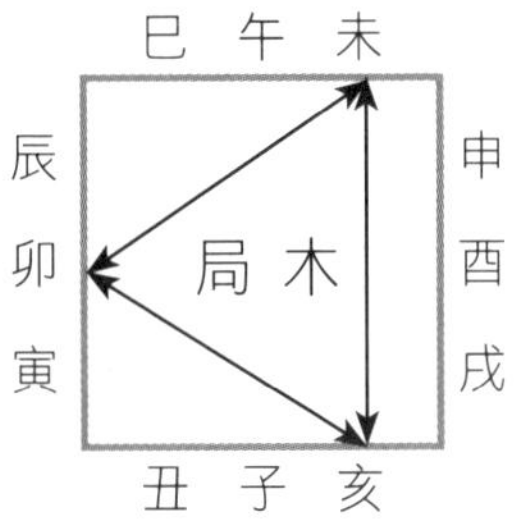

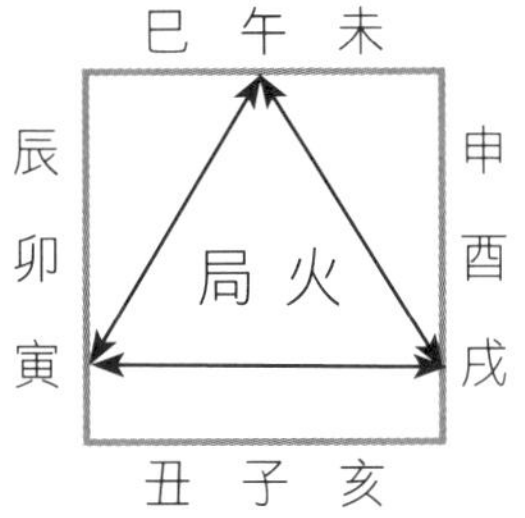

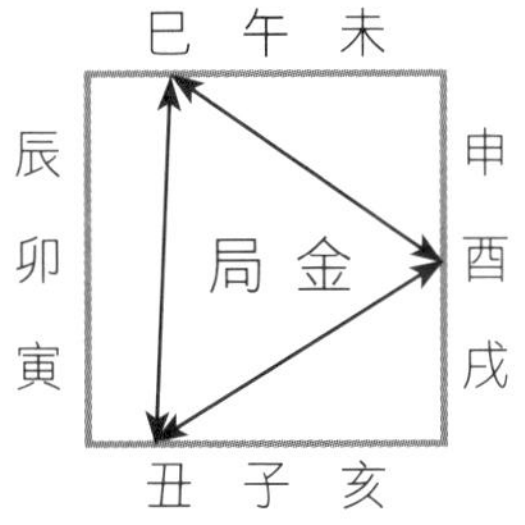

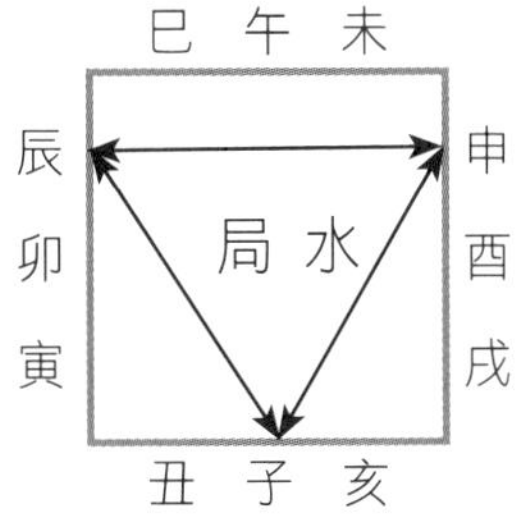

10、地支六合、合化之五行：

子丑合，化土。寅亥合，化木。卯戌合，化火。辰酉合，化金。巳申合，化水。午未合，化火。（共合成六組，故稱為六合。午未合，有些學者認為只合而不化，所以另稱為化日月，以日為太陽、月為太陰也。）

11、地支六沖：

子午沖、丑未沖、寅申沖、卯酉沖、辰戌沖、巳亥沖。為反吟之沖。

地支六沖

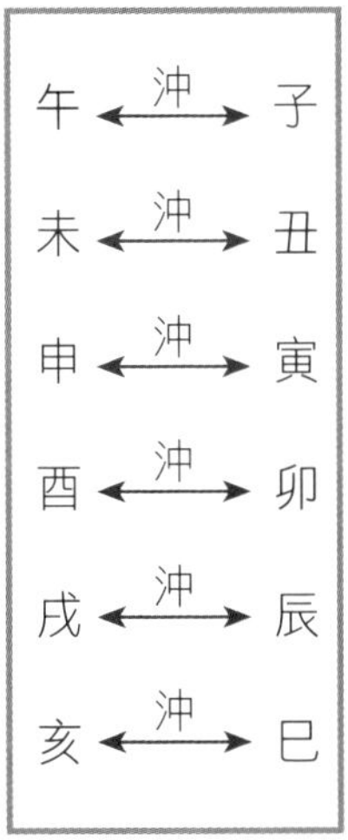

12、地支相刑：

1、寅刑巳、巳刑申、申刑寅，稱為無恩之刑。

2、丑刑戌、戌刑未、未刑丑，稱為恃勢之刑。

（寅巳申、丑戌未三個字並見，又稱為三刑逢沖。）

3、子刑卯、卯刑子，稱為無禮之刑。

4、辰刑辰、午刑午、酉刑酉、亥刑亥，稱為自刑、伏吟之刑。

註：反吟—為地支六沖之意，主凡事必散。吉神逢反吟則凶，凶神逢反吟則吉。

伏吟—為地支自刑之意，主凡事反覆不定、得而復失、失而復得、有得有失。

13、地支六害：

子未害、丑午害、寅巳害、卯辰害、申亥害、酉戌害。因有六組，故稱六害。

所謂害，乃每組之害字，各沖其對方之六合字之意。如子丑為六合，然未與丑六沖，所以子未六害；同理，午未六合，子午卻六沖，故子未六害。餘類推。

14、地支六破：

子酉破、午卯破、巳申破、寅亥破、辰丑破、戌未破。

註：害、破影響力量不明顯，其他的合、會、刑、沖等，對歲運、命局四柱的影響力

甚大。

二、干支五行在四季用事之旺相休囚死

五行周行於天地之間，但由於時間（春夏秋冬）、空間（東西南北）的不同，而有消長旺衰的不同，故稱為「五行四季用事」。如：

1、春季草木旺盛、欣欣向榮，甲乙寅卯木氣最盛，所以說木旺於春。

2、夏季太陽炎熱、豔陽高照，丙丁巳午火氣最盛，所以說火旺於夏。

3、秋季落葉繽紛、一片肅殺，庚辛申酉金氣最盛，所以說金旺於秋。

4、冬季霜雪寒冬、萬物瑟縮，壬癸亥子水氣最盛，所以說水旺於冬。

5、戊、己、辰、戌、丑、未土氣在立春、立夏、立秋、立冬之前十八日最盛，所以說土旺四季。（戊分屬辰、戌土，己分屬丑、未土。）

五行因依存四季的不同，可將它們分為旺（最旺）、相（旺）、休（衰）、囚（次衰）、死（最衰）。如後表：

五行＼四時	春	夏	秋	冬	季
木	旺	休	死	相	囚
火	相	旺	囚	死	休
土	死	相	休	囚	旺
金	囚	死	旺	休	相
水	休	囚	相	旺	死

註：例如以五行之木為基準，則：

木在與木比和的春季（木比和木），為旺。

木在生木的冬季（水生木），為相。

木在被木所生的夏季（木生火），為休。

木在被木所剋的四季土（木剋土），為囚。

木在剋木的秋季（金剋木），為死。

註：口訣：

我比和，為旺。生我，為相。我生，為休。

我剋，為囚。剋我，為死。

三、十天干性質概論

1、甲木：三命通會說：「甲木乃十干之首，主宰四時、生育萬物，在天為雷、為龍，在地為棟、為樑，謂之陽木。」可知，甲木即是木本植物，為溫性的木。有粗壯的樹幹向上發展且茁壯、枝葉向榮、昂揚挺立，如榕樹、蒼松。最喜庚金雕琢成器、成棟樑。

2、乙木：三命通會說：「乙木繼甲木之後，發育萬物，生生不已，在天為風、在地為樹，謂之陰木。」可知，乙木即是草本植物，為溫性的木。其枝幹細嫩柔軟，或低小、或依附他物而立、或隨風而偃，如蘭花、野草。最喜和煦的丙、丁火照暖，可生蘭蕙之質。

3、丙火：三命通會說：「丙火麗乎中天、普照六合，在天為日、為電，在地為爐、為冶，謂之陽火。」可知，丙火即是豔陽之火、溫高炙熱之火，為熱性的火。其性光明磊落、猛銳剛烈，如太陽之火、爐冶之火。最喜壬水，以成天光照明、以成水火既濟。

4、丁火：三命通會說：「丁火繼丙火之後，為萬物之精、文明之象，在天為列星、在地為燈光，謂之陰火。」可知，丁火即是柔弱之火、星光之火，為熱性的火。其性陰柔、內性昭融，閃閃爍爍、溫溫熱熱，如燈油之火、草木之火。最喜乙木以為膏脂、見壬水而成忠臣。

5、戊土：三命通會說：「戊土於洪濛未判、抱一守中，天地既分，厚載萬物，聚於中央、散於四維，在天為霧、在地為山，謂之陽土。」可知，戊土即是高大厚實之土、山川之土，為中性的土。其性固重厚實，穩如泰山，望之儼然，如城牆、山岳。秋冬之季，喜見火暖，則萬物化成；春夏之季，喜見水潤，則萬物發生。

6、己土：三命通會說：「己土繼戊土之後，乃天之元氣、地之真土，清氣上升、沖和天地，濁氣下降、聚生萬物，謂之陰土。」可知，己土即是卑濕之土、田園之土，為中性的土。其性低濕、蓄藏而廣佈，如田園、濕地。最喜丙火照暖去濕，以滋養萬物。

7、庚金：三命通會說：「庚金掌天地肅殺之權、主人間兵革之變，在天為風霜、在地為金鐵，謂之陽金。」可知，庚金為礦石之金、頑鈍之金、兵器之金，為涼性的金。其性剛銳頑鈍、硬脆冷肅，如金屬塊、刀劍。最喜丁火鍛鍊，以成鐘鼎之器、劍戟之器。

8、辛金：三命通會說：「辛金繼庚金之後，為五金之首、八石之元，在天為月、月乃太陰之精，在地為金，金乃寶石之礦，謂之陰金。」可知，辛金乃山石之金、珠玉之金，為涼性的金。其性外潤內清、色光明瑩，如珠玉、寶石、金項鍊。最喜水磨，以成珍貴之器。

9、壬水：三命通會說：「壬水喜陽土而為堤岸之助，畏陰木而為盜氣之憂，在天為雲、在地為澤，謂之陽水。」可知，壬水乃湖蕩之水、遼闊無垠之水，為寒性的水。其性奔騰湧躍、周流不停，如湖泊、江海。最喜戊土，得成水庫；喜見丁火，合之有情。

10、癸水：三命通會說：「癸水繼壬水之後，乃天干一周陰陽之氣，成於終而反於始之漸，故其為水，清濁以分，散諸四方，有潤下助土之功、滋生萬物之德，在天為雨露、在地為泉脈，謂之陰水。」可知，癸水乃涓滴之水、伏流之水，為寒性的水。其性靜柔而無所不包、而能流通天地，如雨露、泉水。最喜木氣，得以生木制火潤土養金。

四、十二地支性質概論

1、子水：乃十二地支之魁，為溪澗汪洋之水及壬水的旺地，然必須經過大雪之期、一陽來復後，方能成旺。為辛金所生，然亦須待陽回水暖之時，而後能生也。若申子辰全三合起水局，即成江海並發波濤之聲也。子水可說是靜如處女、動如猛龍，已為一陽復始、萬象更新、萬物甦醒之預做準備。

2、**丑土**：雖隆冬有冰霜之可怯，但天時已轉二陽，是以丑中己土之煖，能生萬物。見戌則刑、見未則沖，庫地最宜刑沖，刑沖則有用。丑中己土已含二陽之煖，正培植著來春復甦的萬物。

3、**寅木**：建於初春，氣聚三陽，三陽開泰、大地回春，有丙火生焉。若四柱火多，則不可入南方火地，以免木焚，乃燥木不南奔也。

4、**卯木**：建於仲春，氣稟繁華，此時萬物甦醒，草木萌芽漸長、枝椏嫩葉初綠，一片綠意盎然。見酉則沖，木必落葉；見亥未三合，木必成林。

5、**辰土**：建於季春，為水泥之濕，萬物之根皆賴此培。見戌為鑰，能開庫中之物，若三戌重沖，破門非吉。

6、**巳火**：當初夏，其火增光，是六陽之極也。見申則刑，刑中有合，反為無害。巳（日支）合申福慢，申合巳官氣盛。

7、**午火**：炎火正升，入中氣，則一陰生也。運行東南，正是身強之地；若入西北，則休囚喪形矣。

8、**未土**：當季夏，則陰漸深而火漸衰。無亥卯以會局，則難變木，只做火土論。無丑戌以刑沖之，則庫不開，難得官印力。

9、**申金**：為水土長生之地。入巳午則逢火煉，遂成劍戟；見子辰則逢水淬，益得光鋒；若土重堆埋，金反見凶。

10、**酉金**：建八月，為辛金建祿之地。金色白、水流清。柱見己土水泥，應為有用。逢巳丑三合金局，亦能尖銳，豈可以陰金為溫柔珠玉之金而泥論哉。

11、**戌土**：乃洪爐之庫，鈍鐵頑金賴以煉成。見辰龍則沖出癸水，而雨露生焉。見寅午則會成火局，而文章出焉。

12、**亥水**：六陰之地，雨雪載塗，土至此而不煖，金至此而生寒。其象若五湖之歸聚，其用在三合之有心。

註：大抵五行用法，總無真實，生死衰旺，亦各名也。須向源頭探明其出處，如五陽為剛、五陰為柔。日元若失令身衰，且又不得資助生扶，而頻洩氣者，則剛者失其為剛，而無用矣；若得令身強，用事有助，則柔者亦得柔之質，而有用。這之間又分木火本性上升、炎熱，而為陽；金水本性趨下、冷肅，而為陰。大抵以多則減損之、少則增益之，以求中和為貴。

第四章

四柱排列與運限

四柱八字乃是在推論命理時，所必須列出的一個公式表，然後再依這個公式表去推排出用神喜忌、運限、神煞、十神……等，並據此以論斷一個人的富貴貧賤、吉凶進退等事。

何謂四柱八字，在第一章已有說明，也就是將年、月、日、時以干支兩字搭配，分成年柱、月柱、日柱、時柱，依序並列排出之意。排列說明如後：

※一般讀者就四柱的排法，可以不用去了解；可請專業人士幫你（妳）推算自身的八字命理，並請該命理師書寫一張命式表給你（妳）以便保存，並對照本書後面所寫十神的含意，做為將來每一流年或某一大運之吉凶否泰的參考，以為人事運作的趨吉避凶之依據。

一、年柱的排法

以立春（節）日為決定年柱的干支，如在立春節入前，則為上一年的干支；如在立春節入後，則為本年的干支。例如查萬年曆：

（1）民國87年農曆1月8日8點50分，因其立春日在該日的8點57分，由於尚屬86年管事，所以年柱應為「丁丑」。

（2）民國87年農曆1月8日8點59分，因已過立春日，所以年柱應為「戊寅」。

二、月柱的排法

月柱的推定，跟年柱一樣，都是以入節日、時為起始標準，如立春節後、驚蟄前，則為寅月；驚蟄後、清明前，則為卯月，餘如類推。如前例：

（1）民國87年農曆1月8日8點50分，由於尚屬86年管事，年柱應為「丁丑」，所以月柱應為「癸丑」月（為86年農曆12月的節令）。

（2）民國87年農曆1月8日8點59分，因已過立春日，所以年柱應為「戊寅」，則月柱應為「甲寅」（為87年年農曆正月的節令）。

因為十二月建之各月份均係固定而循環不已，如正月建寅、二月建卯等，所以從年柱的天干即可推排出月柱的干支，這個推排之法稱為「五虎遁年起月法」，如後表：

月支＼年干	甲己	乙庚	丙辛	丁壬	戊癸
正月	丙寅	戊寅	庚寅	壬寅	甲寅
二月	丁卯	己卯	辛卯	癸卯	乙卯
三月	戊辰	庚辰	壬辰	甲辰	丙辰
四月	己巳	辛巳	癸巳	乙巳	丁巳
五月	庚午	壬午	甲午	丙午	戊午
六月	辛未	癸未	乙未	丁未	己未
七月	壬申	甲申	丙申	戊申	庚申
八月	癸酉	乙酉	丁酉	己酉	辛酉
九月	甲戌	丙戌	戊戌	庚戌	壬戌
十月	乙亥	丁亥	己亥	辛亥	癸亥
十一月	丙子	戊子	庚子	壬子	甲子
十二月	丁丑	己丑	辛丑	癸丑	乙丑

古歌口訣：

「甲己之年丙作首，乙庚之歲戊為頭，丙辛之年由庚起，丁壬歲起壬水位，更有戊癸何方覓，甲子之上好追尋。」

註：筆者的背記理解技巧為：因年干均為五合，故以生五合之干為正月之干，再配以寅虎，即為正月之干支，其他月份就依此推論下去。例如甲、己之年，因其五合為土，又丙火生土，故正月就為丙寅月、二月為丁卯月。乙、庚之年，因五合為金，戊土生金，故正月為戊寅月、二月為己卯月等，餘如類推。

三、日柱的排法

排日柱的干支可說是很簡單，看農曆出生日是哪一日，直接翻閱農民曆即可查出。如前例：（1）、民國87年農曆1月8日，翻閱農民曆得知日柱的干支應為「壬午」。

四、時柱的排法

在排時柱前，讀者先要知道的是，這裡所謂的「時」，乃是中國古代流傳下來的「時辰」，一天分為十二個時辰，與目前所說的二十四小時是不一樣的，換句話說，就是一個時辰等於二個小時。如下表：

時間	時辰	
0點~1點	早子時	上午
1點~3點	丑時	
3點~5點	寅時	
5點~7點	卯時	
7點~9點	辰時	
9點~11點	巳時	
11點~13點	午時	下午
13點~15點	未時	
15點~17點	申時	
17點~19點	酉時	
19點~21點	戌時	
21點~23點	亥時	
23點~24點	晚子時	

時柱乃是依據日柱的天干，而推排出時柱的干支，以子時為起始，配以天干，再看出生在甚麼時辰，依序推排天干。此推排時柱之法，稱為「五鼠遁日起時法」，如後表：

生時＼日干	甲己	乙庚	丙辛	丁壬	戊癸
子時	甲子	丙子	戊子	庚子	壬子
丑時	乙丑	丁丑	己丑	辛丑	癸丑
寅時	丙寅	戊寅	庚寅	壬寅	甲寅
卯時	丁卯	己卯	辛卯	癸卯	乙卯
辰時	戊辰	庚辰	壬辰	甲辰	丙辰
巳時	己巳	辛巳	癸巳	乙巳	丁巳
午時	庚午	壬午	甲午	丙午	戊午
未時	辛未	癸未	乙未	丁未	己未
申時	壬申	甲申	丙申	戊申	庚申
酉時	癸酉	乙酉	丁酉	己酉	辛酉
戌時	甲戌	丙戌	戊戌	庚戌	壬戌
亥時	乙亥	丁亥	己亥	辛亥	癸亥

古歌口訣：

「甲己還加甲，乙庚丙作初，丙辛從戊起，丁壬庚子居，戊癸何方發？壬子是真途。」

註：筆者的背記理解技巧為：與月柱之求法正好相反，以剋日干五合之干，為子鼠時之干，依此類推而求出其他它時辰之干支。

子時因分為「晚子時」及「早子時」，則其所推排的日柱干支也會不相同。如為「晚子時」的話，就以當日的日柱、隔日的子時柱，來排列四柱干支。如為「早子時」的話，因為已是一天的開始，當然的就以當天的日柱、當天的子時柱來排列四柱干支。如後例：

（1）民國91年農曆4月5日9點20分，因日柱為「甲申」日，所以時柱可依此而求出為「己巳」時。

（2）民國91年農曆4月5日凌晨0點40分（早子時），日柱為「甲申」日，故時柱求而得知為「甲子」時。

（3）民國91年農曆4月5日晚上11點40分（即23點40分，晚子時），此時的日柱仍為「甲申」日，但時柱則須以隔日之「乙」干求之，求得時柱為「丙子」時。

五、四柱排列例表

（1）民國91年農曆2月2日
早上9點10分

時	日	月	年	
傷官		比劫	比肩	十神
乙	壬	癸	壬	天干
巳	午	卯	午	地支
偏財	正財	傷官	正財	十神

（2）民國91年農曆1月10日
中午11點35分

時	日	月	年	
食神		食神	食神	十神
壬	庚	壬	壬	天干
午	申	寅	午	地支
正官	比肩	偏財	正官	十神

（3）民國91年農曆1月10日
凌晨0點35分（早子時）

時	日	月	年	
偏官		食神	食神	十神
丙	庚	壬	壬	天干
子	申	寅	午	地支
傷官	比肩	偏財	正官	十神

（4）民國91年農曆1月10日
晚上11點35分（晚子時）

時	日	月	年	
偏印		食神	食神	十神
戊	庚	壬	壬	天干
子	申	寅	午	地支
傷官	比肩	偏財	正官	十神

六、日光節約時間的認識

日光節約時間的實施都在夏、秋季之間，又稱為夏令時間，其實施的用意在於節約能源、培養人民勤儉習性，其實施的方法是將時間整整撥快一小時。因為夏天之際，太陽約5點左右就已經升起，如能提早起床、工作、上課，不僅可節約能源，又可促進人民的身心健康。這個方法的構想啟蒙於英國，但於西元一九一六年歐洲一次大戰期間，首見實施於德國，稱為「經濟時」，後來其他的歐陸國家也就相繼實施。

我國是從民國34年起，開始實施「日光節約時間」，每年的起迄時間、名稱略有不同，實施期間亦有間斷，如後表：

※所列日期為國曆之日期，在排四柱時，請翻閱萬年曆，對照換算為農曆日期。

如果出生的日期剛好在日光節約時間的時段內，此時須將出生時減去一小時，如此才能排列出正確的四柱八字。例如出生時為上午7點10分（辰時），則其正確八字時間應為6點10分（卯時）。

年代	名稱	起迄日期
民國三十四年至四十年	夏令時間	五月一日至九月三十日止
民國四十年	日光節約時間	三月一日至十月三十一日止
民國四十二年至四十三年	日光節約時間	四月一日至十月三十一日止

民國四十四年至四十五年	日光節約時間	四月一日至九月三十日止
民國四十六年至四十八年	夏令時間	四月一日至九月三十日止
民國四十九年至五十年	夏令時間	六月一日至九月三十日止
民國六十三年至六十四年	日光節約時間	四月一日至九月三十日止
民國六十八年	日光節約時間	七月一日至九月三十日止

七、大運的排列及運歲的起算

俗語說：「命運雖有前定，實可由自己加以改造。若命運不佳時，不妨修德以禳之；命運已佳，亦可勵善以增益之。若自恃命運甚佳，而放縱恣肆、無所不為，則未有不反吉為禍者。」又說：「命好不怕運來磨，有命無運也徒然，運到一飛即沖天。」

這些在在都說明了命與運的關連性、互依性，彼此間若有一個不完美，則一生就有那麼些的遺憾，可以說命與運是一體兩面、兩面一體的。「命」，就是前面所排列出的四柱八字，也是一個人與生俱來的本質、架構，猶如一輛出廠的車子，不同廠牌、種類的車種，就有不同價格、氣派、身分的表徵；同理，不同的命格，就有富貴貧賤壽夭之分。「運」，便是「大運」，也就是一個人開始行運的時期，猶如一輛車子所行駛的道路。車輛、道路及駕駛者三者之間的搭配，而決定出一個人一生的否泰、貴賤、起伏等。

1、大運的排列：

須分別男、女及陽年生或陰年生。以年干為主，如係五陽干（甲丙戊庚壬）之年出生，即為陽年生；同理，如係五陰干之年出生，為陰年生。故有陽男、陰女，陰男、陽女推排大運的不同。

（1）大運的排列是以月柱干支，為起算的基準，一樣分有干支，一運管十年，干支各管五年。「陽男、陰女之命，以月柱干支為基準，順行排列大運干支。」例如月柱為丁卯，則順行排列之大運即為：戊辰、己巳、庚午、辛未、壬申、癸酉……等。

（2）如為「陰男、陽女之命，則以月柱干支為基準，逆行排列大運干支。」例如月柱為丁卯，則逆行排列之大運即為：丙寅、乙丑、甲子、癸亥、壬戌、辛酉……等。

2、運歲的起算：

大運表既已排出，但要如何知道幾歲開始行運、幾歲交脫大運（俗稱交運），此時就需要再推算出該命局是從幾歲開始入行大運，又稱運歲。推算大運的始行歲月，是從本人的出生日、出生時辰起算，相同的，也分為「陽男、陰女之命」的順算，及「陰男、陽女之命」的逆算。

（1）「陽男、陰女之命」的順算：即按照本人出生的日及時辰，順數至未來入節日的交節之時辰止（※請注意，是入節日、不是中氣，中氣不能做為推算之依據），看得到幾日又幾時辰，以三日做一年、一日做一百二十日、一時辰做十日，再加上本人的出生年、月、日，就可推算出交脫大運的時間及幾歲始行大運。

《例1》：有一男命出生於民國91年農曆4月4日戌時。

其四柱干支為：壬午年、乙巳月、癸未日、壬戌時。因壬水為陽干，故此男命為陽男，此時即以4月4日戌時順數至未來入節日、時辰，經查萬年曆得知該未來入節日（芒種）、時辰為4月26日寅時，得知為21日又5時辰，經過換算

可實得：7年又50日＝7年1月20日（經過換算後，則30日＝1個月）

＋91年4月4日戌時（本人出生之日子）

＝98年5月24日

經計算得知為：98年5月24日戌時。又98年為己丑年，而91年到98年共計8個年頭，故為虛8歲，所以我們可推算出本人之運限為：每逢己、甲年的5月24日戌時交脫大運，並於虛8歲時上大運。如後表：

男命：91年農曆4月4日戌時建生。

	年	月	日	時
十神	比劫	食神		比劫
天干	壬	乙	癸	壬
地支	午	巳	未	戌
十神	偏財	正財	偏官	正官

※陽男，大運以月柱為基準，順算排列。

※每逢己、甲年的5月24日戌時交脫大運，並於虛8歲時上大運。

命宮	座星
壬寅	

行運	丙	丁	戊	己	庚	辛	壬
年齡	8～12歲	18～22歲	28～32歲	38～42歲	48～52歲	58～62歲	68～72歲
行運	午	未	申	酉	戌	亥	子
年齡	13～17歲	23～27歲	33～37歲	43～47歲	53～57歲	63～67歲	73～77歲

《例2》：有一女命出生於民國90年農曆5月12日辰時。

其四柱干支為：辛巳年、甲午月、丙寅日、壬辰時。因辛金為陰干，故此女命為陰女，此時即以5月12日辰時順數至未來入節日、時辰，經查萬年曆得知該未來入節日（小暑）、時辰為5月17日巳時，得知為3日又1時辰，經過換算可實得：1年又10日＝1年0月10日

＋90年5月12日辰時（本人出生之日子）

＝91年5月22日辰時

經計算得知為：91年5月22日辰時，又91年為壬午年，而90年到91年共2個年頭，故為虛2歲，所以我們可推算出本人之運限為：每逢壬、丁年的5月22日辰時交脫大運，並於虛2歲時上大運。如後表。

女命：90年5月12日辰時辰時建生。

	年	月	日	時
十神	正財	偏印		偏官
天干	辛	甲	丙	壬
地支	巳	午	寅	戌
十神	比肩	月刃	偏印	偏官

※陰女，大運以月柱為基準，順算排列。

※每逢壬、丁年的5月22日辰時交脫大運，並於虛2歲時上大運。

命宮	座星
午甲	

行運	乙	丙	丁	戊	己	庚	辛
年齡	2～16歲	12～66歲	22～36歲	32～46歲	42～56歲	52～66歲	62～76歲
行運	未	申	酉	戌	亥	子	丑
年齡	7～11歲	17～21歲	27～31歲	37～41歲	47～51歲	57～61歲	67～71歲

（2）「陰男、陽女之命」的逆算：即按照本人出生的日及時辰，逆數至這個月入節日的交節之時辰，看得到幾日又幾時辰，再經過換算，其餘算法同前。

《例1》：有一男命出生於農曆的民國90年11月5日申時。

其四柱干支為：辛巳年、庚子月、辛未日、丙申時。因辛金為陰干，故此男命為陰男，此時即以11月5日申時逆數至這個月入節日、時辰，經查萬年曆得知該這個月入節日（大雪）、時辰為10月23日巳時，得知為12日又3時辰，經過換算

可實得：4年又30日＝4年1月

＋90年11月5日申時（本人出生之日子）

＝94年12月5日申時

經計算得知為：94年12月5日申時，又94年為乙酉年，而90年到94年共5個年頭，故為虛5歲，所以我們可推算出本人之運限為：每逢乙、庚年的12月5日申時交脫大運，並於虛5歲時上大運。如後表：

男命：90年11月5日申時建生。

	十神	天干	地支	十神
年	比肩	辛	巳	正官
月	比劫	庚	子	食神
日		辛	未	偏印
時	正官	丙	申	比劫

※陰男，大運以月柱為基準，逆算排列。

※每逢乙、庚年的12月5日申時交脫大運，並於虛5歲時上大運。

命宮	座星
丁酉	

行運	年齡	行運	年齡
己	5～9歲	亥	10～14歲
戊	15～19歲	戌	20～24歲
丁	25～29歲	酉	30～34歲
丙	35～39歲	申	40～44歲
乙	45～49歲	未	50～54歲
甲	55～59歲	午	60～64歲
癸	65～69歲	巳	70～74歲

《例2》有一女命出生於民國89年農曆10月26日巳時。

其四柱干支為：庚辰年、丁亥月、癸未日、丁巳時。因庚金為陽干，故此女命為陽女，此時即以10月26日巳時逆數至這個月入節日、時辰，經查萬年曆得知這個月入節日（立冬）、時辰為10月12日巳時，得知為14日又0時辰，經過換算

可實得：4年又240日＝4年8月

＋89年10月26日巳時（本人出生之日子）

＝93年18月26日巳時＝94年6月26日巳時

經計算得知為：94年6月26日巳時，又94年為乙酉年，而89年到94年計共6個年頭，故為虛6歲，所以我們可推算出本人之運限為：每逢乙、庚年的6月26日巳時交脫大運，並於虛6歲時上大運。如後表：

女命：89年農曆10月26日巳時建生。

	年	月	日	時
十神	正印	偏財		偏財
天干	庚	丁	癸	丁
地支	辰	亥	未	巳
十神	正官	比劫	偏官	正財

※陽女，大運以月柱為基準，逆算排列。

※每逢乙、庚年的6月26日巳時交脫大運，並於虛6歲時上大運。

命宮	星座
己丑	

行運	年齡	行運	年齡
丙	6～10歲	戌	11～15歲
乙	16～20歲	酉	21～25歲
甲	26～30歲	申	31～35歲
癸	36～40歲	未	41～45歲
壬	46～50歲	午	51～55歲
辛	56～60歲	巳	61～65歲
庚	66～70歲	辰	71～75歲

八、流年

流年即每一年的更替之意，不分男女、陰陽，依六十甲子年順數，每年輪換，視其干支組合，再與本命、大運合論，看其間所產生的生剋制化、調候、通關等，以推論一個人一生的運勢。

「太歲者，乃一歲之主宰、諸神之領袖」。這個太歲分有兩種說法：如為四柱中的年柱，稱為當生太歲；如為逐年輪轉，稱為遊行太歲，又稱為流年。

當生太歲因位居年柱，所以為終身之主；遊行太歲因遊行十二宮，所以定一年之禍福，為四時之吉凶。

第五章

日主之十神與六親

一、十神源起

「十神」之分類為正官、偏官（又名七殺、七煞）、正印、偏印、正財、偏財、食神、傷官、比肩、比劫。因先賢又將比肩、比劫，正、偏財及正、偏印分別視為一體，故十神又別稱為六神。

事實上比肩、比劫雖與日元同類，但一樣有其干支的生剋制化及喜忌之用，財與印之正、偏，亦有其明顯不同的作用，所以就名稱來說，雖有分稱，但其用法，卻須每一神並論，並無不同。

先賢徐子平論八字命局，獨以印、食、財、官四者為綱要，其立名之用意何在？推其因，乃造化流行天地之間，只不過陰陽五行而已；陰陽五行交相為用，只不過生剋制化而已。

現在舉甲、乙為例，甲、乙在五行屬木，甲為陽木、乙屬陰木。如本命為甲、乙日生，謂之日主（即本命之代表，位在日柱的天干），為我本人。則其生我（日主）—甲、乙木者，為壬癸水也；被我（日主）—甲、乙木所生者，為丙丁火也；剋我（日主）—甲、乙木者，為庚辛金也；被我（日主）—甲、乙木所剋者，為戊、己土也；與我（日主）—甲、乙木比和者，為甲、乙木也。地支與日干（日主）之關係，亦同此論。如此十干彼此之間，已完全盡顯其生剋制化之作用而無遺。

1、其生我—甲、乙木者，有父母之意，所以立名為「正印」與「偏印」（簡稱印綬）。印者，蔭也，綬者，受也，譬如父母之教養、有恩德，以蔭庇子孫，子孫因而得受父母之福。

又如古時的朝廷，現今的政府機關、民營機構，設官分職，賦予印綬，使之掌管政務、行使權利、發佈政令。試想，若為官而無印綬、印文，則官權將無所憑據、無法行使，猶如人無父母，即失其怙恃，其道理乃通一而無二。

2、其被我—甲、乙木所生者，有子孫之意，所以立名為「食神」與「傷官」。食神、傷官者，如百蟲啃蝕食物而傷物，蟲得食物即溫飽。

同理，人得食物而獲益、成長、茁壯，其被食者即受有損耗，所以天地造化賦予人子茁壯成人而孝養父母，此亦人子孝養父母之道也。

3、其剋我—甲、乙木者，有我受制於人之意，所以立名為「正官」與「偏官」（又名七殺、七煞）。官者，就是管束、約束、壓力、責任、刻苦、加害之意，亦為棺具之意。就如政府機關、公司，以官階、主管之職與人，新到任者受長官、主管的約束、管理，日後晉升主管之階，其責任日日加重，刻苦耐勞為公司、機關盡心力，任其驅使、赴湯蹈火而不敢違令，甚至於蓋棺而後已，這都是正官、偏官（簡稱官煞）給予榮譽、權位，也給予責任、壓力，得失俱有的影響。

4、其被我—甲、乙木所剋者，有他人、他物受制於我之意，所以立名為「正財」與「偏財」。如人娶妻，妻能任勞任怨為夫婿付出，做為相夫教子的賢妻良母；又如我須謀生，所以需要使用或駕馭周遭之事物，以能為我所用，亦同此理。

5、其與我—甲、乙木比和者，有平輩、同儕之意，所以立名為「比肩」、「比劫」。如人在家須有兄弟姊妹的相互依持、鼓勵，外出謀生須有朋友的照應、幫助，同學間的研習、切磋，同事間的共事、激勵等，與平輩、同儕相互間，有著互動依存的關係。

「十神」彼此間的生剋關係為：（此生剋關係非常重要，請讀者務必背熟。）

※相生關係：財生官煞、官煞生印、印生日主與比肩劫、日主與比肩劫生食傷、食傷生財。

※相剋關係：財破印、印制食傷、食傷剋官煞、官煞制日主與比肩劫、日主與比肩劫剋財。

二、六親概論

四柱八字是以年為根、月為苗、日為花、時為果，來論斷六親的興衰成敗，及與日主（即本命之代表，位在日柱的天干）的關係。其以年柱及月柱為祖輩宮及父母宮的代表、以月柱為兄弟姊妹宮的代表、以日柱為夫妻宮的代表、以時柱為子息宮之代表，所以六親，就是父、母、兄、弟、妻、子之意。因為人自出生而呱呱落地之後，最先接觸的親人就是父母親，及至漸長，便與周遭的人事物產生共存又不可分的關係。就人方面而言，自幼小及至長大成人之時，受父母親的教養之恩，及至娶妻、嫁夫之後，夫妻胼手胝足的安家立業，對父母親的孝養，其後子女的出生、對子女的教養……等，一生均與六親有著喜怒哀樂、密不可分的關係。今就六親之屬性概述如後：

（一）論父母：

古說：「父母者，生身之根本，是以歲月所關，知其興替之不一，可謂不易之法也。」六親的涵義，源出於京易，以天地為義爻，乾為天、坤為地，生我者為印綬，所以看父母之法，除年、月並看且以月柱為重點外，尚須從印綬來看父母之宮，並參合幼運，才能驗證而不爽。

所以命局如見年、月柱為官印相生，且日、時柱財星與傷官星不沖犯年、月柱的話，則上叨蔭庇、下受兒榮；反之，若年、月官印相生，而日、時柱見刑傷沖犯年、月柱者，則破蕩祖業、敗壞門風。

大抵而言，若喜神與用神聚生於提綱者（※月柱為提綱之柱、父母宮之意），父母類多蔭庇、不貴也富；反之，多主不得雙親的助力。如有刑沖，尚須看其他干、支有無救應之神，並權衡輕重而決斷。

（二）論兄弟：

兄弟姊妹、朋友、同儕等的看法，專依比肩、比劫（一名劫財）來取斷，建祿及比肩可做兄姊看，月刃及比劫則為弟妹論。若日主身弱而煞（偏官星的別稱）旺無食神、煞重無印星，得比肩、比劫合住印星的話，必得兄弟姊妹、朋友、同儕的助力；或煞旺食輕、印弱逢財，得比肩或比劫抗煞、分財者，必得兄弟姊妹、朋友、同儕的助力。反之，若日元旺而比肩、比劫多見，則兄弟姊妹、朋友、同儕不見助力或是感情較淡薄；或日元旺而比肩、比劫得地，則夫妻宮有損。

大抵而言，若四柱中之比肩、劫財為命局之喜用神者，主昆仲豐隆並多得助力；如為閒神者，主分道揚鑣、彼此少助；若為忌神者，主受兄弟姊妹、朋友、同儕之拖累、破耗連連。

得用者，量多而質貴；不得用者，稀薄而少助。

（三）論妻室：

妻室之看法，乃是以日支及財星為主，而先賢都以正財代表太太、偏財視為妾或為繼室，但筆者則認為尚須看全盤命局而定，不見得正財就是太太、偏財就是妾或繼室的表徵。

又命局若不明現財星的話，則以看日支（即夫妻宮之處）並視正、偏財在命局中所處生、旺、墓之氣勢，以論斷吉凶，其次，還須參看運歲的配合，才能有更為完備的論斷。

如日支坐正官者，妻妾相貌端莊、賢淑溫柔，得內助之力；反之，若身弱而財星多見，且日支坐偏官者，則妻妾性強悍且夫妻不睦。

大抵而言，若日元身強，財星為喜，且妻宮又坐喜用神者，必得妻妾的幫助得以財富豐隆；反之，若身弱並逢財星壞印，且日支坐陽刃或偏官星者，主妻妾不賢、凶悍、耗財，重則因太太或異性、女色而破財。

（四）論子息：

關於子息的論法，諸多紛說，有以正、偏官星論子息的，有以食神、傷官星論子息的，其實這些都是似是而非、尚有欠妥的論斷，依理應該是以食神及偏官星並看，才為合理且正確的論斷。古書云：「時逢七殺本無兒，此理人當仔細推，歲月時中如有制，定知有子貴而奇。」

這說明了子息之論斷，乃是以食神、傷官星為關鍵之意。所以論斷子息亦應以食神或傷官制殺之程度為準，若時柱不見食神、傷官星，則須看食神、傷官星位於哪一柱而來推斷。

此「七殺有制而能得貴子」，是由於七殺（七煞、偏官星）具有統馭、開創的天賦，此天賦若能制為己用，必得貴子無疑。此外古書又說：「印重食輕無子」，因此論斷子息，除須食傷及七殺並論外，尚須再看時柱的喜忌、日主的強弱，以及運、歲的入命，以為綜合的論斷，方不致有差誤。譬如時柱若見食神、傷官星且為命局用神而無破者，主子女成家、忠厚誠孝、結局富貴，並得享子女之福。

三、十神概論

「十神」乃日主之干與四柱之其他干支彼此間，因生、剋、比、合而產生的一個表徵，故任何一當作日主的天干，均含有十神之表徵，並分為日主與天干，及日主與地支之十神，詳如後表：

（1）日主與天干之十神互動表：

日主＼天干（十神）	甲木	乙木	丙火	丁火	戊土	己土	庚金	辛金	壬水	癸水
甲木（陽木）	比肩	比劫	食神	傷官	偏財	正財	偏官	正官	偏印	正印
乙木（陰木）	比劫	比肩	傷官	食神	正財	偏財	正官	偏官	正印	偏印
丙火（陽火）	偏印	正印	比肩	比劫	食神	傷官	偏財	正財	偏官	正官
丁火（陰火）	正印	偏印	比劫	比肩	傷官	食神	正財	偏財	正官	偏官
戊土（陽土）	偏官	正官	偏印	正印	比肩	比劫	食神	傷官	偏財	正財
己土（陰土）	正官	偏官	正印	偏印	比劫	比肩	傷官	食神	正財	偏財
庚金（陽金）	偏財	正財	偏官	正官	偏印	正印	比肩	比劫	食神	傷官
辛金（陰金）	正財	偏財	正官	偏官	正印	偏印	比劫	比肩	傷官	食神
壬水（陽水）	食神	傷官	偏財	正財	偏官	正官	偏印	正印	比肩	比劫
癸水（陰水）	傷官	食神	正財	偏財	正官	偏官	正印	偏印	比劫	比肩

（2）日主與地支十神互動表：

天干／十神／日主	子水（陰水）	丑土（陰土）	寅木（陽木）	卯木（陰木）	辰土（陽土）	巳火（陽火）	午火（陰火）	未土（陰土）	申金（陽金）	酉金（陰金）	戌土（陽土）	亥水（陽水）
甲木	正印	正財	比肩	比劫	偏財	食神	傷官	正財	偏官	正官	偏財	偏印
乙木	偏印	偏財	比劫	比肩	正財	傷官	食神	偏財	正官	偏官	正財	正印
丙火	正官	傷官	偏印	正印	食神	比肩	比劫	傷官	偏財	正財	食神	偏官
丁火	偏官	食神	正印	偏印	傷官	比劫	比肩	食神	正財	偏財	傷官	正官
戊土	正財	比劫	偏官	正官	比肩	偏印	正印	比劫	食神	傷官	比肩	偏財
己土	偏財	比肩	正官	偏官	比劫	正印	偏印	比肩	傷官	食神	比劫	正財
庚金	傷官	正印	偏財	正財	偏印	偏官	正官	正印	比肩	比劫	偏印	食神
辛金	食神	偏印	正財	偏財	正印	正官	偏官	偏印	比劫	比肩	正印	傷官
壬水	比劫	正官	食神	傷官	偏官	偏財	正財	正官	偏印	正印	偏官	比肩
癸水	比肩	偏官	傷官	食神	正官	正財	偏財	偏官	正印	偏印	正官	比劫

由於八字命理學是以日主（位在日柱的天干）為中心點、為本人命局之所在，然後依日主與命局其他干支的七個字及大運、流年干支等，與日主發生生剋制化等之情形而得出「十神」，而「十神」是命理學、八字命局論述的精髓之所在，也就是說是最重要的部分，在本章的第一節已大略述說「十神」的源起，在本節則是要詳細的論述「十神」在現實生活上所代表人、事、物等各方面的意義與表徵。

因此請讀者務必要熟讀本節論述之內容，如此除了可以從自身命局所具有「十神」之意義與表徵，而得以知道自身命局的貧富貴賤及個性之外；對於未來流年與大運干、支所具有之「十神」，會與自身命局產生什麼樣的吉凶否泰之影響，也能夠有更深入的認知，而得以事先為趨吉避凶、運籌帷幄的規劃，並且也不再受江湖術士等流輩的蠱惑與訛詐。

（一）正官概論：

一、正官的構成要件：

以日主（位於日柱天干）為我、為基準點，並看其他的干支，如有剋日主之五行，並與日主為陰陽異性之剋者，以陽見陰、陰見陽（詳前述表格），一陰一陽如人之一夫一妻而有配對，如日主為甲，其他干、支見有辛或酉者；或是日主為乙，其他干支見有庚或申者，即是。

這個剋日主之字如在月柱地支的話，由於月柱是八字命局的樞紐之柱，所以整個命局就稱之為「正官格」；但如在其他柱的干、支者，就稱為正官星。古歌云：

「真氣官星月上推，無沖無破最為奇，中年歲運來相助，將相公侯總可為。

正官興旺喜身強，遇印逢財大吉昌，七煞傷官并滿局，刑沖破害大無良。

正官仁德性情純，詞館文章且立身，官印相生臨歲運，無沖無破是榮昌。

年上官星為歲德，喜逢財印旺身宮，不逢七煞偏官位，富貴榮華比石崇。」

正官在有形的人事物上，代表著國家、政府機關、民營事業的機構、貴人、長官、主管、任職位階的高低、職位、名譽，又為男命的兒子、姪女，女命的丈夫、姊夫及妹婿。

正官在無形的人事物上，則代表著職位的高低、社會上的身分地位、工作上的壓力、榮譽心、聲譽禮儀的注重、管理紀律的服從、貴人助力、長官提拔、職位的變動、考試的晉用、具文職性的技術才華或能力等。

二、正官為喜用神、忌用神的表徵：

1、正官為喜用神者：

古經曰：「官者，管也；也代著表官位、郎倌之意。如人必須官管，然後循規蹈矩、居仁由義，不敢放逸為非，故為制我身主之官也。」所以正官又象徵著任官或就職的正氣、耿直、穩健、踏實，生活上的規範、約束。

日主元神強而正官星為日主所喜用（註一），則本人具有引身向善之力，行事守法、按部就班、正直不阿、光明磊落、注重榮譽、責任心重、講理性、自我約束力強。在處理事情時，因本人服從性強、敬業精神好，故凡事要求循序漸進、和諧處事，講求團隊合作之精神，討厭有英雄主義之人；與生俱有熱誠的服務心、急公好義的俠腸古道，又其人心地善良、有強烈的責任感、能犧牲己身利益以成全大局，常以「天下蒼生為己任」的寬憫心胸去待人處事。

在工作上，規劃能力強、講求協調性、注重溝通技巧，具文職性的技能與才華，有領導之能力，常得主管之賞識、部屬之尊敬，且易得貴人助力而平步青雲的升遷、居主管之要職。故一生不管在求學或就職之團體中，多得他人的敬重而常位居於領導人之地位。

在運行正官喜用大運時，則這個大運期間的生活或事業會處在榮譽、受人敬仰、好的工作場所等環境中，求學時期的學生則會就讀好的學校。在逢遇正官喜用流年時，會有受主管器重、升官、金榜題名、可以謀得理想的工作、適婚女性可結交到男朋友、參與提升身分的社團活動……等吉慶情形發生。

2、正官為忌用神者：

反之，正官若為日主所忌，因日主身弱而無法任正官有情之剋，因此本人行事易考慮過多、裹足不前、優柔寡斷、缺乏魄力、不能掌握社會先機及脈絡、常錯失良機。

在生活或事業上常陷於壓力、抑鬱或苦悶的困境中，又因本人較不具責任感，所以常將事情搞得弄巧成拙、事倍功半；在身體上不是體弱多病，就是有皮肉受到傷害，或是舟車血光之災。

在工作上，不得主管的賞識，少得貴人的助力，較無升遷之機運，縱得位居主管之職務，也會因該職務招致麻煩事生、犯小人是非口舌，得不償失。此外，本人平生無雄心壯志、溫和且隨遇而安，不喜與人爭長短、喜過恬淡無波的生活。

在運行正官忌用神大運時，則這個大運期間的生活或事業常會處在小壓力、事情麻煩多見的環境中。在逢遇正官忌用神流年時，輕者，常見主管的斥責、約束或找麻煩；嚴重者，甚至會去官丟職，或招惹官訟之災，亦或是舟車血光、皮肉傷害之災。

三、正官為喜、忌用神對命局吉、凶的影響：

命學名著星平海曾說：「夫正官格者，六格之正氣、忠信之尊，名雖治國齊家之道，只喜一位、多則論煞不宜。入格惟月內有官星者為正，時上兼有財星者，真貴人也；但有沖，忌見傷官、七煞，大運亦然。喜印綬、喜身旺、喜財星，歲運同。」

正官的作用，乃是在洩化財星、順生印星、制剋比肩與比劫、拘束並榮顯日主。

1、日主旺：柱中比肩、比劫多見，以官為用，運逢財、官最吉，名利兩優、諸事順暢；行印比運，則破財敗業、刑耗多端。（印比運，就是印星、比肩、比劫運之意）。

2、日主旺：四柱食神、傷官多，以財洩食傷並生官為用，逢財運發福，行比肩、比劫運，敗家破財。

3、日主弱：四柱財重，以比肩、比劫分財、幫身為用，逢比肩、比劫或印星之運，則發財、升官、事業輝煌騰達；逢財官之運，必阻逆蹇滯、官訟損財。

4、日主弱：四註食神、傷官多見，以印星為用，喜逢官印之運，必發達榮顯；運入財鄉破印，將貧無立錐之地。（官印運，就是官星、印星運之意。）

5、日主弱：四柱官煞（為正、偏官星的簡稱）重，以印化官煞為用，逢印比運，一路豹變翻為榮華；入財官煞鄉，須防意外災亡。

四、正官對女命的影響：

1、女命以正官、偏官星為異性、男朋友、丈夫之意。如日主本身及官星俱旺，命局又見財星生官為用，他柱不見剋害財、官星之惡曜者，所嫁之先生必是社會菁英、中堅分子及擁有高學歷；若又逢歲運生起官星，則其先生的事業、仕途將見榮顯富貴而一帆風順；時柱如又見生助財、官星之吉曜，不逢剋破、合住者，此女命必為夫榮子貴之命。

2、用正官或用偏官為夫星，只宜干、支各見一位，這種架構就稱為干透支藏、夫星得地的吉象。如干、支多見正官，或多見偏官，或是見官煞混雜（正、偏官星並見之別稱），此命局即為破格而不為美，其夫妻間的感情難以和睦，常見口角爭吵事生。干支若又多見帶合有情且官、煞夫星被合者，皆主不美，命局見此之女命須防有紅杏出牆、不安於室之憂。

3、干支見官星逢傷官剋害而無解救之神，或是官星氣弱、不明現，又不見財星生扶，或是官星被合化而變質者，其先生一生之事業都難以顯達，或是帶疾過一輩子，或是所嫁非良人、好吃懶作，夫妻感情難融洽、貌合神離，流年或大運如再逢剋破財、官之運時，輕者，有去官丟職、破耗損財之災；重者，須防夫妻離異、喪夫之憂；女命本身也須防淪落風塵而為娼、為妓，或是與人私奔。

4、因傷官會剋害官星、比肩與比劫會劫奪財星，女命日主身強以偏印、傷官、比肩、比劫為忌用神者，且又出現於命局中者，其心性都很驕縱自傲、自負、自私自利，目光無人、專斷獨裁，揮霍無度、不知勤儉治家，喜歡嘮叨、挑撥是非、說人長短，且也不把先生及先生家人放在眼裡，先生也相對懦弱無用、體弱多病、不知扶家養育兒女。

5、日支夫妻宮為喜用神，或是官星坐下見將星、天乙貴人、天月二德貴人等吉曜，女命本人為一處事能力強、知禮達義、負責盡職之人，在事業上也多能得貴人之助並能位居要職；先生必是聰明有為、奮發向上之人，在事業、仕途上也能位居要職、掌大權，且多得貴人之助力。但是日支如坐下見羊刃、魁罡相刑、死墓絕、喪門、空亡、劫煞、亡神等惡曜或是逢沖者，須防丈夫之身體健康受損、纏疾度一生，事業也無法騰達，適宜以穩定中求發展的職務即可，勿貪求力所不逮之事。另夫妻宮坐空亡又逢沖者，則夫妻離異的機率甚高。

6、柱中如見五行失位、水土互傷，且日元身旺，正、偏官星叢生又見於四柱，不見財官、印、食之吉曜，則此女命必為下賤、愚昧之人，亦或是為娼妓、婢妾等淫巧之婦。

五、範例：

一、女性：民國56年農曆8月30日戌時建生

年	正官	丁	未	正印	2～6歲	庚	戌	7～11歲
月	正印	己	酉	月刃	12～16歲	辛	亥	17～21歲

日		庚	子	傷官	22～26歲	壬	子	27～31歲
時	偏官	丙	戌	偏印	32～36歲	癸	丑	37～41歲

分析：她的命局中年柱與月柱分別出現正官與偏官星之女命的異性星、夫星，而年柱管轄期限則是從1歲到18歲，因此依理而言她應該很早就會結婚；然而因月柱地支為月刃星、為比劫星，這個月刃、比劫星不管對男命或女命在感情方面而言，都是失戀、橫刀奪愛的第三者、婚姻破壞者等的含意。因此她在民國88年、33歲到筆者處推算命理時，筆者寫給她的命盤表上記載著要在36、37、40歲等三個年歲方有結婚的機會。

事實：民國90年、35歲，流年為辛巳年（註二），這個巳火是她命局的偏官星，所以這一年經過相親而認識了一位男性。她與她母親在91年1月至筆者服務處請筆者幫他們擇選結婚的吉日良時，筆者幫他們擇選民國91年3月4日未時為結婚之吉日良時。

二、女性：民國60年農曆5月27日卯時建生

年	偏官	辛	亥	正印	5～9歲	乙	未	10～14歲
月	比劫	甲	午	食神	15～19歲	丙	申	20～24歲
日		乙	亥	正印	25～29歲	丁	酉	30～34歲

時　偏財　己　卯　比肩　35～39歲　戊　戌　40～44歲

分析：她的日主元神強，因此以正官星為喜用神。民國79年、20歲，流年為庚午年，庚金為她命局的正官星，因此畢業後隨即謀得7-11超商的工作。79、80年這兩年都是官星與財星的喜用流年，因此她不管是在工作或生活上，都過得很愜意，同時在79年認識了同樣在超商工作的男朋友，80年與男朋友的感情發展則是進展神速，兩人並在83年結婚。由於79、80年這兩年喜用流年的助力，到民國81年、22歲，流年為壬申年，申金也是她命局的正官星，所以這一年升任超商的店長。

註一：十神對日主的生助剋洩情形為—正、偏印星生扶日主，比肩與比劫星幫助日主，正、偏官星剋制日主，正、偏財星消耗日主，食神與傷官星洩弱日主。因此日主元神強的話，以財官食傷星等剋洩耗日主之元神為喜用神，以印星、比肩、比劫星為忌用神；反之，若是日主元神弱的話，則以印星與比肩、比劫星等生助日主之元神為喜用神，以食傷財官星為忌用神。

註二：筆者今將流年與六十甲子干支之搭配，以表格列示於後，以方便讀者將來就自己八字命局的參考使用（小方格內右邊為流年干支，左邊則為民國年，六十年循環一次。）

						民國年 干支
63·123年 甲寅	53·113年 甲辰	43·103年 甲午	33·93年 甲申	23·83年 甲戌	13·73年 甲子	
64·124年 乙卯	54·114年 乙巳	44·104年 乙未	34·94年 乙酉	24·84年 乙亥	14·74年 乙丑	
65·125年 丙辰	55·115年 丙午	45·105年 丙申	35·95年 丙戌	25·85年 丙子	15·75年 丙寅	
66·126年 丁巳	56·116年 丁未	46·106年 丁酉	36·96年 丁亥	26·86年 丁丑	16·76年 丁卯	
67·127年 戊午	57·117年 戊申	47·107年 戊戌	37·97年 戊子	27·87年 戊寅	17·77年 戊辰	
68·128年 己未	58·118年 己酉	48·108年 己亥	38·98年 己丑	28·88年 己卯	18·78年 己巳	
69·129年 庚申	59·119年 庚戌	49·109年 庚子	39·99年 庚寅	29·89年 庚辰	19·79年 庚午	
70·130年 辛酉	60·120年 辛亥	50·110年 辛丑	40·100年 辛卯	30·90年 辛巳	20·80年 辛未	
71·131年 壬戌	61·121年 壬子	51·111年 壬寅	41·101年 壬辰	31·91年 壬午	21·81年 壬申	
72·132年 癸亥	62·122年 癸丑	52·112年 癸卯	42·102年 癸巳	32·92年 癸未	22·82年 癸酉	

（二）偏官概論：

一、偏官的構成要件：

以日主為我、為基準點，並看其他之干支，如有剋日主之五行，且與日主為陰陽同性之剋者，如日主為甲，在其他干支見有庚或申者；或是日主為乙，在其他干支見有辛或酉者，即是。此剋我日主之五行，因與我日主陰陽同屬性，從日主之天干依五行位置順數下去，剛好位居七數，且處同類而相賊，所以又稱為七殺、七煞。在命局中如有食神、傷官制約，或印星引化，則稱為偏官，若無則稱為七殺或七煞。

這個剋我日主之字如在月柱地支的話，整個命局就稱為「偏官格」（又稱為七煞格、七殺格）；但如果在其他干支的話，就稱為偏官星（又稱為七煞星、七殺星）。古歌云：

「偏官有制化為權，白手登雲發少年，歲運若行身旺地，功名大用福雙全。

月位偏官本煞神，有制還居一品尊，假若自身榮貴顯，也須為福及兒孫。

制伏偏官太過時，貧儒生此更何疑，運行若遇財生旺，煞星甦醒發權威。

偏官遇印化為權，運助身強福祿餘，切忌身強并刑害，一生災病禍連綿。」

在有形的人事物上，偏官代表著國家、政府機關的武職人員，如法院檢察官、軍事檢察官、操生殺之權的軍事將領、法院審判官、劊子手，也代表著民營機關中篳路襤褸的中間幹部，具開創性、衝鋒性之部門主管，具有專業性、技術性、武職性事業的負責人，任職官階的高低，又為男命的女兒、妹婿，女命的丈夫、兒媳。

在無形的人事物上，偏官又代表著職權的大小、社會上的身分地位、事業上的威權、行事上嚴格要求的態度、管理紀律的服從、生活或事業上的壓力、貴人的助力、長官的提拔、職位的升遷變動、科舉考試的晉用等。

二、偏官為喜用神、忌用神的表徵：

1、偏官為喜用神者：

日主強而偏官為命局喜用神者，則本人為人刻苦耐勞、負責盡職，處事上具有剛毅、果斷之魄力及決斷力，於團體中很能發揮強勢之領導才華，對自身的要求甚為嚴謹，對周遭之人及部屬也會有相同的要求，但這樣有時會影響到人際關係的和諧；有嫉惡如仇及行俠仗義、英雄豪傑的忠肝義膽，看不慣生活及事業上的因循苟且之人事，凡事多能身先士卒且不畏艱難、披荊斬棘、刻苦耐勞的去完成使命，並贏得眾人的敬畏；因具堅毅及剛強的本性，故脾氣上有時候偶會有爆發性表現，或是暴跳如雷的情形，而引起他人負面的評價，這應是需要多加注意並改善之處。

在工作、事業上因具武威、有權柄，以積極而具強勢性的行事態度及競爭、謀略的心思去達成目的、追求理想，故多能位居主管之職，且也能執掌權勢之印；在家也多排行老大，要不就是行事作為儼如老大的樣子；適宜從事具有挑戰性、開創性、冒險性及具專業常識、武職性一技之長等事業。又象徵著任官的武威、掌肅殺之權，行事的積極認真，可不擇手段的去完成目標，縱使有造成其他人事物的損失，也在所不惜。

在工作上為了爭取合理待遇、正義或部屬的權益，可不顧一切的與長官、主管頂撞，是一極具爭議性的人物；所自創的事業，常以武職性之行業如汽車保修廠、模具製造廠、機械工具機製造廠、美容或美髮造型創意設計……等，具有專業性之行業為多。

具有士氣高昂、衝鋒陷陣的精神，秉性孤獨，喜獨當一面、不怕苦，為了開創、建設一件事業，可以先為破壞、再來建設。先賢名著說：「殺為武藝、印為文華，有殺無印欠文采，有印無殺欠威風，絕妙殺印兩全，宜其文武兩備。」又說：「刃為兵器，無殺難存。殺為軍令，無刃不威。刃殺雙顯，威鎮乾坤。」因此日主強而以七殺為喜用且能駕馭七殺之人，大都具有武職性之技藝與能力，一生努力於事業的成就，常是一位能建立豐功偉業、開創新格局的亂世中之英雄，而得以成為學術界的權威，或為技術界的宗師。

在運行偏官喜用神大運時，則這個大運期間的生活或事業大概同正官一樣，會處在榮譽、受人敬仰、好的學校、好的工作場所等環境中。在逢遇偏官喜用神流年時，會有受主管器重、升官、金榜題名、可以謀得理想的工作、適婚女性可結交到男朋友、參與提升身分的社團活動……等吉慶情形發生。與正官的差別處則是偏官大運或流年所處的環境，會較具挑戰性、開創性、高壓力、武職性等的情形，但相對的所獲得的掌聲與回報也比正官來得多與豐厚。

2、偏官為忌用神者：

日主元神弱而偏官為命局忌用神者，此人一生將受偏官之小人星的禍害。本人在團體中喜歡充當老大，但卻又無法信服眾人，以致無法交到患難與共、真心相許的知心朋友，所以一生常犯小人、受朋友之累而起伏難料；又因脾氣不好、缺乏自制力，行事易欠缺考慮、流於衝動、有勇無謀，以致易無事生非、招惹別人而陷自己於四面楚歌的窘境。

在自營事業上，多見起伏不定的狀態，本人不僅無法擔負重責大任之職，經常錯失良機，甚至於不會、也不懂得去把握機會，以致事業一敗塗地；對現實雖多有不滿情緒而想要有一番作為，但卻都因時運不濟，以致徒勞無功而勞心勞力，難享名利之福。

如日主衰弱而偏官星多見且為忌用神者，則此人生性膽小、懦弱、毫無魄力，內向且人際關係狹窄，做事畏首畏尾、考慮甚多，無前瞻性且毫無擔當，一生所學也難成其志業；在身體上則多見體弱多病，與生都帶一宿疾過一生，或是生活上易遭受外物之傷害而有舟車血光或皮肉傷；亦或是日主過旺、偏官星衰微，對偏官星又制化重重，則一生中總是平庸度日，且難有大作為，縱使飽學經綸，也是一介貧儒。

日主元神弱，如又不見印星來引化偏官星的話，在就職工作上不得主管賞識，工作壓力繁重，無法一展長才，易受主管斥責或拖累，也容易經常更換工作，即所謂的一年換二十四個老闆之類型；最適宜內勤性的工作，以平穩、無變化之工作性質最恰當，一生毫無成就可言。

因日主身弱無法任偏官之剋，因此大運如逢遇正官或偏官忌運時，則這個大運期間的生活或工作常會處在不如意或壓力很大的環境中。流年如逢遇忌用神的偏官年時，在工作上易去官丟職、引禍上身、小人口舌是非，或是受長官斥責拖累、不得主管的提拔；在自營事業上會犯小人、以錢財助小人，甚至會因錢財之事而有官訟的困擾。這個大運與流年期間，可說是才能不得施展、抱負無法遂其所願，常嘆「良馬不得伯樂之識」，其兄弟姊妹中的事業也易受阻逆，本人也會有舟車血光或皮肉受到傷害之災。

三、偏官為喜、忌用神對命局吉、凶的影響：

偏官的作用與正官同，都是在洩化財星、順生印星、制剋比肩與比劫星、拘束並榮顯日主及成就一番豐功偉業。

1、日主旺：四柱官煞重疊，以食傷為用，運喜食傷之地為美，行入官印之運為凶。

2、日主旺：四柱印星多見，以財滋弱煞、破印為用，運喜財食傷之地為美，運入印比之鄉為禍。（財食傷之運，就是財星、食神、傷官運之意。）

3、日主旺：四柱比劫多見，取官煞制劫為用，運喜財煞之地為吉，行印比之鄉為禍。

4、日主弱：四柱財多，以比劫分財、幫身為用，喜入比印之運為吉，入財官煞鄉為災。

5、日主弱：四柱食傷多見，以印制食傷、化煞為用，喜逢印比之運為美，行財官煞食傷之鄉為災。

6、日主弱：四柱官煞重疊，以印比為用，喜印比之運為吉，入財官煞之地為禍。

大抵而言，日主身強且殺旺者，喜食神制殺，亦所以洩身之秀；身旺殺輕者，此時七殺不但不須制化，反喜見財星以生助之，以為日主所用；反之，若是身弱殺旺者，則須見印星引化七殺並轉而用以生扶日主，使七殺輾轉為日主所用。

日主強而以食神制殺之人，大都憑己力創立聲名之後，接著財富跟著而來。以財星制殺之人，則多先於事業上獲得財利之後，再去求取功名地位。日主弱而以印星化殺之人，則一生於事業上多得貴人的助力，較偏向於清貴之人，但命盤中如見財印不相礙的話，倒也是富貴一生之命格。

四、偏官星對女命的影響：

1、女命身強見煞星為喜，且柱中又見食神制煞、財星輔煞為用者，這必定是夫妻雙榮且夫貴子賢的命格；本身不僅精明、掌家權，且又有所謂的幫夫命，定能任勞任怨的幫助丈夫創立基業而享榮貴之福。唯命局僅見食神制煞為用，卻不見財星生助者，一生之成就必是相去甚遠，且創業過程也都比較艱困，獲利也難以如願，所得到的名將比所獲得的利來得大。

2、命局若是僅見煞星為用，他柱不見食神及財星助用，或是印星相輔，此女命僅能說嫁得一位好丈夫，談不上有何幫夫命，丈夫一生的事業也僅能說是安穩的度日，恐難有榮貴顯達的時候。

3、原則上日主只要不太過強旺時，不管日主為身稍強，或是身弱見煞印相生為用之命，在學業上大多能獲取高學歷，屬於柔中帶剛的個性，處事冷靜，就事理之分析也是有條不紊，又因偏官星本就帶有責任感、進取心的特性，再加上印星的引化，所以在工作上的表現也是不讓鬚眉，適宜從事內勤人事管理、行政企劃、在職訓練等的工作，與丈夫都是屬於從官貴之中求財利型的人物。

4、女命雖見日主身強並以煞星為喜用神，但是如果見制殺太過、又不見財星救煞，或是比劫刃旺、財星被剋損而無救助，亦或是煞星生逢死絕之月令，神煞中又見孤神六害等惡曜者，終其一生要談婚嫁事宜，恐怕是難以如願，如果不是小姑獨處身，就是出家為師尼之命，要不就是在家帶髮修行之人。

5、煞星如自坐死墓絕之地，且大運、流年又行入食神或傷官之地、夫星死絕之鄉而不見財星救助時，須防夫妻離異，或是丈夫早逝之厄。

6、女命如果是煞星不見或是氣弱，又見食神、傷官生財者，因官煞星為約束、自重之星，而食神多見又從傷官論，傷官為叛逆、不受禮法拘束之星，財星又是貪圖享受、喜不勞而獲之星。

逢此組合格局的女命，不管日主身旺或是身衰，命局中如不見一強有力的印星來修正、約束心性時，則此女命與生就帶有叛逆性、大膽敢為、不顧禮法倫理之教，為了錢財敢做任何事情，其結果多是淪為風塵娼妓之途。

7、因正官多見則從煞星論之，女命的命局若是官或煞多見而成身弱的話，雖見食神、傷官入命，但因日主身弱，已無法任官煞之剋，無法抑制傷官星叛逆不馴、驕縱狂野的拗性，且本人又都為無主見之人，其結果則是會受到交往朋友的煽惑，再加上內心深處叛逆、自負又不遵禮法的本性，常周旋於男人的娛樂世界中，終而淪為風塵執壺之命。

8、命局如見官煞混局之女命，原則上都以晚婚且勿早談戀愛為宜，因為她們在青年階段時期必定會有一次或數次的感情挫折事件發生。如果是官前、煞後之組合，早談戀愛還可保無憂，因為正官星終究為正直耿介、理性之星，所以到頭來雖見感情破裂分手，卻還能保全身而退。

但是如果是煞前、官後的組合時，早談戀愛恐怕會有遺珠之憾，因煞星多為激烈與野蠻之星，故女性恐怕於早期的感情戀愛中，就會有失貞的情形。

最適宜談戀愛的時期應該是在三十二歲以後，因為這時候的管轄年限已將是日柱夫妻宮所管，且人生的閱歷也較豐富、心智也趨於穩定成熟的階段，並且也避過前面官、煞混局的狀態，在感情及未來婚姻生活上也能平穩而無礙。

9、純官、純煞在命局見之，並見天月德神相輔，不管男命或女命，當然是最為福氣之人。但女命在命局的地支中如見夫星明暗多合時，在婚前須忌同時與多人交往而有失貞的行為，婚後須防有暗約偷情的不貞事生。

10、女命如見七煞與羊刃並現時，不管為喜、為忌，就夫妻的感情而言，都是一大考驗。為喜用神時，當然是女中豪傑，個性堅毅而豪邁，有男性的氣概，在團體中也是帶頭領導的人物，不甘於寂寞、不喜落人之後，喜歡展現自己的才能，有開創格局、創造新領域的能力，很適宜往軍警等單位去發展，或是高危險性的表演工作者如馬戲團的特技表演、球賽等，都是很好的工作性質；若是往商場求發展，多屬於單打獨鬥、衝鋒陷陣型的人物，最適宜外務拓展人員，如保險業務的行銷、貿易商場的拓展等。

如果為忌用神時，其破壞力與建設力都很強，雖見淪於風塵執壺之流，卻也不失其領袖的魅力，在其行業中最後也能成為一位呼風喚雨的大姐大人物，相處愉快的時候，對其姊妹淘也甚為照顧，但是如結有樑怨時，常要置對方於死地才肯罷休，結果所得到是別人對她的敬與畏。

五、範例：

一、男性：民國65年農曆潤8月5日辰時建生

年	正財	丙	辰	正官	4～8歲	戊	戌	9～13歲
月	偏財	丁	酉	偏印	14～18歲	己	亥	19～23歲
日		癸	未	偏官	24～28歲	庚	子	29～33歲
時	正財	丙	辰	正官	34～38歲	辛	丑	39～43歲

分析：他的日主元神弱（註），因此以屬性為燥土的正官、偏官星為忌用神。他從4歲起到18歲止的大運都運行土之正官、偏官星忌運，因此在民國67年、4歲，這一年流年為己未年燥土的偏官流年，在玩耍時不慎跌倒而撞傷下巴，到醫院

縫了七針；民國83年、19歲，這一年流年為甲戌年，大運雖為剛交接亥水喜用之運，但因戌土為燥土，為他命局的正官忌用神，因此在工作時不慎用銼刀傷到左手虎口處，到醫院縫了五針。他這兩處的傷口迄今都還留有縫合下來的疤痕。

二、男性：民國62年農曆1月13日酉時建生

年	比劫	癸	丑	正官	4～8歲	癸	丑	9～13歲
月	食神	甲	寅	食神	14～18歲	壬	子	19～23歲
日		壬	午	正財	24～28歲	辛	亥	29～33歲
時	正官	己	酉	正印	34～38歲	庚	戌	39～43歲

分析：他的日主元神同樣為衰弱的情形，因此也是以屬性為燥土的正官、偏官星為忌用神。民國83年、22歲，流年為甲戌年，戌土為燥土，為他命局的偏官星，因此在農曆年過後、國曆3月要退伍之前，無緣無故的經常與輔導長吵架，也經常丟掉證件。民國87年、26歲，流年為戊寅年，戊土一樣是燥土，是他命局的偏官星，他經營的汽車保養廠被同業倒了一筆大金額，該倒債之人也不曉得跑到哪裡去，以致無法要回被倒的錢財。

註：讀者可找一位信用好並有命理學識與實務基礎的命理老師來推算一下自身的八字命局，並請該命理老師詳列一張自己命局日主的強弱、命理格局及五行之喜用神、忌用神的命盤表，如此讀者即可依照本身的命盤表而可以預知未來流年及一生大運的吉凶否泰，以做為事業進攻退守的依據。

（三）正財概論：

一、正財的構成要件：

以日主為我、為基準點，並看其他之干支，有與我日主陰陽相反，而為我所剋之五行，例如日主為甲，在其他干支見有己或丑、未者；或日主為乙，在其他干支見有戊或辰、戌者，即是。正財又別稱為天馬星、催官星。

這個被我日主所剋之字如在月柱地支的話，整個命局就稱為「正財格」；但如果在其他干支者，就稱為正財星。古歌云：

「正財提位正當權，日主高強財萬千，印綬莫來相濟助，金珠滿匣祿高遷。財神身旺喜官星，運入官鄉發名利，若見比肩分奪去，堆金積玉也須貧。日主無根財犯重，全憑時印助身宮，逢生必喜家興業，破印紛紛總是空。

正財喜旺食豐盛，日主剛強力可勝，若是財多身自弱，平生破敗事無成。」

在有形的人事物上，正財代表著任職機關、公司行號所管理的部屬，事業、生活上所欲採購的物資，生意上往來的客戶，事業上賺賠的金錢，一點一滴所儲存的財物，居家生活上的財物，機關、公司行號的資產，所擁有的不動產，又為男命的太太、兄嫂、弟媳及伯父母，也代表著女命娘家的姑母、伯叔等親戚。

在無形的人事物上，正財也代表著人生的名譽，社會上的信用，富有正義感，嫉惡如仇，勤儉及適當的物質生活，不浪費且腳踏實地的賺錢，本性重視金錢的儲存、善理財，安居樂業，滿足現狀，安分守己，對家庭有責任感，不過分追求物質的享受，正直而不拐彎抹角，善良且無心機，因對錢財過分重視，有時會讓人有吝嗇鬼、鐵公雞或守財奴的感覺。

二、正財為喜用神、忌用神的表徵：

1、正財為喜用神者：

正財為小財、按部就班獲得之財、日積月累之財、辛勤節儉獲得之財、點點滴滴之財、聚沙成塔的小財，也是男命的異性緣、女朋友、太太。因正財的獲得是那麼的辛勞、數量也不大，所以格局上也較狹窄，不若偏財那樣的寬闊；但其起伏也比較平穩，不若偏財那樣的大起大落。

日主元神強以正財為喜用神的話，由於是小財，所以本人生性勤儉、善於理財、不奢侈也不浪費，信守「勤儉就是美德」的古訓，對錢財的支出也比較會精打細算、斤斤計較，生活上認為不應該花的錢，即使一毛錢也不肯亂花；但如認為是需要的支出，在其經濟允許之範圍內，則會經過細心的計算，及堅持「貨比三家不吃虧」的原則，即使辛苦的多跑、多詢問幾家商店也無所謂，凡事以最能節省支出為原則，才會花該筆應花之錢財。

個性耿直、重視信譽，為人行事踏實而不投機取巧，討厭那些性喜投機取巧、不勞而獲又奢侈浪費、破壞社會善良風俗之人，也厭惡那些整天只會做白日夢、吹噓誇張，卻不會身體力行之人。

一生就財富的累積也是點點滴滴、日積月累而得，本著正心誠意、不違背良心的去賺取錢財，不管是憑智慧、靠腦力激盪而得，或是出賣勞力、流血流汗而得，都覺得問心無愧且也是花費得心安理得，其人必將因勤勞節儉而致富，衣食無缺、安然平穩的享福。

由於是辛勤而得之財，所以有很強烈的儲蓄理財觀念，也有濃厚的家庭觀念，負責任、照顧家庭及家人，不搞桃花、婚外情之事，一生中得太太的幫助甚大，其太太也是一賢慧之女命。

命中若又有官殺星之引化且無剋破者，此人一生在仕途、工作或自營事業上，必能一步一腳印的安穩享財名之福，逐步飛黃騰達而無大起大落的情形。

在逢遇喜用神的正財大運時，當時的生活或工作環境會過得無憂無慮。在逢遇喜用神的正財流年時，會有不錯的小獲利，適婚之男性也會有結交到女朋友的機會；此外，命局中若是官弱而財旺的話，則本人會因「財旺生官」的效應而在工作上有小升遷的機運。

2、正財為忌用神者：

因為這是小財，獲取也是備感辛苦，所以本人對錢財的運用就會過於重視，就錢財的支出也常見考慮甚久、想花錢又捨不得支出，而致有吝嗇、一毛不拔的特性，也因此而有守財奴的雅號；對周遭的近親好友也是吝嗇十足而無情。凡事喜歡與人斤斤計較，不佔個小便宜，或是計算他人一番，絕不罷休，終至引起他人的反感，以致事業的成就不高、格局不大。

就事情的決斷也缺乏魄力及腦力，應變力又不足，事事都考慮到錢財的縮編、盡量不要支出等的芝麻小事，致使本身人格氣質無法提升，事業格局也是小家子氣，無法突破舊格局而去開創新氣象，結果是常見他人起高樓，自己卻住矮層房。

不管在大運或流年，逢遇正財忌用神的歲運時，在生活或工作上縱使有小獲利，也會守不住，錢財經常花費在無形的支出中，譬如購物、被開紅單，或被友人倒了一筆錢財，亦或是居家、營業場所突然的發生財物之損壞而需要花錢去整修、購置新物品等，總之錢財就是會守不住；求學時期的學生，因精神鬆懈，故其課業成績不好、考運也不理想。

三、正財為喜、忌用神對命局吉、凶的影響：

正財的功用乃是在引化食傷星並生助官、煞星，以為日主之用，且又有剋制正、偏印星之用。

1、日主旺：四柱印多，用財制印為喜，運逢財鄉最美，或財帶食傷之運亦佳，行印比運為凶，行官煞運則是名多利少的情形。

2、日主旺：四柱若見比劫重疊，以食傷通財星、比劫之氣為用，或用官煞制比肩、比劫之氣亦佳，運逢食傷、官煞之鄉為美，入印比之地為凶。

3、日主弱：四柱見食傷多，以印制食傷、生身為用，但須財印不相礙為貴，逢印比之運為吉，行財官煞之地為凶。

4、日主弱：四柱財星多見，以比肩、比劫星分財幫身為用，逢比肩、比劫運最美，行印運須財印不相礙為吉，若見財印相戰則凶，必刑耗多端，入財官煞食傷之地為凶。

5、日主弱：四柱官煞多見，以印化官煞、順生日主為用，逢印比之運為美，入財星之地最凶，恐有意外不測之災，行官煞之運次凶。

四、正財對女命的影響：

同男命之理，女命如日主身旺以財、官、煞星為喜用者，因官、煞星為女命的夫星、也為權勢、位階及貴氣的表徵，此財官煞星如位於年、月柱者，本人除出生於富貴家庭外，本身也是一位能力強、善理財之人，學識、品行、才華俱是兼備於一身，容貌乃是清秀中帶有貴氣，丈夫在事業上將得力於她及娘家的幫助而得以平步青雲的建立基業。

由於官得財生，因此這是一位「夫賢子貴」的女命。日主元神及財星愈旺盛，高貴、富裕之氣必然愈大，幫夫之勢也必然強大。

若是日主旺而官、煞星逢傷剋，不見財星轉化食神或傷官星並順生官、煞星，或是財逢比肩、比劫剋奪，不見官、煞星制比、護財為用者，此即所謂財官俱傷的女命。

本人除在感情上難稱順遂外，將來所嫁的丈夫若不是身體健康不佳，就是事業起伏甚大、財運不美；歲運若又逢遇食神、傷官或比肩、比劫敗財之地時，此時可說是會有「禍不單行」之嘆，丈夫的事業將會遭逢小人之害而失業損財，要不就是須防意外不測之災，在婚姻上也可能會因第三者的介入而出現危機；本人在身心健康上須防該比劫之五行所引致之疾病，及傷官星所引發之生殖、泌尿系統方面的疾病。

日主身而弱以印星生身為用，卻逢財星剋損者，命局中如財星不是很旺時，此女命倒還能安穩的度一生，僅係較為體弱多病而已；但財星如見旺盛者，此女命將是一喜歡做白日夢、好吃懶做之人，婚後不太會、也不想要整理家務，居家環境總是凌亂不堪而難得整潔，婆媳間的相處關係不見融洽；命局又見官煞旺得財星助紂為虐者，此女命為一無主見之人，會因貪圖享受及很容易受他人的煽惑、影響而淪入風塵。

（四）偏財概論：

一、偏財的構成要件：

以日主為我、為基準點，並看其他之干支，有與我日主陰陽相同，而為我所剋之五行，如日主為甲，在其他干支見有戊或辰、戌，或日主為乙，在其他干支見有己或支丑、未者，即是。

這個被日主所剋之字如在月柱地支的話，整個命局就稱為「偏財格」；但如在其他之干支者，則稱為偏財星。古歌云：

「偏財身旺是英豪，羊刃無侵福祿高，結識有情宜慷慨，若還身弱漫徒勞。
月支偏財眾人財，最忌干支兄弟方，身強財旺皆為福，若帶官來是妙哉。
若是偏財遇劫星，田園破盡苦還貧，傷妻損妾多遭辱，食不相周困在陳。
若是偏財帶正官，劫星出露福難干，不宜劫運重來併，此處方知禍百端。」

在有形的人事物上，偏財如同正財，代表著任職機關、公司行號所管理的部屬，所擁有的財物及資產，事業、生活上所欲採購的大宗物資，生意上往來的客戶，事業上賺賠的金錢，居家生活上的財物，所擁有的不動產，貴重之財物如珠寶、首飾，高價位之汽車、別墅、古董藝術的收藏品，男命的妻、妾、女朋友、情婦、父親、伯叔輩，女命的父親、兄嫂及弟媳等。

在無形的人事物上，因偏財是眾人之財、大額之財或炫耀之財，但並不是非分之財或橫財，所以偏財也代表著唯物主義者，屬樂天派的高價位物質之享樂主義者，追求財富、名利的功利主義者，注重羅曼蒂克的情調生活，慷慨有情、喜助人。

二、偏財為喜用神、忌用神的表徵：

1、偏財為喜用神者：

由於偏財為大財、為眾人之財，但不是非分之財，也不是不勞而獲之財，所以本人慷慨熱情且輕財好義，有著古道俠義的心腸及寬宏大量的心胸，天性爽朗、重視大格局而不拘小節，與人交往重視朋友的情誼，能為朋友兩肋插刀也在所不惜，重視物質方面的享受及羅曼蒂克的生活，也喜歡誇耀及彰顯他的財富，行事風格爽朗磊落，拿得起、放得下，風流瀟灑、不拘小節，喜歡吟詩作對之風雅韻事，能言善道而多情、異性緣佳。

由於本人日主身旺並能操控、掌握偏財，因此在事業上有著旺盛精力、雄心大志及刻苦耐勞的精神，一心想成就大事業並賺大錢，處事明快、積極且講求效率，就社會的脈絡常能洞燭先機，並能適時、恰當的開創機運及掌握機會；不會墨守成規，常會隨著時代的變遷而改變其事業的經營策略及方針，但也善用其投資或投機的事業，是一以錢滾錢、錢財賺取錢財之人。

為人慷慨大方，所以交際手腕甚為高明、人脈也非常豐沛，善於掌握時勢、巧於利用機會去建立一番屬於自己事業的王國，隨之而來的，則是功名地位的攀附，且他也能樂在其中的享受。

因財星又代表著男命的妻妾、異性，命局中財星若又多見的話，其人必異性緣佳、多得女性的青睞，隨之而來的則是風流韻事不斷。這種人可說是「一人得利、眾人享福」的最典型代表。

大運逢遇偏財喜用神之運時，這一段期間的事業不管是求學、就職或經商創業，都會身處在一個衣食無缺、有高度獲利，或背後有雄厚財力支持者的環境之中。流年逢遇偏財喜用神之年者，這一年必定會有豐厚的錢財收入，在就職工作上也必定有升官發財的機運，男命有結交到女朋友的機運，已婚之男性則須防有婚外情的發生。

2、偏財為忌用神者：

這都是財多身弱（日主元神弱）之人，本人雖有雄心大志，但因身弱而無法負荷財重之累、無法控制財源動向，所以在事業上常見有大手筆、大動作的支出與人力動員，然而卻無法正確的掌握社會脈絡及先機，也無法有效控制營業成本費用，而常有入不敷出的情形；此外，又因重友情、愛打腫臉充胖子，以致受朋友之拖累而負債累累，其結果當然是財源困窘而損財敗業。

注重享受及貪圖物慾生活而易沉浸於紙醉金迷的世界，最後終將養成不能吃苦卻有奢侈浪費、好高騖遠、不事生產、好吃懶做而想一步登天的習性及心態，並因此很容易受外界人事物的影響而染上如賭博、偷竊、經濟犯罪、詐騙錢財、吸毒……等惡行。異性緣雖好，卻因身弱而無法以理性的心境去處理及控制感情事宜，很容易因情感之事而惹起家庭風波或不測之災。在工作職務上須防因索賄或受部屬的拖累而導致官訟牢獄之災。

由於日主身衰而無法任財之重荷，其人一生必將窮困度日，為錢財之事而四處奔波、勞而無功，喜好逸惡勞、好高騖遠且多敗無成，並因女性而受累；倘若再見殺星攻身又無救化的話，生活上必將貧病潦倒，帶疾終其一生。

大運逢遇偏財忌用運時，須防有大破財的情形發生，縱使這一段期間的流年都是逢遇生扶幫比日主元神的喜用流年，而會有賺錢的機運，但錢財終究還是會守不住，會在無形的支出、花費中流失掉。流年逢運偏財忌用之年時，這一年必定會大破財，或因錢財、享樂之事而有官訟之災，亦或因女色之事而招惹不必要的困擾或災禍；學生時期，同正財論。

三、偏財為喜、忌用神對命局吉、凶的影響：

偏財的功用同正財一樣，都是在引化食傷星並生助官煞星，以為日主之用，且又有剋制正、偏印星之用。

1、日主旺：四柱印多，用財制印為喜，運逢財鄉最美，或財帶食傷之運亦佳，行印比官煞運為凶。

2、日主旺：四柱若見比劫重疊，以食傷生財星、引化比劫之氣為用，或用官煞制比劫之氣亦佳，運逢食神、傷官、官煞之鄉為美，入印比之地為凶。

3、日主弱：四柱見食傷多，以印制食傷、生身為用，但須財印不相礙為貴，逢印比之運為吉，行財官煞之地為凶。

4、日主弱：四柱財星多見，以比肩、比劫星分財幫身為用，逢比肩、比劫運最美，行印運須財印不相礙為吉，若見財印相戰則凶，必刑耗多端，入財官煞食傷之地為凶。

5、日主弱：四柱官煞多見，以印化官煞、順生日主為用，逢印比之運為美，入財星之地最凶，恐有意外不測之災，行官煞之運次凶。

俗話常說：「人無橫財不富」，就此「橫財」之意，一般人常把它認為是偶然獲得的一筆大財，或是非分所得的一筆錢財。唯筆者認為這是一種似是而非的觀念，蓋「橫財」

與「偏財」應屬同一之涵義，雖為大額之財、眾人之財，但也是要身旺且偏財旺之人，經過一番艱辛的就職或創業歷程後，而擁有令人稱羨的事業與錢財，並非不勞而獲、從天而降之財。

只因他們與生帶有偏財，故就創業的契機、對錢財的追求心、對錢財的嗅覺性及利潤的獲取，必定比命帶正財之人來得廣大、來得積極、來得靈敏及來得豐厚，所以前賢所說：「用正財不如用偏財。蓋正財乃分內之財，得之非奇；偏財乃眾人之財，獲之為美。」應是指此之意。

四、偏財對女命的影響：

日主元神強之人，不管為男命或女命，都喜見財官相生為用；正、偏官星不僅為官貴、位階、身分地位、榮譽等的表徵，也代表著女命的異性、男朋友、先生。

在現今已講求男女平等的社會之際，女性多數已見走入社會且都在社會上就業任職，故命局見財官相生為用的女命，尤其是現於月柱地支者，她們出生的家庭環境大抵都在中上的程度，父母親的學識涵養良好、教育程度高。

因偏財星的助用，在團體活動中甚為活躍且頗得人緣，她們本身也熱心公益並善於助人；命局如又見官煞星引化財星之作用的話，不僅在學業上能獲得高學歷，且因能力強、有決斷力，將來在事業上必能位居官階之職，亦或是相夫教子並幫助先生在事業上獲致成功之路。

由於此財星為偏財、為大財，因此不管是其本人或是先生，在事業上所獲得的成就及財富，常是命局中以正財為用之人所望塵莫及的。

雖然命學上的名言說「官賴財生、財旺生官」，然而依筆者的經驗，女命日主身旺且命局中食傷及財星也強旺，但是官煞夫星氣弱者，由於此官煞星多少已受到食傷星的剋害，官煞星本身又氣弱，要得到財星的轉化生扶力量，恐怕也是杯水車薪之情，所以女命本人雖出生於富裕家庭、本身能力強，在婚後她的先生也很有心要去開創一番事業，她在財力及人力上也是完全無條件的支持及供應，但因她本身命局食傷星的影響及官煞夫星的衰微，結果是先生在事業上常因外在環境因素或合夥事情，會一次又一次的敗業損財而不得志，她及娘家也因而在先生的事業上花費不少錢財，但卻一無所獲。

唯如身弱財旺，以財星為忌之女命，因偏財又為父親的表徵，此財星如現於月柱者，本人出生的家境頂多只是為小康家庭，要不就是雙親常為錢財營生之計而奔走；此時它柱若又見官煞星的助紂為虐時，那本人在婚嫁之前，父親的事業必是多敗少成且周遭逢遇小人不斷，以致經濟生活常陷入困頓，或者是負債累累，並也可能因事業之阻逆、不順而抑鬱寡歡，或是帶疾在身；在婚前，可說是常為家計或父親之事而操勞。

至於婚後，因財官煞星為忌神，因此所嫁的丈夫恐也是少成多敗、一事無成，本人須負擔一家之生計，以致容易青春早逝、或是人老珠黃，與公婆相處關係也不好；如果官煞星又多見者，本人除須防體弱多病之憂外，也須防因貪圖享受、無法抗拒外在奢華世界的誘惑、或是禁不起損友的煽惑而淪落風塵。

五、範例：

一、男性：民國51年農曆10月13日丑時建生

年	傷官	壬	寅	正財	10～14歲 壬 子	15～19歲
月	比肩	辛	亥	傷官	20～24歲 癸 丑	25～29歲
日		辛	亥	傷官	30～34歲 甲 寅	35～39歲
時	偏印	己	丑	偏印	40～44歲 乙 卯	45～49歲

分析：這是一個日元神弱而以時柱的偏印星生助日主為用。在民國84年、34歲、流年為乙亥年，乙木為命局的偏財星、為忌用神，乙木剋破時柱己土偏印星之喜用神，為命理學上「財星破印」的一個典型例子，這一年的農曆6月受朋友的拖累，因吸食安非他命被抓到，在監獄裡面關了三個月，到農曆九月因假釋而出獄。

（五）正印概論：

一、正印之構成要件：

以日主為我、為基準點，並看其他之干支，有與我日主陰陽相反，並生我日主之五行，如日主為甲，在其他干支見有癸或子者；或日主為乙，在其他干支見有壬或亥者，即是；又別稱為魁星、孤極星。

這個生日主之字如在月柱地支的話，整個命局就稱為「正印格」；但如果是在其他干支的話，則稱為正印星。古歌云：

「月生日主喜官星，運入官鄉祿必清，容貌堂堂多產業，官居廊廟做公卿。重重生氣若無官，當作清高技藝看，官煞不來無爵祿，總為技藝也孤寒。印綬干支喜自然，功名豪富祿高遷，若逢財運來傷印，退職休官免禍愆。印綬重重享見成，食神只恐暗相刑，早年若不歸泉世，孤苦離鄉宿疾縈。」

在有形的人事物上，正印代表著男女命的母親，居家的住宅，任職的機關、公司行號的所在地，生活或事業上的貴人、長輩、師長，得以遮蔽、掩護的建築物、衣服、汽車，男命之外孫女，女命之女婿、孫兒等。

在無形的人事物上，正印星又代表著任職的權勢、權力，機關及公司行號的文書、關防、印鑑、工作量，買賣的契約書，學問及新知識的追求、強勢的記憶力，宗教的信仰與修行心，善良的慈悲心，稍重的依賴心，心靈及精神生活的追求，面子及名譽心的維護，內斂的修持心性，常得貴人、長輩及主管的助力，有清貴的人格。

二、正印為喜用神、忌用神的表徵：

1、正印為喜用神者：

以印星（又稱為：印綬）為官印、權力的象徵，也是宗教、護衛之星的代表，又代表著學問、學識及身分地位。因此本人多有善良、慈悲之心、虔誠的宗教信仰；聰明、勤勉好學、喜歡追求新知識，注重生活品質、身心修為，和藹可親、善解人意，談吐溫文又有內涵，不喜多言、不亂發脾氣；有寬宏的包容心、凡事不斤斤計較、不使心機，信守吃虧就是福的理念，所以修養好且身心寬敞，喜歡藝術閒靜的生活，事事多能逢凶化吉，生平少遇凶災、少疾病。

因印星能引化官煞星而成官印相生的情形，本人具有強勢的記憶力及高超的智慧，所以能憑其廣博、淵源的學識，去求取功名利祿；又與生就較注重精神層面的生活，不熱衷物質之享受，所以是一位清廉正直之人，從政或就職多能得貴人相助、長官提拔，常見居官職而掌權。

日主弱以印星為用且不見財星破印的話，其人除了有很好的敬業精神外，在行事上也是沉著穩重、深謀遠慮，且都能不疾不徐、溫和的處理周圍之事；就一件事物、目標之完成，內心雖有急切、強烈要達成之慾望，但外在所顯現的，卻是不疾不徐的態度。

又因具有慈悲及寬大為懷的心胸，在處理事情時，常會考慮到對方及自身的立場，去尋找一個可以雙贏的解決之道，為他人留一條生路，也為自己鋪一條後路，進而受到眾人的尊敬。常有「天下為己任」及「我不入地獄，誰入地獄」的超凡心性，是一位唯心論的理想主義者，很適合宗教傳道、學業傳授、義工……等，具有入世且服務社會大眾的工作。

一般而言，以印星為用且不見財印相戰之人，一生中必多得貴人、長輩及長官的助力，即便是天塌下來也有別人頂著，係一相當幸福的命格。

在逢遇喜用神的正印大運時，這個期間如果是求學階段，都能讀到好的學校或好的班級、必多得師長的疼愛，課業成績也都能有名列前茅的表現；若是就業的話，則必多得長輩、貴人的幫助，或是在工作上有擴權的機運。逢遇正印喜用神流年時，若是參加考試的話，必能金榜題名；在工作上會有小擴權的情形，也就是說雖不見升官，但所管轄的部門、職務卻有擴大的情形。

2、正印為忌用神者：

本人生性較為懶散，處事不積極、不具野心，無雄心壯志，不注重名與利的追逐，凡事只要求安於現狀即可。因過於重視精神層面的修為，內心常存有桃花源式的生活情境，所以常會與社會脫節、喜歡脫離塵世的生活，以致偶會陷於沉思、封閉的狀態，並生活在自設的烏托邦國度裡。

因印星又為衛護之星，所以依賴心又特別重，且父母親的照顧也過甚、過於溺愛而致使本人毫無鬥志，不能接受外來逆境的考驗，碰到困境時只想逃避、不會想要去解決，反正天塌下來總是有人頂著，以致一旦犯有過失時，就會以一切的方式去掩飾、文過，終至事情不可收拾，所以一生較難成就事業，僅能平淡安穩的過日子。

日主若太強而又見正印星，其心境上會太過於理想化以致不切實際，行事上會考慮過多以致效率不彰，待人處事上會因太過仁慈而成濫好人，對宗教的信仰會因太過投入而陷於迷信，金錢、物質上會因太過於唯心論而致匱乏，父母親對他（她）的課業或事業則是有幫倒忙的情形。

日主太弱而以印星為喜用神，卻見財破印、財助殺攻身者，其人在生活或事業上，將因錢財之利而惹禍上身，因財利而去官丟職，因財利而招惹官非之災，因財利而致貴人遠離，因女色而傾家蕩產，因財利、女色而疾病纏身，一生所學無成、學歷成就不高。

在逢遇忌用神的正印大運時，這個期間的依賴心會比較強，如果是求學階段，所讀的學校僅能說是中等，課業成績在數、理、化的表現則是平庸，至於記憶性的課業則有不錯的表現；在工作上則是平坦無波，但會處於工作量多、較為忙碌的環境中。

逢遇正印忌用神流年時，若為學生的話，則有關數、理、化等需要理解的學科，會有退步、拿不到好成績的情形，但同樣的有關記憶性的課業或考試，則會有不錯的表現；若為就職或經商者，會有勞多獲少、客源減少、忙過頭的情形，甚至於會受到主管、長官的苛責與約束。

三、正印為喜、忌用神對命局吉、凶的影響：

正印星的功能則是在引化官煞星的剋日主及比肩、比劫星，並藉以順生日主及比肩、比劫星，且同時抑制食神、傷官星的洩耗日主之氣。

1、日主旺：四柱見財多，以官煞通財印之關為用；逢官煞運最吉，入比印食傷運為凶。

2、日主旺：四柱印多，以財破印為用；逢食傷財運為美，行官煞印比運為凶。

3、日主旺：四柱比劫重疊，有官煞則以官煞制比劫為用，無官煞則以帶財之食傷為用；運行官煞或是帶財之食傷運為喜，走印比劫運為凶。

4、日主弱：四柱官煞多，以印為用；運逢印比之地為吉，入財官之鄉為凶。

5、日主弱：四柱食傷多，以印星剋制食傷、生扶日主為用；逢印比之運為福，入食傷財鄉為禍。

6、日主弱：四柱財多，以比肩、比劫分財、護印、幫身、敵官煞為用：逢比肩、比劫運為喜，入食傷財官煞運為凶。

四、正印對女命之影響：

女命如日主元神稍弱，以月柱正印格為用，他柱不見財星壞印者，其外貌都有一種貴秀的氣質，心性溫柔、賢淑，行事不疾不徐，出生家境良好，本身才智聰明且好學，不喜出風頭、淡薄名利，凡事講求溫和理性的妥善解決。

此外命局如見官印相生，或是煞印相生時，則本人因受官（正官或偏官）的影響，並得印星的引化生身，其聰明才智及處事能力可說是過人一等，對本身的要求甚高，注重穿著、儀表的打扮，行事也講求效率及要求完美，敬業精神非常好，其本身與丈夫在事業工作上，同樣都能居官職又掌權，所生的子女堪稱賢孝，可說是一位「夫榮子貴」的命格。

但是如以印星為用，卻逢財星剋破者，它柱干支如果有比肩或比劫星救助時，雖然難以言吉，但總是有相助之意；蓋女命的格局中以比肩、比劫星為喜用神者，是最不理想的用神，因為此用神會奪財，又有姊妹爭夫的情形，所以見此為喜用之女命，她的一生於平順中都帶有勞祿的難言之苦。如果不見比肩或比劫星救助、印星氣弱或無根而不能入從格的命局者，此女命須防因貪圖享樂、不能吃苦，又不見長輩的教誨及約束而墮落。

如果日主元神旺而正印星之氣不很旺時，倒還無所謂，只是比較有清修的傾向而疏於家庭的照顧；但是印星如見過旺又見比肩、比劫星者，因印星會洩化官煞星、比肩、比劫星會剋奪財星，則生官煞星的根及源頭都被剋害，此女命為一有神經質且個性很頑固之人，並恐有喪夫、損子之憂。

此外，命局裡完全不見印星，但八字的架構還不錯時，只是心眼中無長輩的存在，在家待不住、常往外跑；在婚前，不重視父母、長輩的教誨，本人意見多且都會反駁父母親的教誨，與雙親的緣分薄弱；在婚後，與夫家的公婆也難融洽，易有婆媳之爭的困擾。命局見此之女命，除了須多自己身修孝養之德外，婚後如果允許的話，不一定要跟長輩、父母親同住，可以的話，以夫妻共組小家庭最為適當。

五、範例：

一、女性：民國66年農曆2月25日未時建生

年	正官	丁	巳	偏官	8～12歲	乙巳	13～17歲
月	偏財	甲	辰	偏印	18～22歲	丙午	23～27歲
日		庚	子	傷官	28～32歲	丁未	33～37歲
時	傷官	癸	未	正印	38～42歲	戊申	43～47歲

分析：這是一個日主元神屬於不強不弱的氣勢，因此一生會是平穩無波的過日子。她在民國86年畢業於「○○藥專」，畢業後就到人壽公司任職內勤行政人員，由於該工作性質並不符合她命局喜用的五行，因此在上班時常有「一天和尚、一天鐘」混日子的情形。
民國87年她到筆者的服務處推算八字命理，並說想辭職準備參加二技的考試。筆者勸她87年還不要辭職，以半工半讀的方式去讀書、準備考試，到88年初領到年終獎金後再辭職，並跟她說88年對她而言是一個很好的考試年，一定要好好的把握而不要放棄。

事實：民國87年為戊寅年、88年為己卯年，這個戊、己之五行都為土，就十神而言分別為她命局日主庚金的偏印與正印星，因此這兩年本人會有想要進修、求知、汲取新知識及參加考試的情形。由於她來找筆者推算八字命理之時已是87年的國曆八月，所有大學、技術學校的考試都已經結束，而88年又是她一個很好的考運流年，因此筆者建議她在88年初領到年終獎金後再辭職即可。她接受了筆者的建議，終於在88年的大專插班考試中，如願的讓她考上了二專技術學校。她在民國90年介紹及陪同朋友到筆者服務處推算八字命理，並順便告訴筆者她先前來推算命理及筆者給她建議之事，筆者才知道這一段職業上的小插曲。

（六）偏印格概論：

一、偏印的構成要件：

以日主為我、為基準點，並看其他之干支，有與我日主陰陽相同，並生我日主之五行，如日主為甲，在其他干支見有壬或亥者；或日主為乙，在其他干支見有癸或子者，即是。

此生日主之字如在月柱地支的話，整個命局就稱為「偏印格」；但如在其他之干支者，就稱為偏印星，又別稱為梟印、倒食、吞啖（啗）煞、退神。古歌云：

「第一難推印綬鄉，運行身旺必榮昌，官鄉會合逢官職，死地當知是禍殃。

印星偏者是梟神，柱內最喜見財星，身旺遇此方為福，身衰梟旺更無情。

日主七煞帶梟食，妻主虛胎小產多，經脈不調成血疾，更看行運又如何。

男子梟食重重見，身弱多應癆病隨；女人梟食非為吉，產難驚人病亦危。」

在有形的人事物上，偏印代表著男女命的母親、繼母，居家的住宅，任職的機關、公司行號的所在地，生活、事業上的貴人、長輩、師長，得以遮蔽、掩護之建築物，及男命之祖父、外孫男，女命之外孫女。

在無形的人事物上，偏印又代表著任職的權柄，機關及公司行號的文書、關防、印鑑，買賣的契約書，學問及專業知識的追求、精研，很好的領悟與理解力，有著精明、幹練的能力，強烈的主觀意識，自我中心強的自私心態、缺乏同情心、過分的自我保護本能，內向而不善交際應酬、不喜出風頭，幻想力強又具神經質，對事物有極佳的敏銳感受能力。

二、偏印為喜用神、忌用神的表徵：

1、偏印為喜用神者：

八字命局若是日主元神弱，或是食神、傷官星過旺，以致洩耗日主元神過甚時，就需要以印星剋制食神、傷官星及生助日主為用；由於偏印星對日主是是同性相生、盡力相生，因此偏印星生扶日主的力量必定比正印星來得大與有力。

所以命局見此為用之人，本人的腦細胞活動力都很旺盛，精力也都很充沛，也就是說此人的心思細密、精明、天賦聰敏，對人有其先知及獨特的判斷力，對周遭事物的感覺及應變能力很強；善於思考、用腦筋，因此具有超強的數理化工方面的理解及運算能力；又因具有很專精、專業的特性，所以領悟力也強，凡事都能舉一而反三，並能藉此而創造、發明出新環境、新事物。

由於會比較專注於精神層面、內向思考性的生活領域，所以命局如為官印相生而不見財星的話，本人對藝術精神領域方面生活的享受，會高於物質方面的享受，因而也不太注重人際關係的交往；但是他柱如見有財星而此財星又不剋破印星者，本人必為精明幹練的人才。

本人具有精明、幹練的處事能力，處事沉著、內斂及冷漠，喜怒哀樂常藏於內而不現於外，因此他人很難察知其葫蘆裡在賣什麼藥、下一步要走哪一著棋，也可說是一位守口如瓶、保秘防諜到家的高手。

也具有著強烈的求知慾及專業的學問、知識，在其專業的學識領域內，常會有傲人的成就，以其超強的理解力、領悟力及專業知識，故能夠獨創新事物、新產品，而會有多項專利權、商標權或著作權的取得，並成為一位受人尊敬的專家、學者。在工作事業上都能將身邊的事處理得乾淨俐落、不拖泥帶水，並讓主管稱讚不已；此外也是一位兼營副業的高手。

在逢遇喜用神的偏印大運時，若為求學階段的學生，其課業成績的表現必定是名列前茅的，尤其是數理化等方面的課業；已出社會者，必定多見貴人的助力，在工作上雖會處於工作量繁多的環境中，但本人卻樂在工作中。在逢遇喜用神的偏印流年時，會有得貴人助力、主管提拔、職務上有再擴權的機運，亦或是本人會有專業技藝或學術作品的產生與發表；參與考試者，也多能有金榜題名之喜慶。

2、偏印為忌用神者：

偏印星的特性正如前述，對日主乃是同性相生、盡力生扶，因此日主元神強之人，除非其命局是屬於特殊格局中的專旺格（註一）而以印、比星為喜用神之外，都是以偏印星為忌用神。

今命局見偏印星為忌用神者，本人必具有神經質、容易緊張的特性，對人、對事都心存懷疑、不信任的態度，因此其人行事必多偏激且不滿現狀，有孤僻的個性，不喜歡與人交往、排斥團體活動，喜歡獨來獨往，心性思想也常超脫現實，難以與人溝通或是有交集的見解，以致經常會有鑽牛角尖、進入死胡同的情形，以及生活在自我的生活世界中，或是自設的象牙塔裡。

又有強烈的自我中心主義，對自己保護很深，卻不注重他人的感受，不接受他人的意見，對他看不起的人，都會表現出勢利的態度，有關任何利益之事都是以自己獲利為優先考量之事，忽略他人的存在、不在乎他人的死活，為一典型的自私主義之人。所以凡事都是自己一人在蠻幹，不信任別人且也得不到別人的幫助，結果都是事倍功半，或是徒勞無功，一生總是奔波勞碌的過活，甚至於須防老來孤苦伶仃的度晚年之憂。

因心性過於鑽牛角尖，就學問的追求、專業學術技藝的研習，也常見多學而少成；內心常自我設限及矛盾、不重視人情與人際關係，所以其人不管對外人或是周遭之親友，多見無情、尖刻及不夠厚道的表現，且常得理而不饒人；又因多學而無成，以致傾蕩家產，勞苦、抑鬱寡歡的過一生。

太過於主觀，因此很難接受他人的意見，平時即不開朗、無法侃侃而談，凡事都往內心思考，卻無法付諸實行，為一內向心性、空想主義者；生活上會因過於緊張、神經質而致易得潰瘍、神經衰弱的疾病。

在逢遇忌用神的偏印大運時，這一階段期間須防家人有不測之災，此外，若為求學階段的話，則智慧必定不開、課業成績不好；若為出社會之人，將找不到理想的工作環境，經常換工作場所是必然的情形。

在逢遇忌用神的偏印流年時，薪水階級之人會受到主管的掣肘、苛責與約束以致有志難伸、有苦難言，亦或是須防因錯誤之判斷或因聰明反被聰明誤而失業或損財；經商創業之人，則須防上當、判斷錯誤、客戶消失或大量減少，以致結束營業、錢財損失不皆。

三、偏印為喜、忌用神對命局吉、凶的影響：

偏印的功能同正印一樣，都是在引化官煞星的剋日主及比肩、比劫星，並藉以順生日主及比肩、比劫星，且同時抑制食神、傷官星的洩耗日主元神之氣。

1、**日主旺：**四柱見財多，以官煞通財印之關為用；逢官煞運最吉，入比印食傷運為凶。

2、日主旺：四柱印多，以財破印為用；逢食傷財運為美，行官煞印比運為凶。

3、日主旺：四柱比肩、比劫重疊，有官煞則以官煞制劫為用，無官煞則以帶財之食傷為用；運行官煞或是帶財之食傷運為喜，走印比劫運為凶。

4、日主弱：四柱官煞多，以印為用；運逢印比之地為吉，財官之鄉為凶。

5、日主弱：四柱食傷多，以印綬制剋食傷、生扶日主元神為用；逢印比之運為福，入食傷財鄉為禍。

6、日主弱：四柱財多，以比肩、比劫分財、護印、幫身、敵官煞為用：逢比劫運為喜，入食傷財官煞運為凶。

四、偏印對女命之影響：

女命日主元神稍弱以偏印為用，不管為官印相生或是煞印相生，只要不見財星來壞印，或是財官煞印順生者，必為一位個性堅強、處事果決、精明幹練的女強人。煞印或官印相生之人，其責任感很重，敬業精神非常好，有工作狂的傾向，很重視名譽、身分地位的追求，及重視藝術活動等屬精神領域方面的品質生活，對物質方面的享受及錢財的賺取就不是那麼的重視。

由於印星會洩化官煞夫星之氣，女命如見身強、偏印旺，他柱又不見財星損印、生扶官煞星者，因官煞夫星之氣洩而無力，因此所嫁之丈夫如不是遊手好閒、不事耕作之人，就是體弱多病、一事無成之人，所有重擔都落在此女命身上；若命局中財星又呈虛弱狀或不見的話，則一生必難得清閒，常為家計生活而四處張羅，同時不會把丈夫看在眼裡，婚姻生活也難以如意，大運或流年若再逢遇偏印或比劫祿刃之地者，須防婚姻變故或有喪夫之憂。

要論斷子女的好壞，除時柱為子息宮之外，尚須配合食傷星與官煞星彼此間的關係而定，而偏印星的功用卻是在剋制食傷星及洩化官煞星，故女命身強、印旺又不見財星損印者，除對夫運不利外，對子女也有刑剋之憂。

總而言之所生之子女幼時會有遲延說話的情形、智慧晚開，求學時期如非課業不好，就是機靈古怪，喜歡耍把戲、胡思亂想，出社會後也是多謀少成；命局有這種情形時，最好是子女往外地發展，勿在本鄉謀生存。

女命身強並於年柱見傷官、時柱見比劫或是偏印星，坐下神煞並見流霞、飛刃者，則發生產厄的機率很高；若再逢大運、流年的沖剋或是入偏印、比肩、比劫之鄉，那可斷產厄無疑。命局逢此者，最好勸女命以其住家為中心位置，往財官煞方向的醫院去生產，如此可降低產厄之災。

逢此身強印旺之女命，若不見財星損印，或是財星微弱者，宜勸其多參與慈善義工的活動，如此除了可消耗其旺盛而多餘的精力，也可藉此修其口德、修其心業，一舉而數得。

五、範例：

一、男性：民國53年農曆11月6日亥時建生

年	食神	甲	辰	偏官	10～14歲	丁	丑	15～19歲
月	偏財	丙	子	月刃	20～24歲	戊	寅	25～29歲
日		壬	辰	偏官	30～34歲	己	卯	35～39歲
時	正印	辛	亥	比肩	40～44歲	庚	辰	45～49歲

分析：這是一個日主元神甚為強旺的月刃格，以正印星、偏印星及比肩、比劫星為忌用神。民國86年進入一家電子公司上班，到87年的戊寅年，戊土是命局的偏官星非常好的喜用神，該年升任採購部門的經理。他在民國89年、庚辰年時，由於庚金為命局的偏印星、為命局最忌諱的用神，以致多年來任職採購部門並收受回扣的事情在這一年爆發，被老闆降職及調到別的部門，他因而提出辭呈並另謀他職。

此造在民國93或94年（甲申或乙酉年）將會再有另一次的災厄之事生。

註一：八字命局的格局分為「正格」與「特殊格局」兩大類。其中正格就是本章所述正官格、偏官格、正財格……等十神的格局，其日主元神之強弱度以達於中和、中庸為主；元神強的日主，就以剋洩耗日主元神之十神為喜用神，以生助、幫比日主元神之十神為忌用神；元神弱的日主，則以生扶、幫比日主元神之十神為喜用神，以剋洩耗日主元神之十神為忌用神。

至於特殊格局則又分為專旺格、從強格及從弱格（註二），其中的專旺格及從強格，由於要順從日主元神的強旺勢氣，因此以生扶、幫比及洩氣的十神為喜用神，也就是以正、偏印星及比肩、比劫、食神、傷官星為喜用神，以正、偏官及正、偏財星等剋耗日主元神之十神為忌用神。從弱格之喜用神則為相反，以完全剋洩耗日主元神之十神為喜用神，以生扶、幫比日主元神之十神為忌用神。

註二：右述有關八字命局「正格」與「特殊格局」，一般讀者如果不了解到是無所謂，但務必請一位有學養基礎及正派的命理老師幫你（妳）推算八字命理，並請該命理老師在（妳）的命盤表上詳細寫上命局的格局及五行的喜、忌用神。

（七）食神概論：

一、食神之構成要件：

乃以日主為我、為基準點，並看其他之干支，與我日主陰陽相同而為日主所生之五行。如日主為甲，在其他干支見有丙或巳者；或日主為乙，在其他干支見有丁或午者，即是。

此被日主所生之字如在月柱地支的話，整個命局就稱為「食神格」；但如在其他干支者，就稱為食神星，又別稱為爵星、壽星、進神。因食神與傷官皆為日主所生出，故先賢張神峰說：「傷官、食神，一陰一陽之為傷官，陰見陰、陽見陽之為食神，皆盜我血氣之物也。」其中日主身旺遇食、傷，名為洩秀；日主身弱遇食、傷，名為洩身。古歌云：

「食神生旺無刑剋，命逢此格勝財官，更得運行生旺地，少年折桂拜金鑾。
甲人見丙本盜氣，丙去生財號食神，心寬體胖衣祿豐，若臨梟印主孤貧。
食神生旺喜生財，日主剛強福祿來，身弱食多反為害，或逢梟印主凶災。
壽元合喜最為奇，七煞何憂在歲時，禁凶制煞干頭旺，此是人間富貴兒。」

在有形的人事物上，食神代表著晚輩、子孫、學生及部屬，又為男命的女婿、孫子，女命的女兒、祖母。

在無形的人事物上，食神代表著靈敏的反應、優良的學習能力、好的口才、豐富的情感流露、內在才華的發揮，頗多的創意、構思與點子，以及崇尚自由、不喜歡受拘束的行事作為。

二、食神為喜用神、忌用神的表徵：

1、食神為喜用神者：

食神因與日主五行同屬性且為秀氣發露之星，所以本人外貌清新秀麗、溫文儒雅，男多俊逸、女多貌美，脾氣柔和、修養好，具有寬宏大量的心胸又不與人爭權、奪利，處處替人著想，以不得罪他人為處事哲學，事事考慮周全、不急躁也不魯莽，口才好、能言善道，頭腦聰明且反應靈敏，點子、構思多又富創意，強調才華揮灑的本能，雖具有滿腹的才華但卻含蓄而內斂，崇尚自由、不喜歡受拘束，做事心無旁鶩且專精而深入、不會半途而廢。

食神因與生俱有的聰明才氣及純和專注的心性，所以能吸收他人的精華並加以融會貫通，以成為自己的作品風格；以一己之聰明才智去建功立業，其目的雖為圖功名利祿，但清新脫俗、自我期許甚高，不與人同流合污，在事業上只憑專精的一技之長及心無旁鶩的處事精神，便有輝煌而傲人之成就，因而其成就純粹且深遠。

食神性純而專一、溫文而仁慈、敦厚又有耐心，七殺則威權而強勢、激進且富幹勁、嚴謹而講求效率，故命格若為「食神制殺」格且為喜用之人，常是一位威震邊疆，或是鎮壓三公之人，或在其專業領域上，也是一位領先群雄之菁英，並受世人之景仰。

為一樂天派之人物，心境開朗、不喜歡受世俗的拘束、厭惡專制的集權統治，凡事都往好處方面去著想而不悲觀，故常保持身心健康的狀況；具有藝術、文學之天賦及追求唯美主義的趨向，喜歡悠遊徜徉於大自然的天地裡，因此對藝術、音樂、文學……等屬心靈唯美的休閒活動，都很喜歡並甚為投入，除了欣賞藝術品及美的事物外，在經濟能力許可之下也會收集藝術品。

注重居家的環境品質，喜歡一絲不苟的生活，討厭雜亂無章的事物，喜歡品嚐美食及講究飲食文化的生活品味，也懂得享受羅曼蒂克的情調生活，總想把周遭的生活環境昇華至充滿文學、藝術的境界，是一位烏托邦國度的追尋者。一生可說是悠遊自在而長壽，子息都為賢孝之人。

在逢遇喜用神的食神大運時，若為薪水階級者，不管是文職性或是武職性的工作，本人的專業知識或技能都會有很大的獲益與進步；若為經商創業者，則會有一個很好的再投資、創業，或是市場再開拓、新產品再推出的外在環境。在逢遇喜用神的食神流年時，薪水階級之人除了專業知識或技能再精進之外，也會因該知識或技能的表現受到公司的賞識而升官發財；若為經商創業者，該年的市場會再次的拓展、業績會再次的長紅、獲利也會更加的豐厚；此外，也有可能推出新產品，或是領導潮流的新創意之作品等。

2、食神為忌用神者：

食神就日主身弱（元神弱）之人而言，乃為盜洩、耗氣之惡曜，故本人創意、點子與靈感雖多，並有滿懷的理想與抱負，但因身弱而無法掌控食神之洩氣，所以這些點子與創意不是過於理想化而不符合實際之需要，就是本人無法確實的去拿捏與掌握哪些創意、點子重要及哪些點子、創意不重要，以致本人在現實生活上不是為一想多做少之人物，就是凡事都衝過頭之人。

本命元氣不足，總是感覺體力不好、耐久性不夠，且很容易疲勞，因此做事易流於三分鐘的熱度；另外，因心性過於溫和而懦弱，所以會有缺少男子漢氣概的行為；精神及身體狀況不理想，易罹患生殖泌尿系統及腦神經衰弱之精神官能症的疾病；對異性雖也是多情、溫柔又口才好，但因身弱而欠缺魄力及無法掌控周遭感情生活之事，到最後恐會因感情之事而惹事生非。

日主元神強以食神洩秀、制殺為喜用神時，卻逢偏印剋制食神，則其人行事必反覆無常，脾氣也多陰晴不定，稍不如意即常暴跳如雷；雖有清新脫俗的超凡理想，但常因自私的心態以致謀事時的阻逆不遂，生平大志無法遂其心願，因而會產生憤世嫉俗、自閉自封、自負不凡的失衡心境，猶如井底之蛙般的陶醉在孤芳自賞的象牙塔裡。

食神洩秀，也是心性思想的表達、腦筋反應靈敏性的表現，因此食神旺盛之人，其頭腦的活動力也非常旺盛、常會東想西想，所以容易患有腦神經衰弱、失眠或偏頭痛的病症。其與偏印旺盛所導致之腦神經衰弱的起因不同。偏印係因過於緊張、過於神經質而引發腦神經衰弱的症狀，屬於精神官能症的疾病；食神則係因腦力活動旺盛，以致睡眠不足而引發之腦神經衰弱的症狀。

在逢遇忌用神的食神大運時，不管是薪水階級或經商創業之人，在身體上容易有體弱多病的症狀；在事業上若為薪水階級者，會身處在有勞多獲少的工作環境，若為經商創業者，會有亂投資、衝過頭因而導致多花費、損財的情形。在逢遇忌用神的流年時，薪水階級之人不是自己跳槽，就是會被調到較為繁忙但獲利不見增加的工作環境；經商創業之人，會再有小筆金額的投資，要不就是會再開拓市場、推出新產品，但結果卻是徒勞而無功。

三、食神為喜、忌用神對命局吉、凶的影響：

食神的功用乃是在發露、洩耗日主的元氣及剋制官煞星，並生助財星為日主之用。

1、**日主旺**：四柱比肩、比劫重疊，以食神為用，逢食傷官殺之運為美，行印比之地為凶。

2、日主旺：四柱財多，以官煞順洩財星為用，逢官煞財運之鄉為美，入印比之地遭殃。

3、日主旺：四柱印多破食，以財制印、護食為用，運喜傷食財鄉之地，逢印比之地為禍。

4、日主旺：四柱食神多見，以財順洩食神、生助官煞為用，逢財運則發達，入印比鄉必定敗業、財破。

5、日主弱：四柱官煞多見，以印比扶身為用，運行印比之地為福，入財官煞鄉為災。

6、日主弱：四柱財多，以比肩、比劫分財、幫身為用，運喜印比之鄉為福，食傷財地為禍。

7、日主弱：四柱食傷重疊，以印制食傷、扶身為用，運喜印比之地為美，忌食傷財運為殃。

四、食神對女命的影響：

女命於四柱內食神、財、官煞星俱見，並且相生而不逢剋損者，本人可說是文華、武藝具備之人，擁有一、二樣的技藝、專長，處事能力強，在工作崗位上有敬業精神之執著，為人隨和、明事理，達觀又樂天知命；以現代這二十一世紀的時代而言，不僅是夫榮子貴而已，本人在工作、事業上的成就不見得會輸給男性，以女性特有的細心及柔性，加上食神制煞之明快果決的魄力及寬宏的肚量，這是一「剛柔並濟」的命局，上能尊敬長官、下能體恤部屬、外能開創機關、公司的商機，因此她們也是公司倚重並賦予重任、權位之不可多得人才。這是一生衣食無缺且安享富貴、財名之福的命局。

若是食神出現一位居於月柱地支，就稱之為「天廚」，並在它柱見財、官相輔為用；或是月支為正、偏官星，它柱見食、財相輔為用且食神坐下逢生旺、福聚之地者。這種格局都是最為吉用的命格，本人及先生都是社會上的菁英分子，夫妻感情融洽，不管是各自擁有自己事業，亦或是夫妻共創業，都能有不凡的成就。

命局僅見食神制官、煞為用且位置得所，但不見財星相輔為用者，則先生為一奉公守法的上班族，在職務上一樣能掌權，但因缺少財星的輔用而為「孤官無輔」的情形，所以縱使其先生能力有多好，也無法獲有多大的成就，這是屬於「埋頭苦幹」類型之人；即使夫妻共同胼手胝足的共同創業也是一樣，所得的乃是聲譽佳、但獲利不豐的情形。

命局不見財星，則待他日進入財星大運時，先生若為薪水階級之人，則在這個大運期間，在職務上將見連跳三級的升遷情形，薪水也當然的跟著調升；若為經商創業之人，那事業上之營運必定是貴人忽至、商機湧現，這時整個事業的運作必是朝氣蓬勃而獲利豐厚，事業規模日漸擴大，並逐漸擴展其產品項目至其他的領域。

但大運或流年如不行財鄉，卻運入食神、傷官之地時，此時女命恐因官煞之夫星受制太過，或是比肩、比劫加強剋損財星之力，以致丈夫在工作上將遭受挫折，亦或是所經營的事業因不當、無節制的投資，導致成本無法回收，終而虧損累累。

女命命局中如已見兩個以上食神或傷官星，不管此食傷星為喜用神或忌用神，大運逢遇食神或傷官運，而流年也進入食神或傷官之年時，這時候就必須防有婚變、喪夫、損子之憂。此外，比肩及比劫星就身旺之女命而言，都為「姊妹爭夫」之含意的忌用神，因此不論是已婚或未婚，大運逢遇比肩、比劫運，而流年又逢遇比肩、比劫年時，都容易有第三者的介入而發生感情波折情形，這種情形若在婚前乃是男女分手，在婚後則恐怕夫有外遇或是夫妻離異之憂。

女命如日主弱逢食傷星旺而洩耗過度者，因食傷星旺會強力剋制官煞星，則本人多無主見、拗性強，生性不喜歡受拘束、不注重社會禮儀、倫理道德之觀念，因此很容易受外在環境因素及朋友的煽動、影響而淪為風塵執壺之女，要不就是生活多舛且困頓；待有朝一日大運行入印鄉貴人之地時，此時食神受到約束、官煞星得以轉化並順生日元之氣，本人將因得到貴人之相助及勸化而改變職業、心態及言行，職業轉行並逐漸地獲致成果，亦或是受人寵愛而享福，這就是先賢所說的：「食神變德，先貧賤而後榮華」。

女命身弱見食神洩氣為忌用神者，此食神以位於月、日柱的地支為最不吉之用，此時若僅食神一位、他柱不再見禍聚之惡曜時，則易有晚婚的情形，然而也是以晚婚最適宜，以32歲以後結婚最為恰當；婚後，夫妻之生活與事業，以安穩及守成的類型為要，盡量避免受食神之影響而為事業擴大投資之舉，如此方得免於奔波勞碌、失財敗業之苦。由於食神本性溫和、善體人意，故雖居於日支，夫妻間之感情倒還和諧，只是易有口角事生而已，尚不致有婚姻上的危機。

五、範例：

一、女性：民國45年農曆10月9日辰時建生

年	偏財	丙	申	偏印				
月	正官	己	亥	建祿	22～26歲	丙	申	27～31歲
日		壬	午	正財	32～36歲	乙	未	37～41歲
時	食神	甲	辰	偏官	42～46歲	甲	午	47～51歲

分析：這是一個身強、財官星旺，並以財官及食傷星為喜用神之建祿格。命局中的官星與財星在天干與地支都出現（稱之為：干透支藏），旺官得旺財的生助且又都為命局的喜用神，所以她先生的事業經營得很成功、家裡非常有錢，為一家

中型營造公司的負責人。

由於六神乃是由五行所衍生，因此六神之間也是有生剋制化幫比的情形，其中的食神、傷官星會剋制、約束正、偏官星，而正、偏官星又是女命的夫星。她命局的食神星雖僅出現一個且出現在時支，依理而言對正、偏官之夫星應不會產生任何的影響。

唯月柱的地支為亥水，亥水中暗藏有甲木與壬水，因此這個時干甲木的食神星可說是通根於月支亥水中的甲木，而月柱又為八字命局的樞紐之柱；此外，時干甲木及月支亥水中的甲木又都與月干的己土正官星成五合，而這種合又為剋合的情形，這種情形都在在顯示正官夫星表面上雖然健壯、有著榮貴的財富與地位，但暗地裡卻隱藏著危機。

事實：八字命局的四柱各有其管轄的年限，年柱之管轄年限為：1歲～16或18歲，月柱為：16或18歲～32或36歲，日柱為：32或36歲～48或54歲，時柱為：48或54歲以後的歲數。她命局的食神出現在時柱，因此食神會對正官星產生剋制、約束的影響，依理而言應該是在48歲以後的事情，但是因為食神甲木與月干正官己土呈現五合的情形，這種合的力量會將影響力往前拉，因此甲木的影響力會提前在約40歲起就會產生。

命局中如只見一個或兩個食神、傷官星，對正、偏官之夫星還不至於會產生任何的殺傷力量，但最怕的就是大運與流年又都是食神或傷官之地，如此超過三個以上的食神、傷官星必定會對正、偏官之夫星造成難以彌補的傷害。

就她的命局而言，在42～46歲運行甲木食神運，而在這個甲木大運期間的民國88年的己卯年、44歲，卯木為命局的傷官星，卯木為陰木、己土為陰土，陰木剋陰土為同性之剋、為盡力之剋、無情之剋，這一年她命局中的己土正官夫星受到大運、流年及時柱三個木星的剋破，她先生在農曆的八月突然因心肌梗塞而驟逝，留下她、子女及一筆為數可觀的遺產，只是她卻為了先生留下的遺產而與夫家之人在打官司。

（八）傷官概論：

一、傷官之構成要件：

以日主為我、為基準點，並看其他之干支，與我日主陰陽相反，而為日主所生之五行，如日主為甲，在其他干支見有丁或午者；或日主為乙，在其他干支見有丙或巳者，即是。

此被日主所生之字如在月柱地支的話，整個命局就稱為「傷官格」；但如在其他之干支者，就稱為傷官星，又別稱為剝官神、羊刃煞。古歌云：

「傷官傷盡最為奇，尤恐傷多反不宜，此格局中千變化，推尋須要用心機。
傷官不可例言凶，有制還他衣祿豐，干上食神支帶合，兒孫滿地壽如松。
傷官遇者本非宜，財有官無是福基，時日月傷官格局，運行財旺貴無疑。
傷官傷盡復生財，器識剛明實偉哉，縱使祖財無分有，等閒玉帛自天來。」

在有形的人事物上，傷官與食神雷同，都代表著晚輩、學生及部屬，又為男命的祖母、孫女，女性因係以生育子女為傳宗接代之天職，故傷官又代表著女命的兒子及夫家之姊夫、妹婿。

在無形的人事物上，傷官代表著自信、自負的心性，驕縱與雄心（或野心）的霸氣、聰明的才智，洋溢著機靈慧巧的才華，忠於謀人且行為磊落，善於謀事而能屈能伸，口才流暢又愛出風頭，有旺盛的企圖心及想賺大錢，故精力充沛及活潑外向。

二、傷官為喜用神、忌用神的表徵：

1、傷官為喜用神者：

傷官與食神雖同為日主所生出，但因五行陰陽屬性不同，所以本人為一多才多藝之人，對生活事物涉獵廣泛，凡事都喜歡去探討及研究，所擁有的才能、學識可說是廣博而多樣；具有天縱英才及智慧，領悟力高、反應也非常快，能舉一而反三，口才流利、能言善道，思路又清晰，因此表達能力很強；因秀氣盡吐，故男如潘安、女賽西施，其個性甚為開朗、活潑而外向，對周遭環境之變遷，有著精微的敏銳感。

本身精力旺盛，創造力豐富又多彩，對錢財的嗅覺性特別靈敏，一心一意想要立大業、賺大錢，因此內在之心性常存有恢宏廣大的參天之志及併吞天下的雄心壯志，外在之行為則是積極奮發，有強盛的企圖心、野心及高昂的戰鬥力，對商場的開闢常是身先士卒、不落人後而無所畏懼，為了達到目的即使犧牲別人的利益，也在所不忌。

因其氣勢較食神來得雄偉與霸氣，故其人必有經天緯地的長才，有著「有為者亦若是」、「彼可取而代之」等的凌雲壯志，對事業版圖的擴展，秉持迅速且多角化經營的理念，並憑藉著其非常聰明之才智、順暢流利之口才，善於利用天時、地利、人和之主客觀環境因素，以完成其一世霸業的美夢。這種傷官格局為喜用之人，若在命局或歲運中如又逢遇偏財星相助時，那他的成就可說是幾人之下、萬人之上，正可說是所謂的「治世之能臣、亂世之一代梟雄」也。

因資賦聰穎、才華過人，好勝心強、愛面子，所以常於無形中流露出自信、自負的傲骨與霸氣，對人、對事具有見義勇為、打抱不平的英雄氣概，及欲將此人、事歸納在自己所能掌控權勢範圍之內的梟雄霸氣，對屬下或別人，喜歡以施恩於人的方式來表達，並有睥睨天下、得意忘形的言行舉止顯露出來，以致失言得罪他人而不知，也因此很容易引起別人反感，終而隱伏禍根，待他日一旦逢遇阻逆之運時，所能得到的援助恐會難如所願。

傷官以合作為手段，其目的在於求生存、求自我的表現慾，並能時時發揮自己的聰明才智，去求財以謀生。雖忠於謀人、勇於謀己，然而行為卻光明磊落及口才流利順暢，但是若過分又不知節制的話，就會變成行為機巧、言語刁詐，反會被人譏為狂傲乖張、陰沉小人之類。

傷官重表現，成就慾望高、主觀自主性甚強、又恃才傲物，在言語行為上又咄咄逼人、鋒芒畢露，說起話來是語不驚人死不休，常會因堅持自己之意見、觀點，不惜誇大言詞，對周遭的人事物常會因心高氣傲而有所批評。

因秀氣得以流洩為用，其人必聰明俊秀，博學多能且文武才識俱備，武能操兵點將、文能述古論今，上至天文地理、下至風花雪月，均能侃侃而談。對文學、藝術、琴棋書畫、吟詩作對，具有異稟的天賦，與食神同樣會有驚世創舉的文華絕作，係一創意性非常強的喜用神。

與生帶來自負的傲氣，比食神更不喜歡受世俗禮儀規範的約束，喜歡隨興而發、即興創意的高品味生活，也是一位開創新局面、樹立新風格的當代奇葩，其在藝文界、繪畫領域及服裝設計、建築設計、資訊程式撰寫等富腦力、重創意的工作事業上，都是領導潮流、開創時代的先驅。

古歌云：「傷官其志傲王侯，好勝剛中強出頭。」所以身旺、傷官旺又得財星引化，尤其是偏財星，其人一生必將享財名之福。大抵傷官成格、得用得時者，其人必定光華奪目、氣勢磅礴並樂觀達變、工於謀略，有滿腹的經綸、擎天的壯志，當其身臨縱橫如意、旋轉乾坤之輝煌時期，常會有天下唯我獨尊、捨我其誰，及睥睨群雄、傲視天下的凌風傲骨，也因此其成就、勝敗、大起大落的情形，均較食神格來得駁雜與突出，勝則有龍騰虎躍之英姿、登峰造極之名利，敗則有一落千丈之傾家蕩產、江河日下的長吁短嘆。

在逢遇喜用神的傷官大運時，在工作或事業上的技能、才藝會有突飛猛進的進步，在市場的開拓上也會有很好的機運。在逢遇喜用神的傷官流年時，本人在工作上才藝的表現或新企劃案、新產品的提出，很受主管的肯定與讚譽，但宜多內斂心性，以免因憑藉自身的才華傲氣而與主管產生爭執；在經商的事業上，同樣會有新市場的開拓或新產品的發表，也會有很好的營業獲利。

2、傷官為忌用神者：

這種大抵多為日主元神弱之人，因無法抑制傷官的洩氣，本人的才學雖廣泛而多樣，卻無法持久，故而僅係淺顯而不專精；秀氣洩耗過重，故無時無刻不在思索靈感與創意之點子，然而其創意、點子與現實生活差別甚遠、不切實際，以致難以實現其理想；由於無法掌控傷官之氣，本人在經商或就職任事之初，都有大事吹噓、廣昭眾人的行為舉動，卻不先衡量自己之能耐與當時之處境，到最後與身弱以偏財為用之人一樣，都是虎頭蛇尾的草草收場、虧損累累。

秉性慧黠與機巧，若是八字之五行全為陰性之組合者，則本人多為陰險狡詐之人，常利用傷官耍小聰明的特性，為了一己私利，可以犧牲掉眾人的利益。

雖然悟性高及學習能力強，然而過於恃才傲物與心高氣傲，凡事都自以為是，難以接受他人的建言，有強烈的叛逆性，對主管長官心存渺視、不將其放在眼裡，脾氣執拗與叛逆心強，因而不能接受苛責、也不喜歡受世俗禮儀及公司規章的約束，一意孤行，所有的行事作為全憑自己的好惡，並不在乎別人的感受，甚至於會與長官頂撞，或不將長官看在眼裡，其結果必然是引起長官的反感，以致在工作職務上永遠不得升遷之門，縱有才華與天賦，卻無處發揮，到頭來只落得怨天尤人、長吁短嘆的處境。

口才雖好，卻因死愛面子、好勝心強又不服輸，所以對任何事情都會有吹噓誇大、言過其實的說詞；與人爭辯時，不將人辯倒絕不罷休，又因言詞犀利，故常傷人於無形而不自知，在同儕、同事、朋友間受到排斥，也因此種下禍根。

此傷官格為忌用神之人，雖有多方面廣泛的學習興趣，但因日主身弱無法任傷官之盜氣，因此會有體力不繼、耐性不足的現象，以致所學雖多面，但多不專精，均為淺嚐即止、半途而廢的情形，正是所謂的「半筒師」、「空心大老倌」之輩。其人雖有傲志，但所學不精，以致無法為人所重用，此時即常怨天尤人、自暴自棄，如再觸動其不喜受拘束、規範的本性，結果往往會做出驚世駭俗的違背倫理之事，並讓人咬牙切齒、扼腕嘆息。

在事業上為經商創業者，常因欠缺深思遠慮、欠缺持之以恆的耐性，以及無法掌握事件輕重緩急的重點，所有的只是一時興起及驕縱任性、無法接受他人建言的獨斷傲志，最後一意孤行所換來的只是徹頭徹尾的失敗，但因其好面子、重視他人對其評價之虛榮心的作祟，卻不敢面對失敗現實及承擔失敗責任，只知一味逃避、不知躬身反省，是一個「虎頭蛇尾、小人氣短」之流輩。

人生在世乃以官星、官府為管我、約束我之機關，生活處事上的出入動作、行為上禮儀準則，都要循規蹈矩、不敢妄為；而傷官星乃為傷殺官星，不受禮儀規範，及具有縱橫商場、開創商機，兼具文經武略之長才的表徵。

此時命局若見正官星與傷官星緊鄰，由於傷官與正官之特性本就相衝突，造成傷官、正官交戰之局面，其人之內心將產生極大的矛盾，一方面想自由任性、一方面又有要自我約束的心性，在經過日積月累、長久壓抑的情況下，如不見印星（長輩之教導）制化傷官星並生助日主元神，或是財星（養命之源）化傷官並生助正官星，當再逢遇正、偏官或傷官之流年時，其不如意且反覆不定的情緒終將爆發，在任職工作上輕者不甩長官，重者會與長官發生口角，並進而演變成正面的衝突，其結果是口舌是非多生，最後將去官丟職。

在自創之事業上，會因外在因素多所箝制、諸事不順，終而一敗塗地，甚至於會有官訟牢獄之災。一生若不再逢遇相助之運的話，其人將成化外之民般的盜賊匪徒，終將危害社會，也必戕害自己。

在逢遇忌用神的傷官大運時，這個期間的工作或事業常身處不得意、多做少成的環境中，也常會有口舌是非的情形發生。在逢遇忌用神的傷官流年時，為薪水階級之人，以傷官會傷害正官並具驕縱自負、獨裁、不可一世之特性，此時本人在心態上會漸漸萌生得意自滿心態，對周遭的人事物會在有意無意中會流露出輕忽、不屑態度，並對現狀產生不滿，進而產生抱怨、怠忽職守，其結果造成人際關係的失和、口舌是非不斷，甚而與長官發生衝突，以致去官丟職並產生憤世嫉俗之心態，嚴重時甚至會招惹官訟牢獄之災。若為經商之人，會有大手筆、擴大市場的不當投資。

三、傷官為喜、忌用神對命局吉、凶的影響：

傷官的功用與食神相同，均是在發露、洩耗日主的元氣及剋制官煞星，並生助財星為日主之用。

1、日主旺：柱中傷官亦旺，宜用財以疏通，有比劫而可見官，無比劫而有財、印者，可見官。

2、日主旺：柱中見傷官一、二點，無財官，以傷官洩身為用，喜行食傷財鄉為美，忌入官印之地為凶。

3、日主旺：柱中比劫多、財星衰、傷官弱，宜用官，運行財官之鄉為福，運入印傷之地為凶。

4、日主弱：柱中傷官亦旺、得印生助，歲運入官印之地為美，行食傷財鄉生災。

5、日主弱：柱中傷官旺、無印綬，宜用比肩、比劫，喜入印比之鄉，忌行財官之地。

6、傷官用印、局內無財，運行印旺、身旺之鄉，未有不顯貴者；運行財旺、食傷旺之地，耗洩重而虛，未有不貧賤者。

7、傷官用財、財星得氣，歲運入財旺、食傷旺之鄉，未有不富厚者也；運入印旺、劫旺之地，未有不貧困者。

8、傷官用劫、局內無官煞，運逢印旺之鄉必貴，行入官煞旺鄉，須忌牢獄之災。

9、傷官用官、局內財弱，運行財旺之鄉，富而且貴；行入比劫之地，貧困及口舌多端。此與用印、用財之別，不過是官有高低、財分厚薄而已。

四、傷官對女命的影響：

官星為女命的夫星，也為榮譽、自制、約束之星，而傷官星，顧名思義即為傷剋官星的星曜，所以自古以來，先賢對此星曜即頗為重視，並有頗多的論述。事實上傷官同其他十神一樣，須看它在命局中扮演的角色為喜用神或為忌用神，以及在命局中所處位置、強弱度，與財星、印星輔用的情形如何而定。

如為喜用且財、印配合得宜者，不僅本人為富貴之命，其先生也多為功成名就之人；但如果是以傷官為忌用神，且財、印配合不佳者，本人恐難稱賢淑之婦，先生的身體健康與事業運勢，必見體弱殘疾、坎坷阻逆。

女命日主元神旺以傷官吐秀為用，本人為一慧心獨具、心思細膩之人，對任何事的觀察力非常敏銳，也都能洞測他人的心思；具有巧手慧工，處理事情總是鉅細靡遺，不會流露任何痕跡；思路敏捷、才貌兼備，心性上一樣有自信、驕拗的脾氣，口才流暢中帶有犀利、咄咄逼人的語氣。

她們不管在工作或居家生活上，都會表現出女強人的態勢，此時命局中如果不見財星，而官星出現在年、月干且不見通根於地支，月支又為傷官者，有早婚的現象，但因官星逢剋又不見財星救助，因此先生不是運勢不揚、顛沛流離，就是懦弱無能、不務正業、好吃懶做，亦或是體弱多病、帶疾度日，縱使她有心想要幫助先生建基立業，奈何先生卻是一位扶不起的阿斗，以致任何居家大小事情、營生之計，全部落在她們本人身上。

如命局或歲運逢遇財星相助者，此時尚須就財星與官星的強弱分別論斷之。如果是財旺、官弱者，則丈夫雖有心於事業上的拼鬥，但因官弱，所以大部分的操控之權，仍然掌控在女命本人手上，並由其操勞、打理大部分的事務；此外由於身旺、傷強、財盛，傷官又為生殖、泌尿系統之物，財星則為物慾、享樂的代表，所以女命的性慾非常強，並會樂在其中的享受，此時因官弱，雖有財星生助，但官星本質氣弱，所以丈夫恐怕會難以配合太太在性方面的需求；就這一點，女命宜將心性轉移到藝術、文學、才藝方面的欣賞與創作，如此夫妻不但能過著琴瑟和鳴的生活，且又會增添心靈境界上的滿足。

若是財、官兩旺者，則夫妻倆必定在同心協力、胼手胝足的奮鬥之下，開創出屬於自己的一片天地出來。如為官旺、財弱者，此時因官、傷兩強成對立之勢，財星又生助無力，則這恐怕會是一對歡喜冤家，夫妻常見吵架之事，雖都有心去開疆拓土，但因財星不旺，所以結果總是虛名虛利，女命日後歲運如又逢遇傷、比之地時，即須防夫妻間的生離死別之憂。

傷官天生的愛出風頭，什麼事都喜歡插上一腳，愛面子、不服輸；有強烈的成就慾，事事都以佔居第一為要，不願屈居第二，對看不慣的事物都會冷嘲熱諷一番，對人事物也喜歡頤使氣指。

同樣的，女命不太把丈夫放在眼裡，尤其是傷官旺盛者更為明顯，在家中掌控大權，個性驕矜、脾氣又不好，甚麼事情不順其意，就會有河東獅吼的失態行為；對丈夫的一切事務，如交往朋友、任職工作、薪津收入、夫家親友、興趣嗜好等，常存有不滿意的心態，希望丈夫能達到她事事要求第一的不合理需求，丈夫因積怨難忍，故而容易導致夫妻間的感情破裂或是離異。

就子女星而言，須以食傷及官煞綜合論之，看它們在命局中的強弱度及彼此間的生剋情形，以斷其吉凶好壞、良窳優劣；同理，女命之夫星，則以官、煞星推論。女命局中如見身旺、財旺，生助官煞得力，食傷星不逢沖剋破壞者，必為夫榮子貴之命；但命局如見偏印過旺，或是傷官疊見者，由於偏印旺會洩耗官煞之氣及剋制食傷的洩秀，傷官旺則官煞夫星必遭剋害，此時女命本人因太過於神經質、疑心重，整天緊張兮兮、大驚小怪，要不就是彪悍潑辣、三姑六婆，弄得家庭不得安寧，鄰居間雞飛狗跳，事事又喜歡顢頇干預，個性專制、跋扈，久而久之，丈夫及子女受其高壓、自私自利、不近人情的影響之下，均變得懦弱、毫無志氣，完全無奮發進取之心，亦或是體弱多病，所以先賢說：「女犯傷官、偏印，傷子刑夫。」

古歌說：「一位夫星姊妹多，傷官歲運便難過，縱遇有夫也傷剋，寒衾獨枕奈如何。」所謂姊妹多，當然是指比肩、比劫星多見之意，以其會劫財及劫人之因，所以身旺者忌見比肩、比劫星出現在命局。

就女命而言，由於比劫會爭合官星─夫星，命局逢此者，本就有晚婚的傾向，或是結婚後，丈夫易有婚外情的發生，夫妻間感情基礎原就有隱憂，歲運若又逢遇傷官之地者，則婚姻破裂或夫妻生離死別的情形十有九之。此時女命本人會因比劫及傷官的作用，及外在婚姻感情受挫的因素等，種種負面影響，其心境會產生怨天尤人、憤世嫉俗的不滿情緒，終而自暴自棄，其叛逆心益為增強，另外又在現實經濟環境與虛榮心的作祟之下，必以風花雪月之執壺女郎為快速賺錢行業。

事實上，女命以傷官、陽刃及比劫星為忌用神者，其個性最為剛硬、最為驕矜執拗，易有刺激性的神經質，所以最易有婚姻危機的發生，不是丈夫的事業起伏不定，或是體弱多病，就是夫妻會有生離死別之憂，尤其以出現於月柱及日支最為明顯，所以元理賦說：「女犯傷官必再嫁」。

五、範例：

一、男性：民國51年農曆1月16日丑時建生

年	正財	壬	寅	正官	5～9歲	癸	卯	10～14歲
月	正財	壬	寅	正官	15～19歲	甲	辰	20～24歲
日		己	丑	比肩	25～29歲	乙	巳	30～34歲
時	偏官	乙	丑	比肩	35～39歲	丙	午	40～44歲

分析：這是一個日主身弱、財官星旺的正官格局，以火與燥土為喜用神，以金、水、木為忌用神，濕土則是無所謂好壞的閒神。在民國81、82年這兩年的流年分別壬申、癸酉年，壬、癸水為他命局的財星，申、酉金為他命局的傷官、食神星。他從81年起就大手筆的投資於汽車銷售市場的買賣及汽車保養廠的建造。到84年、乙亥年，乙木為偏官星、為忌用神、為犯小人，亥水為財星、為錢財、為部屬、為女色桃花、為忌用神，乙亥年為財助七殺星、小人星的忌用流年，這一年因受部屬在外面欺騙客戶之事的拖累，及本身的外遇、女色之累，被客戶以詐欺之事由一狀告到法院，公司因此而關閉、結束營業，總共損失約一千萬元。

（九）比肩概論：

一、比肩、建祿之構成要件：

以日主為我、為基準點，並看其他之干支，與日主相同五行，且陰陽屬性相同者，如日主為甲，在其他干支見有甲或寅者；或日主為乙，在其他干支見有乙或卯者，即是。

此與日主五行相同、屬性相同之字如在月柱地支的話，整個命局就稱為「建祿格」；但如在其他之干支者，就稱為比肩星。古歌云：

「傷官不忌比相逢，七煞相逢理亦同，身弱無根喜比助，身強遇比卻嫌重。
提綱建祿將何取，須看年時多透露，局中六格自光明，莫泥提綱反為誤。
日祿逢財名利重，干頭不忌正財逢，身強便得清高貴，兄弟重來祿不豐。
日祿歸時鎮四夏，青雲平步上天梯，登金步玉承恩寵，雁塔題名到鳳池。」

在有形的人事物上，比肩代表著同輩、同事、同學、同業、諍友、筆友、獨身主義者及合夥事業者、分取財利之人；男命的兄弟、姑丈，女命的姊妹、妯娌及女性單身貴族。

在無形的人事物上，比肩代表著強烈的自尊心及自我意識，行事講求自主性，富行動力與操控力，生活上不願受拘束，外柔內剛的個性，重視親人與朋友間的友誼，可為親友兩肋插刀而在所不惜。陽日干之比肩，脾氣較為外向及暴躁；陰日干之比肩，個性較為內斂及固執。

二、比肩、建祿為喜用神、忌用神的表徵：

1、比肩、建祿為喜用神者：

這大抵是日元得地不弱，但是命局中因官煞或財星過旺，亦或是日主剋洩耗過重，須以比肩幫身、抗官煞與分財為用之人。比肩為日主同五行、同陰陽之物，這個「肩」字，顧名思義即是與我並肩、並駕齊驅、不分軒輊之意，故本人在與人相處、往來，都秉持著互相尊重、互相提攜扶持的信念，對朋友真心交往、很重視朋友之間的情誼，不喜歡侵犯別人，也不喜歡受人侵犯。

有很強的榮譽心與自尊心，雖堅持己見，但也會接受別人的意見，因此凡事都以光明正大的行為態度去運作、去達成，碰到困難不畏縮、不推諉責任，也不輕言放棄，會自己扛起重擔，並憑藉其強韌的意志力與堅毅的自信心去克服萬難，以期能達成目的，並同時贏得他人的讚譽及信任。

他們個性開朗活潑、不耍心機、不悲天憫人，有旺盛的企圖心，為人積極活躍，具有劍及履及、實事求是的精神，也有著熱誠的服務精神與見義勇為的英雄氣概。

自主性與操控力強，凡事都喜歡在自己的掌控之下及依照他的意思、他的觀念去實現、去完成，因此任何事情一經審慎規劃之後，即會全力以赴，絕不拖泥帶水，也不會自不量力的去從事逾越本分與本身能力之事。

比肩可以為行動派的表徵，以扶助、幫比日主為要，常會獲得兄弟姊妹、朋友、同儕們的幫助，同樣的也常幫助他們，屬於「合則兩利、分則兩弊」的類型。日主身弱喜見比肩來抗官、敵殺並分財為用，此時比肩與日主是位居平等的地位，其彼此間又具有互相砥礪、互相競爭的情形。

就事情處理上，經過去蕪存菁後，即會與朋友、同事或合夥人間共同分工合作，對內同心協力去固土護本，對外眾志成城去開疆闢土，以期建立一番令人稱羨的事業。

在逢遇喜用神的比肩大運時，這個期間的生活、就學或工作環境，常會得力於他人的幫助而諸事順遂。在逢遇喜用神的比肩流年時，若為薪水階級者，可說是吃香喝辣的流年，但相對的花費也比較多；至於經商創業者，除了與人分享獲利外，也會有再為擴大投資的行事作為。

2、比肩、建祿為忌用神者：

日主身旺而財官煞與日主成勢均力敵之狀態，或是日主旺而財官煞氣弱，命局中又見比肩、比劫之人，此時日主元神會呈現過旺之情形，本人的自主性會過於強烈，精力會過於旺盛，因此任何的行事作為都甚為積極、說做就做，但因欠缺三思而後行的深慮，對自己又過於自信，無法接受別人的意見，事情的處理往往是衝過頭，到頭來總是以碰壁、損財為結局的場面。

個性有濃厚的個人英雄主義，在團隊中無法忍受孤獨角色，有喜歡出風頭及時時想表現自己的行舉，因此在工作場所中常因行事特立獨行的緣故，而無法獲得主管、長官的青睞；在職務上難以有升遷之機會，縱使有，也會殺出一個「程咬金」而將其應得之官職搶去。

因天性愛面子，過於重視友誼又不善理財，平時交友雖然廣闊，且又都稱兄道弟，然而好壞的朋友卻是摻雜一起，平時雖得力於這些朋友的助力，但將來遭逢逆運時，也是最先受到這些損友之累而拖垮，以致一敗塗地，四處求助無門，嚴重時更會有牢獄之災。

對金錢看得很薄，沒有儲蓄、理財的觀念，賺多少、花多少，係一及時享樂主義之人；對女性不善於表達感情，也不會想要去表達感情，具有著大男人主義。

官殺星乃是對自我約束、重視團隊紀律、注重溝通協調及榮譽心、服從性的表徵，因此比肩過於旺盛之精力及自主之個性，如能得官殺星有力之剋制、約束，並受到良善的引導與發揮的話，其人必將名利雙收，位至王侯。

在逢遇忌用神的比肩大運時，在求學階段的學生會喜歡交朋友、逛街、把馬子、購物等，雖不至於有不良品行為的發生，但課業成績的表現也是不理想；就職工作者，常見有爭權奪利的第三者，以致工作不順遂、業務推廣不如意；經商創業者，須防受到友人、客戶的倒財，亦或是出現削價競爭的同業者，以致事業獲利不如預料，亦或是虧損累累。

三、比肩、建祿為喜、忌用神對命局吉、凶的影響：

比肩、建祿之功用乃是在幫身、分財、敵官煞與分擔食傷之洩耗。

1、日主旺：財星亦旺，以官煞為用，運入財官之鄉為吉，行印比之地為災。
2、日主旺：官煞亦旺，以財為用，喜行食傷財地為吉，入印比之地為禍。
3、日主旺：財星輕，以食傷財官為用，運喜食傷財官之地為吉，行印比之地為凶。
4、日主旺：食傷多見，以財星為用，喜入財旺之鄉為美，行印比之地為災。
5、日主旺：比劫多見，以官煞為用，運喜財官之地為美，行印比之地為殃。
6、日主旺：四柱印重，以財星損印為用，運喜財旺之鄉為福，入印比之地為禍。
7、日主弱：四柱官煞旺，以印比為用，喜行印比之鄉為福，入財官煞地為殃。
8、日主弱：四柱食傷洩重，以印比為用，運入印比之地為吉，行食傷財地為災。
9、日主弱：四柱財旺，以比、劫幫身為用，運喜印、比、劫之地為福，入財官煞之鄉為災。

四、比肩、建祿對女命之影響：

女命日元得地、柱中比肩又多見者，這是一日主元神過旺之命，除非命局中見一強有力的官、煞星來制伏比肩，否則本人的個性會有男性化的傾向，自孩提時起即有旺盛的獨立心、自主性又很強，不喜歡受約束，對父母雖稱孝順，然卻有自己的見解與想法，不見得能接受父母、師長的訓話；長大出社會後，凡事都憑己力去謀職就業，不假手雙親且雙親也幫不上忙。

由於個性堅毅、獨立心強，在團體中常為一獨行俠人物，喜歡獨來獨往的處理公事，不喜歡別人插手她經辦的事務，但因操控慾強，卻又希望別人都能照她的意願去完成使命。

婚後，由於比肩旺、官煞弱，故本身對自我充滿自信心，認為自己能力很強，不願屈居他人之下，也不見得能接受先生的意見，又因精力旺盛而閒不下來，事事都喜歡插一手，故而喜歡爭取男女平等的權利，然因過於執著此平權之爭取，而忘記女性天性溫柔、秀雅之特質，且有時候又會與丈夫處於極端競爭的位置，久而久之，夫妻間的感情會愈來愈疏遠，雖未必會離異，但會經常陷於無話可說、同床異夢的情形之下，他日一旦再逢遇比肩、比劫、傷官的歲運時，即須防有第三者的介入，或是夫運受損、夫妻離異的情形。

大抵而言，女命以比肩、比劫為喜用神者，應是最不好的用神，蓋比肩雖是幫身分財，但終究它的本質即是劫財與劫人。所謂劫財，當然是與別人共享財利之福，因此命局中的財氣必定呈薄弱之情，財星弱，則官無生助之源，必也呈弱勢之狀，先生的氣運當然不好；至於劫人，則是須與人共享丈夫，此時夫極有可能向外、或是第三者的出現，這對婚姻而言可並不是一件好事。

女命日主元神弱，以印、比為生扶日元之用神，如見印星為主要用神，應是最恰當不過；但如見比肩旺而為主要用神者，此女命之心性乃為溫柔、隨和，喜歡交朋友，平常姊妹淘一堆且彼此感情很好。因個性柔和，常以其姊妹淘之意見為主，其姊妹淘的言行、舉止必強過本人，此時命局中官煞星如果旺盛、又與其他干支的比肩成五合、六合或三合局時，則於現實生活中有可能會因姊妹淘與女命之丈夫認識，彼此因認識、相處久了之後，恐會有鵲巢鳩佔的情形發生；亦或是丈夫會因工作環境之機緣，而演出婚外情的戲碼。

比肩如出現在月柱者，不管男、女命都有晚婚之象，也會有一、二次感情挫折的情形，要不就是都交不到異性的朋友，所以早婚的話，恐會有婚姻的危機。此比肩若現於日、時柱者，則在中晚運後須防丈夫有金屋藏嬌的事生。

五、範例：

一、女性：民國50年農曆4月7日戌時建生

年	正官	辛	丑	正財	6～10歲	甲	午	11～15歲
月	正印	癸	巳	食神	16～20歲	乙	未	21～25歲
日		甲	寅	比肩	26～30歲	丙	申	31～35歲
時	比肩	甲	戌	偏財	36～40歲	丁	酉	41～45歲

分析：這是一個日主強、比肩星旺的食神格，以財、官、食傷星為喜用神，以比肩、比劫、印星為忌用神。她命局的比肩星分別出現在日支與時干。這種天干與地支各出現一顆十神的情形，在命學上稱為「干透支藏」，由於天干之力可通根於地支，地支之力可透出於天干，故為一強而有力的十神。正官夫星雖為命局的喜用神，但因忌用神的比肩星出現在日、時柱，因此如果早婚的話，那在35歲以後必定會有婚姻危機的發生。

事實：她結婚得甚早，在民國70年、21歲結婚，並在72年12月生下長女，78年2月生下老二，為一男孩。她在民國83年、甲戌年、34歲，甲木為她命局的比肩星，這一年她發現先生有外遇、婚外情，她為了子、女將來幸福著想，盡量的忍耐，不要去激怒先生，看她先生能不能回心轉意；但到87年、戊寅年、38歲，寅木也為她命局的比肩星，這時的大運為丁火傷官之運，在寅木比肩之姊妹爭夫、丁火傷官剋去官星的歲運影響之下，她認為已經無法挽回這一段十幾年的婚姻，而在年底與先生辦妥離婚，並在88年、39歲、己卯年，卯木為她命局的比劫星，夫妻兩人正式離婚並分開，兩個孩子由她扶養。

（十）比劫概論：

一、比劫、月刃的構成要件：

以日主為我、為基準點，並看其他之干支，與日主相同五行，且陰陽屬性相反者，如日主為甲，在其他干支見有乙或卯者；或日主乙，在其他干支見有甲或寅者，即是。

此與日主五行相同、屬性相反之字如在月柱地支的話，整個命局就稱為「月刃格、陽刃格、羊刃格」；但如在其他之干支者，就稱為比劫星、劫財星。古歌云：

「劫財羊刃最無情，不帶官星一世貧，甲乙卯逢皆做此，縱多財帛化為塵。劫財傷刃不堪親，四柱無財一世貧，出姓歸宗還俗客，不然殘疾亦傷身。氣神原旺日剛強，四柱無財被剋傷，重犯空亡華蓋位，緇袍冠冕拜虛皇。庚金酉月重重旺，除非火煉氣方成，東南行運財名發，西北相逢禍便迎。」

在有形的人事物上，比劫代表著同輩、同事、同學、同業、結拜弟妹、合夥人、調解人、代理人、損友、竊賊、盜匪，及男命的姊妹、兒媳，女命的兄弟、男同事、男同學或公公。

在無形的人事物上，比劫代表著激進剛毅的個性，強烈的自主性及操控慾，有著固執的脾氣，旺盛積極的活力、行動力，不服輸、不認錯的牛脾氣，善變的情緒化心性，敢於面對現實的勇氣，說做就做、劍及履及的精神及負責任、不退縮的態度。

二、比劫、月刃為喜用神、忌用神的表徵：

1、比劫、月刃為喜用神者：

劫刃具有剛硬、衝勁的特性，所以本人膽識過人，為完成使命，即使需要赴湯蹈火也在所不惜，能達成別人所無法達成的目標；有著擇善固執的堅持，只要著手執行任務，不管逢遇多大困境，絕不輕言退縮；外在行為充滿英雄俠客的情懷與嫉惡如仇的正義感，遇到腐敗、危害的人事物，必欲將其除盡而後快；逢遇朋友有困難向其求援時，可都是義無反顧的幫到底，然而內心裡卻有著反悔、不太願意做的矛盾情節。

與朋友交往有著極端明顯的好惡趨向，認為值得交往的朋友，對他們則是充滿沸騰之熱血、講道義、肝膽相照，縱使赴湯蹈火也在所不惜；但認為不值得交往之人，即使住在隔壁，一輩子不相往來也無所謂。

對事情負責任、勇於面對且絕不退縮，常有「一將擋關，萬夫莫敵」及「身先士卒」英雄氣概的行為。憑其強勢操控能力，不管身處在任何好壞環境，都能很快去適應、融入其中，並能利用當前的天時、地利、人和之優勢條件，適時嶄露頭角，開創先機，如又逢歲運相助的話，結果必將際一旦風雲之會而掌萬將之威權，或如班超萬里封侯之極貴。

行事講求效率，劍及履及、說做就做，討厭那些拖拖拉拉屬慢郎中型態的人物；脾氣剛硬，全身都具戰鬥力與爆發力，對事件的反應迅速敏捷，然而其反擊力也都具有殺傷力，對不滿意的事件，隨即表現於臉上或行為上，不給人有下台階的機會，常讓周遭之人不知所措或尷尬不已，以致朋友的交情受到傷害；因此雖然朋友在交往之初，彼此都相談甚歡，但因其剛硬、多稜角卻不知內斂的個性，終而導致友誼之喪失、朋友的離去。

凡事秉持著互相尊重的理念，他會尊重別人，同樣也喜歡獲得別人的尊重；死愛面子且自尊心很強、不服輸，故不輕易向人低頭，拉不下身段又怕遭受別人的拒絕；此外，又有強烈的大男人主義，不會甜言蜜語，所以在追女朋友、談感情方面總是比較吃虧。

日主若身弱而財旺或官煞旺之人，一生必將會為了錢財、謀生之事，四處奔波忙碌卻無法享受到財名之福；有朝一日如得比劫、月刃相助的大運時，此比劫星會幫助日主分擔重財之荷及抵抗官煞的剋身，此時本人在生活或事業上必見貴人、好友的鼎力相助，在眾人同心協力、眾志成城信念及充沛精力、旺盛行動力的奮鬥之下，必能開創出一番屬於他們輝煌及傲人的事業。

比劫強旺之人，其天生強硬、重利尚權，及強烈報復心、勇往直前、不知退讓的剛毅特性，若能得強有力官殺星或食傷星去剋洩，必將能發揮其積極奮鬥之精神、衝鋒陷陣的毅力，並將比劫自負無情、狂傲不羈之性情，引化為凡事多與人協調、知所進退，內斂又能勇於任事、負責任，其成就必將與以七殺或傷官為喜用神之人，形成鼎足三立之局勢。與比肩有相同的情形，「環境生態保護先鋒」及「稀有動物保育鬥士」都是他們人生舞台上的最佳寫照。

在逢遇比劫喜用大運時，不管在求學、生活或事業上，將會身處在家人、朋友或同事頗多助力的環境中。在逢遇喜用的比劫流年時，若為薪水階級之人，該年的工作上會有平調性的異動，雖沒有升官、發財的情形，但會比較滿意於新的工作環境，只是要注意的是這一年都會有不當投資或投機的理財行為，結果都是以虧本、損財收場；為經商創業之人，同樣的會有擴大投資的資金支出的行為。

2、比劫、月刃為忌用神者：

刃劫過多的情形，會產生「過剛則傾、物極必反」的物理效應，因此本人會非常頑固、難以溝通；喜歡他人的阿諛奉承，聽不下逆耳的忠言，凡事都自以為是，認為自己最強、最棒，別人總是有缺點、能力不足，故而對別人產生不信任感；疑心病重、容易猜忌，對人又刻薄、無情義，常以自身的心思、角度去揣測別人的想法，卻不去探索、考慮他人的想法與立場。

與人相處雖有薄己利人的心性，但因容易有情緒化的脾氣及起伏不定難以捉摸的複雜心態，對朋友常是忽冷忽熱、陰晴不定，讓人難以適從，也難以相處、共事，所以與人相處一段時日後，常因溝通不良，以致很容易發生摩擦、招惹不必要的口舌是非，也容易遭人排擠，故而很難融入團體生活，與人難以相處，結果是朋友一個一個離去，一生難以交到知心的朋友，落得一個人在憤世嫉俗且落落寡歡。

在就職任事上，每一逢遇有升遷的機運時，必會殺出一個「程咬金」將其可得之官職搶去，此比劫星尤以現於月干並通根於四柱中的任一地支最為明顯。

由於個性激進、缺少深謀遠慮的心思、嫉妒心又強，無法容忍別人的成就比他高、比他好，任何事情說做就做、又想要超越別人，但因不會善用周遭的資源、不信任他人的能力、不放心將事情託由別人去處理，事事必躬身參與，到最後都是他一人在那邊忙得焦頭爛額、不可開交，別人卻插不上手，只得在一旁做壁上觀或泡茶納涼，本人終而在外無奧援、內為江郎才盡或筋疲力竭的窘況之下而失業敗財。

精力過盛、有暴力的傾向，天性又不喜歡受人拘束，愛表現、崇尚個人英雄主義，本人對周遭困難、不如意之事在無法獲得解決的情形下，會以暴力、訴諸武力的方式來表達其心中不滿，且希望藉此以達到解決困難；或者是因所結交的朋友盡是酒肉損友，整天成群結黨四處遊盪，一遇有阻逆、不如意之事，即以暴力相向，這也是典型的黑道幫派人物、飆車族的代表。

由於其過於剛愎自用、偏激及狹窄的心胸，表面上雖是冷靜而無所謂，但內心卻充滿著嫉妒心及憤恨不滿的雙重人格特質。心性不定及充滿情緒化的複雜心態，好的時候，為朋友可以赴湯蹈火；不好的時候，又可以馬上倒戈相向、毫不留情的以強烈之殺傷力、破壞力去打擊昔日的盟友，其人如以「翻臉像翻書一樣」去形容也不為過，是典型的政客之輩。

比劫又有過於急躁、有勇無謀及好投機、充滿野心、好大喜功的個性，腦袋常充滿不切實際的投機行為及歪斜的念頭，凡事不經過深思謀慮、說做就做，其程度必較比肩來得廣大、深遠，常常將事情搞得天翻地覆，以致無法收拾，甚至於將自己逼上死胡同，也死不認錯，終而兵敗如山倒的大虧大損。

比肩與比劫又象徵著自由意願，過於自由即變成懶散，不事生產、不喜受世俗之拘束，對金錢也無量入為出的概念，喜歡揮霍財物，就錢財之賺取與儲存能力薄弱，一生會有數次受損友之累而有大破財的情形發生，所有的積蓄並隨之化成泡影。此外，也常常會有月初領薪、月底借貸的情形，此即所謂的「月光族」，使自己及家人常為了三餐溫飽而捉襟見肘、四處張羅。

常存有著大男人主義的心態，其脾氣又剛硬、暴躁，命格中如不見強有力的官殺星或食傷星去剋洩比劫之性的話，則在婚後對太太不懂得體貼、不會甜言蜜語，且由於具暴力之因子，夫妻不是常處於冷戰的情況下，就是容易有家庭婚姻暴力的情形發生，在家裡稍不如意，對太太若不是口出穢言謾罵一番，就是拳打腳踢一番，太太在不堪忍受長期受暴虐、受傷害的環境下，終致婚姻破裂、夫妻離異；要不就是會於無形中引致太太身體健康的每況愈下，此即先賢所說的：「男逢比劫、傷官，剋妻害子」最佳之例證。

在逢運忌用神的比劫大運時，若為青少年的讀書時期，本人恐將會變成問題少年，亦或是加入不良幫派，要不就是三五成群結黨的整天無所事事、參與飆車之行舉；若為薪水階級之人，這一個期間若不是工作環境的不如人意，就是經常換工作；若為經商創業者，須防有事業大破財的狀況發生。在逢遇忌用神的比劫流年時，若為青少年的求學階段，這個時候的大運若又是比劫運的話，那變成問題少年的情形是必然的事情；若為薪水階級之人，這一年須防同事的爭權奪利、互相排擠，亦或是口舌是非，嚴重的話會有去官丟職的情形發生；若為經商創業之人，會因受到客戶、朋友之拖累而破財，或者是因同業的削價競爭，以致事業虧損累累。另外尚須防有失物、盜竊、舟車血光的皮肉傷害之災。

三、比劫、月刃為喜、忌用神對命局吉、凶的影響：

比劫、月刃之功用乃是在幫身、分財、敵官煞與分擔食傷之洩耗。

1、日主旺：財星亦旺，以官煞制劫、護財為用，運入財官之鄉為吉，行印劫之地為災。

2、日主旺：官煞不旺，以財滋弱煞為用，喜行官煞財地為吉，入印劫之地為禍。

3、日主旺：官煞旺、比劫亦旺，以食傷制官煞、洩耗比劫為用，運喜食傷財地，入印劫之鄉為災。

4、日主旺：財星輕，以食傷財官為用，運喜食傷財官之地為吉，行印劫之地為凶。

5、日主旺：食傷多見，以財星為用，喜入財旺之鄉為美，行印劫之地為災。

6、日主旺：比劫多見，以官煞為用，運喜財官之地為美，行印劫之地為殃。

7、日主旺：四柱多印，以財星破印、耗身為用，運喜財旺之鄉為福，入印劫之地為禍。

8、日主弱：四柱官煞旺，以印比為用，喜行印劫之鄉為福，入財官煞地為殃。

9、日主弱：四柱食傷洩重，以印比為用，運入印劫之地為吉，行食傷財地為災。

10、日主弱：四柱財旺，以比、劫幫身為用，運喜劫刃印之地為福，入財官煞之鄉為災。

大體而言，比肩與比劫的功用，皆為扶身以敵官殺之剋、任食傷之洩。幫扶日主元神使其力量增強，猶如戰爭於兵缺彈絕時，得到援兵之助；體力不支即將倒地時，得到他人的扶持；或財物背負過重無法負荷時，得到兄弟姊妹、朋友的分擔。所以日主身弱時，皆喜見比肩、比劫的相助；相反的，日主若身旺，卻忌見比肩、比劫的幫扶，會愈幫愈忙。

比劫與比肩同樣都是幫扶日主元神、分取財物為要，唯因比劫星與日主為陰陽相反的同性質之五行，其顯現出的情誼、態度及心性，就較比肩來的冷峻、剛硬及極端。

如日主身弱、財星過多，或是命格中官殺星旺盛，以比劫幫身、敵殺及分財為喜用之人，其行為處事必定堅毅果斷，不拖泥帶水，能夠堅持自己的意見、貫徹自己的信念。

與生俱有不服輸、死愛面子的天性及急躁個性，就所欲達成的目標，即使三天三夜不睡覺，也在所不惜，目標達成的進度絕不落人後，可說是：「輸人不輸陣，輸陣歹看面」的絕佳寫照。

就比肩、比劫之特性而言，比肩性正而純、比劫性惡而雜，所以比肩之成就雖不如比劫來得轟轟烈烈，但其挫敗也不會像比劫那樣的一敗塗地、不可收拾，因此比肩又稱為好神，比劫又稱為壞神、劫財、敗財。

四、比劫、月刃對女命之影響：

比劫、月刃所表現出來的喜怒好惡，較比肩、建祿來得激情、也來得剛猛，就女命而言也應等同論之。

女命之命局若在月支只見月刃（陽刃）一位、別柱不再見比劫星，它柱官、煞星又配合得宜的話，將是一位巾幗不讓鬚眉的英雌，具有睿智的頭腦，為人處事明快果決、乾淨俐落，辦起公事來也是不講情面，凡事都照規定來、敷衍不得，在職務上可居於主管之職位，在婚後能憑藉其優異的任事能力與刻苦耐勞的毅力，多能與先生胼手胝足的建立家園。

若是比劫、月刃多見而成為忌用神者，女命會有男性化的傾向，行為多見粗獷的表現，時常顯現出男人陽剛的特質，少見女性溫柔、撒嬌的一面，不會想要打扮自己，個性當然必是異常剛硬，常要與男性爭權利、爭兩性平等，且其所表達的方式又多具攻擊性與侵略性，有時候脾氣發作時會有歇斯底里、喪失理智的失控情緒化演出；久而久之，那些具正義感與理性，又具修養的紳士、淑女等，對她必敬而遠之，不想再與她交往，隨之而流傳出去的風評必是不好，結果，不但交不到女性之執友、姊妹淘，連要真正談感情的對象也如捕風捉影般的遙不可及，要不就是感情談到一半時就會蹦出一位第三者，致使此段戀情徒留空遺恨，此後唯有待財、官、煞歲運時，才得再有談情說愛的機會。

比劫、月刃過旺，不管男女命都有過於剛愎自用的特性，因此女命縱使結婚，在婚後對先生少見有溫柔賢淑的一面，反而是不將先生放在眼裡，事事都以自己之意見為意見，夫妻間難以有溝通、交集的地方，感情不見得好。此比劫、月刃如居於月柱者，約三十五歲前須防先生有婚外情的演出或夫妻離異之情；居於日、時柱者，當然在中晚運後須防第三者的介入。

由於比劫、月刃會奪財，因此財星若被劫奪，則官煞夫星無生助之源、食傷智慧之星無引化之物，結果官煞星無根、食傷星又轉而去剋害官煞星。因此當女命流年行財官煞之運時，一切事業、生活起居都還能順利運作，且又有盈餘；然一旦流年行入劫刃食傷之地時，如果原先是夫妻共營事業體者，由於劫刃之前乃為印星之年歲，此印星又為身旺的忌運，尤其是偏印星乃為錯誤判斷、心智受阻、客源中斷的表徵，故將會因女命在印星流年的錯誤判斷、不當投資，而導致此劫刃之年的破財敗業，當然也連帶影響到先生的運勢；另外亦或是先生單獨有自己的事業，此時也會受她的影響而事業受挫、財源受困，夫妻同時處於坐困愁城或吵架失和的境域中。

五、範例：

一、女性：民國56年農曆1月3日丑時建生

年	比劫	丁	未	傷官	8～12歲	癸	卯	13～17歲
月	偏官	壬	寅	偏印	18～22歲	甲	辰	23～27歲
日		丙	午	比劫	28～32歲	乙	巳	33～37歲
時	傷官	己	丑	傷官	38～42歲	丙	午	43～47歲

分析：這是一個身強印旺的偏印格局，以印、比肩、比劫星為忌用神。她命局的月干出現偏官夫星，這是一種會早談戀愛或是早結婚的情形。唯年干出現丁火比劫

星並通根於日支午火，而這個丁火又與年干壬水成五合的情形，偏官夫星被比劫星合去，代表著有感情受挫、夫情向外的隱憂。像這種年干比劫星通根到日支比劫星的情形，不管男女命，在約35歲之前的感情或婚姻絕對都是不如意的，不是有失戀或離婚的情形，就是交不到男、女朋友，要不就是男命與有夫之婦、女命與有婦之夫會有婚外情的演出。

事實：她在民國81年、壬申年、26歲、壬水為命局的偏官星，與在民國79年認識的男朋友結婚。這一段婚姻僅維持兩年，到民國83年、甲戌年、28歲，甲木為偏印星、為忌用神，為有苦難言、有志難伸等含意，戌土與命局的月、日支成寅午戌三合火局、合成比劫局，這一年與先生離婚。

到民國84年、乙亥年、29歲，亥水也是命局的偏官星、女命之異性星，這一年她又認識了一位男朋友。86年、丁丑年、31歲，丁火比劫之損財星入命，她在未經過深思熟慮的情形之下，投資做起服飾買賣生意來；到了87年、戊寅年、32歲，戊土食神星剋去亥水偏官星，寅木偏印星剋去命局中的傷官星，這一年不但感情泡湯、與男朋友分手，在86年投資的服飾買賣生意，也因經營不善而結束營業，虧損了不少錢。

以上是十神在現實生活中所代表的含意、表徵，及大運、流年入命後所有可能發生的吉凶否泰之事情，至於十神在命局中產生影響力的強弱，也要看十神各自在命局中的位置、多寡而定。其中影響力最大的則以同屬性之十神（例如同是財星，不管正財或偏財均可）在命局中天干及地支各出現一顆，此同屬性之物在天干及地支不管其為正、或為偏，都可以產生強旺的力量，也就是說天干的力量通根、植根於地支而根固，地支的力量透出於天干而得以盡性發揮，這種情形在命學上就稱之為「干透支藏」。

這「干透支藏」的力量以出現在月柱為最強，也就是月柱的天干及地支各見一顆十神；其次則是月支一顆並透出於年或時干的一顆；再其次則是年、日或時支一顆並透出於年或時干的一顆。

十神在命局中如不見干透支藏的情形，而僅單見一顆的話，則以地支的力量大於天干的力量，因為地支的力量是屬於根固型的，而天干的力量則為虛浮型的。這其中又以月支的力量最大，可說是會影響到一個人一生的行事作為，這是因為月柱是八字命局的樞紐之柱之故；至於年、日及時支的影響力則不相上下，差別只在於時間性的早晚而已，年柱的影響力在1歲～16或18歲，月柱的影響力在16或18歲～32或36歲，日柱的影響力在32或36歲～48或54歲，時柱的影響力則為48或54歲以後的晚年時期之事了。

十神僅見一顆虛浮在天干而不見通根於地支，這種情形的影響力是最小的，而其影響力一樣以月干的力量最大，其他年、時干的力量同樣以影響到早、晚年的時期論之。

由前述得知，十神在命局中因其位置及多寡會產生強弱不等的影響力，因此十神本身各自所代表的含意、表徵，對一個人也會產生不同的心性、行為及一生的影響力，例如一個八字命局為正官格且正官星在月柱又是干透支藏的情形，而在年干或時干僅單見一顆比劫星虛浮，則命局中的正官星對他（她）的一生會產生絕對性的影響力，至於比劫星的力量則不是很明顯，在現實生活中僅會是如曇花一現般的力量而已。

讀者或許會再問，大運與流年的力量，又以哪一個比較大、比較明顯？依筆者的經驗而言，筆者是比較注重於流年的影響力，因為大運只是當時五年我們所身處的一個框框、一個外在環境而已（筆者都將天干地支一柱十年之運，細分為天干五年、地支五年），至於流年則是會直接影響到該年的吉凶否泰的情形，譬如這五年的大運剛好運行比劫損財之運，但其中的流年若有運行官星或財星的喜用流年時，該年也會有升官或發財的吉慶喜事；同樣的，若該五年大運雖運行官星的喜用之運，但流年若逢遇比劫或傷官之年時，一樣會有損財、失戀或去官丟職的情形。

由於命局是由八個字所組合而成，因此一個命局吉凶好壞的情形，也是要看十神在命局中為喜、忌神，就整個命局所有的八個字為全盤性的生剋制化後，所產生吉凶否泰的影響而為論斷。

因此我們在媒體上經常看到所謂的命理老師所說：「今年是○○年，對生肖屬○、○……的人會產生……的影響」、或是說：「今天、明天、這一個星期，對生肖屬○、○的人會產生……的影響」等的話。這些就筆者而言，實在是學藝不精、不學無術之江湖術士的無稽之談而不值得採信。

因為流年入命，對不同八字命局的架構，絕對會產生為喜用或忌用神的情形，且會因不同的日主而產生不同的十神，因此還是要看該流年是為命局的喜用或忌用之十神，就整個命局中的八字為全盤整體性的分析，而來論斷該十神之含意在現實生活中所產生吉凶否泰的情形，並不是說只單看所屬生肖的年柱地支的一個字，就可以來為論斷當天或一個星期的吉凶否泰。

有些術士甚至於不以八字命局來推論吉凶好壞，反而卻以姓名學來論斷吉凶，譬如有人以姓氏中的「陳」字在大作文章的胡扯一番，說甚麼這個「陳」字中有個田字、田中有四個口，另外左邊的耳朵旁又有兩個口，總共有六個口，因此會有口舌是非不斷的情形……等話語。

看了這些術士的辯詞，實在是讓人難過且痛心，說實在的，「姓名」這種東西在一個人的八字命局根本毫無意義、毫無影響力，只因「姓名學」是非常容易就可以學得起來，而「八字命理學」卻是最深奧、最難學的一門學問，因此很多學藝不精、不學無術之人，由於無法學得「八字命理學」，因此就以「好賺吃」的姓名學來賺錢。他們認為反正客戶也不懂五術這一回事，只要對客戶說名字不好，需要改個名字就可以改變目前不好的運勢…等，去遊說、蠱惑客戶改名字，而置應該從一個人八字命局好壞來給予如何趨吉避凶的因應之道於不顧，這也是為甚麼現今會讓人產生姓名學比八字命理學還重要的感覺，這是一種本末倒置、劣幣驅逐良幣而讓人扼腕的情形。且也因頗多江湖術士的鼓吹姓名學，以致戶政機關為了因應民眾要求更改名字的事情，而創造了六萬多字的怪異現象。

由於客戶對五術這門學問本來就不了解，而以現今的經濟及生活型態而言，就一位為人父母的立場或客戶而言，花一些費用去替自己的寶貝子女或本人取一個他們認為文雅又吉利的名字，本是正常且無可厚非的情形；但若是一位以五術、命理學為職業之人，若只因姓名學容易學、好賺吃而一味的鼓吹客戶改名字，並置八字命理學的吉凶否泰論斷、對客戶為趨吉避凶之建議於不顧的話，其結果不僅自己在五術事業上的無法進步，且也會因此而害了客戶。

基此之故，筆者在此再次的請讀者務必詳讀及了解十神之含意，如此你（妳）便能夠輕易的了解未來流年及大運吉凶否泰的大概情形，而不至於茫茫然的無從掌握，或是人云亦云的受到江湖術士之蠱惑而損財。

有關「姓名學」的論說，筆者已另著《姓名學我也會》一書，裡面有詳細述說姓名學的立論基礎，及告訴讀者如何依照自己或家人的八字命局之喜用神，去替自己、家人或公司、營業場所等，選取出一個適合、吉利、好聽又文雅的名字，以免再受到江湖術士的蠱惑，以致花錢又消不了災，甚至於會有人財兩失的情形。

第六章
日干十二長生運

概論

由於十天干運行於十二地支時，有陽生陰死、陰生陽死，及強弱衰旺之別，猶如一個人自出生到成長、衰老、病死的起伏過程。十天干運行於地支的過程分別為長生、沐浴、冠帶、臨官、帝旺、衰、病、死、墓、絕、胎、養等，先賢即將這種情形稱為十二長生運，並將其喻論如下：

1、「長生」猶如人之出生，就像嬰兒剛出生呱呱落地之時，萬象始生。

2、「沐浴」（又稱為敗）猶如一個人自出生後到青少年弱冠的時期，由於這個時期正是成長、啟蒙的階段，心性及認知都甚為脆弱，必須接受父母、親長的疼愛及教養，使其有如沐浴春風之感（◎多數先賢及先進都將此沐浴解釋為：如人出生後必須洗澡去垢一樣。筆者不認同這樣的見解，因為這樣的見解並無法說明沐浴在人生十二運中居何強弱之地位，也就無法分辨十干位居沐浴之時，其所顯現的強弱衰旺，及對日主為吉、為凶之影響）。

3、「冠帶」猶如已長大，如十七、八歲之青少年弱冠期，須行穿衣、帶冠之禮，以示長大成人。

4、「臨官」猶如人長大成人後飽學有成，可以出仕、任職及獨當一面之時。

5、「帝旺」之期則是經過一番歷練後，為人生最高峰的中壯年之時。

6、所謂物極必反，所以「衰」即是人生達到前述帝旺的巔峰期後，必然開始走下坡之時。

7、進了衰退期後，各種機能構造及新陳代謝必將逐漸老化，接著而來的就是「病」。

8、身體受盡病魔纏身之苦後，終究必「死」。

9、死後必須要埋葬入「墓」。

10、人生既已入墓後，則凡事盡化為子虛烏有，所以又稱之為「絕」。

11、軀殼墓絕之後，往生之靈魂須再尋求生路，重新投「胎」，以備來生之生機。

12、既已投胎後，即須再經過母腹的十月孕「養」，等待著下一次的出生，如此周而復始、循環不息。

此處必須明白的是，以上的生、冠、死、絕……等各項比喻，只是取其抽象之義，即大自然中萬事萬物的生發凋零、新陳代謝過程而已，切不可當作實看，尤其是病、死、墓、絕，是用以形容五行的衰弱、無力狀態，譬如命局中須以木為用，若此木恰是在病、死、墓、絕之時，則此木便無多大用處，如此而已，並不是真死、真絕。總之，「物質不滅」，但皆有變化過程。

十二長生運的論法，乃是以日主對照四柱地支而得出為生、旺、墓……等，看四柱地支各臨何運，即可推知該柱所管轄運限期間，日主本人運勢發展的盛衰，及該柱關於六親的表徵，即可推知該六親一生運勢之盛衰。十二運除了可以推斷運勢盛衰外，對日主本人個性的影響也非常大，尤其是日支的十二運用以推斷日主之心性更為明顯，詳後篇分論的論述。

範例：

壬　午　死
壬　寅　建祿
日主　甲　子　沐浴（敗）
乙　亥　長生

壬　午　帝旺
甲　辰　冠帶
日主　戊　申　病
癸　丑　養

壬　午　沐浴（敗）
己　酉　月刃
日主　庚　寅　絕
己　卯　胎

臨官及帝旺如在月柱，筆者就以建祿、月刃書寫，如在年、日、時柱，就以臨官、帝旺書寫。

◎十二長生運列表：

十二運／地支／日干	長生	沐浴	冠帶	臨官	帝旺	衰	病	死	墓	絕	胎	養
甲木	亥	子	丑	寅	卯	辰	巳	午	未	申	酉	戌
乙木	午	巳	辰	卯	寅	丑	子	亥	戌	酉	申	未
丙火	寅	卯	辰	巳	午	未	申	酉	戌	亥	子	丑
丁火	酉	申	未	午	巳	辰	卯	寅	丑	子	亥	戌
戊土	寅	卯	辰	巳	午	未	申	酉	戌	亥	子	丑
己土	酉	申	未	午	巳	辰	卯	寅	丑	子	亥	戌
庚金	巳	午	未	申	酉	戌	亥	子	丑	寅	卯	辰
辛金	子	亥	戌	酉	申	未	午	巳	辰	卯	寅	丑
壬水	申	酉	戌	亥	子	丑	寅	卯	辰	巳	午	未
癸水	卯	寅	丑	子	亥	戌	酉	申	未	午	巳	辰

分論

一、長生

猶如人自母體剛出生，呱呱落地，屬萌芽階段，一切充滿著新生的喜悅、期待及喜氣洋洋，屬於清晨3點到5點黎明時刻，太陽已翻為魚肚白、即將東升，象徵著人之初性本善及軒昂的氣宇。所以長生又象徵著溫和、善良、福壽、發展、有高超的心志、人緣佳、斯文、容易受人喜歡、得長官的賞識，忠厚、圓滿，任職易平步青雲、扶搖直上。自身天賦好、學習能力強、具有學習技術、藝術一技之長的才能。心志高超、淡薄於權勢，是一位相當優秀的幕僚、企劃、輔佐人才，卻不適宜為領導、領袖之人物。

古詩論定長生云：

「長生管取命長榮，時日重逢主性靈，更得吉神相會遇，少年及第入王庭。長生若也得相逢，生下須招祖業隆，父母妻兒無剋陷，安然享福保初終。」

二、沐浴

如人出生後經沐浴去垢，及至弱冠時期，屬於清晨5點到7點的時刻，太陽已東升，燦爛光輝、朝霞滿天。此期間因屬於成長、教養及吸收的階段，象徵著多彩多姿、變化多端的心性。所以沐浴又代表著多變多化、喜新厭舊、不定性，生活上易受外界人事物所影響、左右，及經常變換職業或住所，風流倜儻，夫妻緣分易生波瀾。

古詩論定沐浴云：

「沐浴凶神切忌之，多成多敗少人知，男人值此應孤獨，女命逢之定別離。女命若還逢沐浴，破敗兩三家不足，父母離鄉壽不長，頭男頭女須防哭。」

三、冠帶

如古時候十六歲方可立冠，屬弱冠之象，為長大成人的開始，屬於早上7點到9點的時刻，此時太陽已上升高照，氣象萬千、豪情奔放。所以冠帶又代表著不服輸、榮譽心強，任事時具有堅忍不拔的精神，進取心強、樂觀積極，有衝勁、鬥志。喜歡享受、沉浸於名譽、榮耀之中，因此在團體中喜好玩弄權術、謀略。

古詩論定冠帶云：

「命逢冠帶少人知，初主貧寒中主宜，更得貴人加本位，功成名遂又何疑。」

四、臨官（建祿）

為步入成人階段後，在社會上獨立自主的去成家、立業、謀生，屬於早上9點到11點的時刻，此時陽光普照，散發著光芒萬丈的雄心壯志去謀取功名利祿。所以臨官又代表著獨立心強、活動力旺盛，不願依靠家產、祖業，喜憑己力往外地、他鄉謀生創業。

本性敦厚、聰穎、心性高潔，所以行事光明磊落，滿懷著理想與抱負，要在社會上、團體中發揮自己的才華，創立一番自己的事業，在創業的過程中，須經過一段堅苦逆境、奮鬥不懈的歷練，才能達到建功立業、財名雙收的階段。心性光明坦蕩如正官，所以比較適宜為薪水階級的事業。

又屬於半世運之兆，所以如在中年以前諸事困頓、不如意，嚐盡人生的酸甜苦辣，則在中年以後必將否極泰來，逐漸創業有成，終至事業興隆並享財名之福；反之，若中年以前即已鋒芒畢露、盡享榮華之名利，此為少年得志的情形，在步入中年後，必慘遭滑鐵盧之役，而致一蹶不振，終將飽嚐人間冷暖之辛酸，其中的苦處可說是點滴在心頭。

古詩論定建祿云：

「建祿生提月，財官喜透天，不宜身再旺，惟喜茂財源。」

「月令建祿，多無祖屋，一見財官，自然發福。」

五、帝旺（月刃）

在創業有成後，即繼續的穩固及不斷的拓展事業，期望將事業推上高峰之狀態，此一時期是人生的巔峰期，屬於上午11點到中午1點的時刻，此時日正當中、豔陽高照、光芒四射，極其光輝燦爛。所以帝旺又代表著功成名就，事業達到巔峰期，終於能出人頭地，位居他人之上。

唯凡事物極必反，在巔峰時期即代表著將走下坡的象徵，身處這種狀態，心性上也必會驕傲自負，喜歡強出頭，不恥居他人之下。行事過於自信、霸道，喜歡獨斷獨行、獨來獨往，凡事喜歡爭強好勝，喜冒險、刺激的生活，又具有投機的心態，遇事時有寧為雞頭、不為牛後的氣概，生活上有強烈的奢侈癖及佔有慾。

古詩論定帝旺云：

「臨官帝旺最為奇，祿貴同宮仔細推，若不狀元登上第，直須黃甲脫麻衣。臨官帝旺兩相逢，業紹箕裘顯祖宗，失位縱然居世上，也須名性達天聰。」

六、衰

物極必反、泰極否來，如人過了巔峰期後，必逐漸走下坡、衰退之運，屬於午後1點到3點的時刻，如太陽熾熱之光芒已漸退，由頂頭中天的離方（南方）逐漸西移，步上西沉之路。

由於已過巔峰期，所以身心上必漸漸衰弱、不振，表現在行事作為上則較無雄心壯志，稍欠積極性，不喜出風頭。秉性敦厚、保守，不再追求刺激、冒險之生活，喜安穩度日子，滿足於現實之生活，就目前的事業力求穩固，不再企圖開擴、拓展。

因為已趨向於保守、安穩的態勢，所以女性逢之最適宜，可以勤儉持家、相夫教子，並且克盡孝道的善待公婆，為一賢妻良母的典型代表。

七、病

身體機能衰退後，必將疾病纏身，屬於將近傍晚3點到5點的時刻，太陽即將西沉，為日落西山、夕陽西照的時分。夕陽雖美好，卻是不長久，此時太陽光氣與熱氣已漸退，留下的只是美麗的餘暉，所以在心性上常會緬懷過去的回憶，身心上比較消極、苟安，也比較憔悴、委靡。

因為受疾病之苦，所以在身體及精神上也比較病弱，看起來不很健康，不適合再做身心交瘁的工作，宜以一般平淡、輕勞力的事物工作為宜，以做為適度的身、心調養。個性上富人情味、同情心，只是與雙親的緣分多半較為淡薄。

八、死

病入膏肓後終將死亡，一切趨於靜止、無波，屬於5點到7點的黃昏、日落西沉的時刻，太陽隨後並已墜入海平面之下，接著的是黑暗來臨、逐漸籠罩大地，光明不再、一片昏黑。

此時由於剛從明亮步入黑暗，所以心性上必將忐忑不安、舉棋不定，遇事易失於優柔寡斷、欠缺決斷力，而容易自尋煩惱、喜愛鑽牛角尖。

又會表現出急躁的情緒，所以也比較少有作為及發展，事業上處於退休不管事的心境。夫妻緣分上易生波折，不易白頭偕老，失婚及再婚的機率比較高。

古詩論定衰、病、死云：

「納音衰病死重逢，成敗之中見吉凶，若得吉神來救助，變災為福始亨通。衰病兩逢兼值死，世人至老無妻子，不惟衣食不豐隆，災病綿綿終損己。」

九、墓

如人死後必須入墓、入土為安，一切化為塵土，塵歸塵、土歸土，一切歸於烏有、終至收斂，屬於晚上7點到9點的時刻。由於已能適應晚間、黑暗的生活，所以於心性上比較內向，行為舉止有些怪異，生活趨於清淡、儉樸，不喜歡修飾外表。具有收藏、內斂的特質，一心想要儲存較多的錢財，因此經濟、財務的狀況還算不錯，但是也比較吝嗇，也有收集物品、紀念品的雅好。

墓與建祿同，都具有半世運的特質，前半輩子如果享財名之福，後半輩子必嚐人間冷暖；相反的，前半輩子如果吃盡苦頭，後半輩子必將安享天年之福。

古詩論定墓云：

「墓庫原來是葬神，一為正印細推論，相生相順無相剋，富貴之中次第分。人命若還逢墓庫，積穀拘財難計數，慳貪不使一文錢，至老人呼守財奴。」

十、絕

如人入墓後其身軀逐漸的腐化滅絕，但是另一股魂魄卻同時逐漸形成，為下一次的投胎做準備，也代表著絕處逢生的徵兆，屬於晚上9點到11點的時刻，此時萬事俱沉寂、萬物已入睡，大地一片黑暗，只見天上繁星閃爍。

由於為絕處逢生、為下次投胎做準備，所以其心性上必將喜新厭舊且急躁不安，急欲脫離目前昏暗不明的處境，憧憬著新世界的來臨，因此做事容易心浮氣躁、缺乏耐心，其結果是三分鐘熱度而虎頭蛇尾。又因心思不定、容易得意忘形，凡事總是輕率而任性，欠缺深思熟慮、三思而後行的冷靜理智，一時衝動的結果就是經常受騙、上當。

古詩論定絕云：

「絕中逢旺少人知，卻去當生命裡推，反本還原宜細辨，忽然迍否莫猜疑。胞神一位難為絕，剋陷妻孥家道劣，不惟朝暮走忙忙，羊貪狼貪無以別。」

十一、胎

歷經前述之階段，魂魄成型並已投胎，以孕育另一新生命的開始，屬於晚上11點到隔日清晨1點的時刻，正是新的一日的開始。由於要迎接新一日的到來，所以心性上總是充滿著新希望、新期待，對任何事物都滿懷著好奇心、人情味，研究心、探究心也強，凡事都想嘗試一番。

為人具有幽默感，屬於大智若愚型的人物，一生中常得貴人助力、好運常臨，此時又為光明轉運的時期，事事進展順利，身體狀況隨著年齡愈增長而愈健康。女性命局的日支若逢胎運，生女孩子的機率會比較高。

十二、養

如人受胎成型孕育於母體之內，補給營養以為出生之做準備，屬於清晨1點到3點的時刻。養為長生的入門，所以心性上比較敦厚、善良、人緣好、善於交際應酬。此時也代表著分家、獨立創業的時期，但是卻無雄心壯志，滿足現狀比較多，缺乏積極進取、奮鬥的豪情，如果能發奮圖強、積極努力進取，也必可獲至事業上的大成就。與雙親的緣分比較薄弱，會獨立創業，或離鄉至外地去開創事業。

古詩論定胎、養云：

「胎養須宜細審詳，半凶半吉兩相當，貴神相會應為福，惡殺重逢見禍殃。
或云胎養小長生，人命惟逢自精靈，若也修文應稱遂，不然榮運也光亨。」

第七章 空亡

概論

空亡一名又叫「天中煞」，以空對實、亡對有而言。空亡也就是無、消失、沒有的意思，但以筆者的經驗，空亡較明顯的表現則是聚少離多、受累、不如意的情形。

以十天干循環一次稱為一旬，所以甲子旬遁至癸酉而十干足，不見戌亥，因此戌亥即為空亡；同理，甲戌旬，空亡為申酉；甲申旬，空亡為午未；甲午旬，空亡為辰巳；甲辰旬，空亡為寅卯；甲寅旬，空亡為子丑。空亡因都以甲干為起始，所以又稱為六甲空亡。

◎今列舉六甲空亡表如後：

※六甲空亡表：

										空亡
甲子	乙丑	丙寅	丁卯	戊辰	己巳	庚午	辛未	壬申	癸酉	戌亥
甲戌	乙亥	丙子	丁丑	戊寅	己卯	庚辰	辛巳	壬午	癸未	申酉
甲申	乙酉	丙戌	丁亥	戊子	己丑	庚寅	辛卯	壬辰	癸巳	午未
甲午	乙未	丙申	丁酉	戊戌	己亥	庚子	辛丑	壬寅	癸卯	辰巳
甲辰	乙巳	丙午	丁未	戊申	己酉	庚戌	辛亥	壬子	癸丑	寅卯
甲寅	乙卯	丙辰	丁巳	戊午	己未	庚申	辛酉	壬戌	癸亥	子丑

空亡的用法則是以年柱及日柱所值之旬，對照其他三柱之地支，是否有空亡之字，而得出命局中是否帶空亡之煞。今舉例論述如後：

《例1》女命：民國66年10月28日巳時建生。

年　丁　巳
月　壬　子
日　己　亥
時　乙　巳

註：先查年柱丁巳在甲寅旬，對照空亡表，得知空亡為子丑，並再比對月日時三柱的地支，見月柱壬子值空亡，故知年柱之旬的空亡為子；再查日柱己亥在甲午旬，對照空亡表，得知空亡為辰巳，並再比對年月時三柱之地支，見年柱丁巳、時柱乙巳值空亡。因此可求出此命局的空亡在：子、巳。

此時即可得知空亡為：子、巳——年、月、時柱。

分論

就空亡之見解，也有諸多分歧，有前賢、先進認為空亡不具意義、對命局不具影響力，所以說「古人對於空亡多立名目，以之推命，多無應驗，徒亂人意，只可聊備參考，幸勿拘泥。」

唯依筆者的經驗，空亡則是具有如前所述之聚少離多、不得助力、受累及不如意的影響力。今就其在命局中的影響，分述如後：

一、喜用神、忌用神逢空亡

古詩云：「天中一煞不可全以凶言，如柱有惡神、惡煞禍聚之地，全要空亡解之；有空亡不宜見合，合則不能空矣。祿馬財官福聚之氣，全怕空亡散之，卻喜見合，合則不能空矣。若無沖、無合、無刑，謂之真空亡，四孟太毒，只做小技巧術人。」

可知命局之喜用神，忌見空亡，其助力必減；命局之忌用神，則喜見空亡，以免禍害日主。所以空亡若逢合住，其力削弱，若不見合住，其力必強，如見寅申巳亥四孟之亡神，其禍更烈。

二、四柱逢空亡

四柱中以「年柱」為祖輩宮及父母宮的代表，所管轄之年限為出生後到16、18歲之時期。此柱若逢空亡，則代表較不得祖上、父母親的助力，凡事須靠自己，且在這一段的管轄年限之內，事事必較無所得，且難如所願。年柱若空亡又逢剋者，則祖父母中恐有一位較短壽。

以「月柱」為父母宮及兄弟宮，所管轄之年限為16、18歲到32、36歲的時期。此柱若逢空亡，則較不得父母親的助力，兄弟姊妹間的緣分也較薄弱，較少有往來，求學的過程也比較容易有挫折，課業上成績的表現，也是差強人意，且也常早離鄉往外地去求發展。

以「日柱」為夫妻宮，所管轄之年限為32、36歲到48、54歲之時期。此柱若逢空亡，則夫妻間的相處，常有離多聚少的情形，且較不得另一半之助力，甚至於會受另一半的拖累。日柱若逢空亡，又見六沖的話，則夫妻緣分較易生變化，輕者分居、重者離婚。這一階段之時期也是人生創業、立業的黃金時期，所以如果逢空亡，則事業上所遭遇的挫折，恐會是讓人有刻骨銘心的椎心之痛。

以「時柱」為子息宮及晚運、退養之時期，所管轄之年限為48、54歲以後至終老之時期。此柱若逢空亡，則子女較易遠離他鄉去求發展，而不得子女承歡膝下。時柱若逢空亡，又見沖剋的話，則子女中恐有短壽者，且本人晚景也較易陷於貧困、孤獨及淒涼的逆境。

三、十神及六親逢空亡

古歌云：「建祿臨空虛有名，平生向學老無成，若逢祿馬來相救，縱得官時又復停」。以四柱中看何柱值空亡，就該柱所有之十神及六親為何星，以其所代表之屬性含意，並分別男命及女命之不同，而得以論斷其因空亡之情形會造成如何的影響。

如以正、偏官逢空亡而言，因正、偏官分別為男命的兒子、女兒及事業、權位，所以男命若正、偏官逢空亡，則看其空亡是在何柱，在該柱管轄之年限內，謀事求職及事業上的升遷，必遭遇較多的逆境，且子女必在外地發展，或是身體狀況欠佳；若又逢沖，則子女恐有早夭之象，事業上也必遭遇重挫。其餘同此類推。

第八章

論用神之取用

八字命理學的論述樞紐在於用神與格局。就一般正格的格局而言，乃是要求日主元神達於中和、中庸的局面，如果日主過於強旺，則須削減之，日主過於衰弱，則須幫比、生扶之；至於特殊格局的從強格局、從弱格局，則要求日主要處於愈強或愈弱的情勢。這種調節日主五行強弱喜忌，使格局達於中庸或是極強、極弱局面之物，就是我們所稱的用神，也就是第五章所述的十神。

用神乃是一個命局中最具關鍵性的五行、八字命理學的靈魂。用神既是如此重要，但在普通格中，要如何來取決用神，及它又必須具備哪些條件，才得以為命局所用，不外乎下列諸項：

一、扶抑取用

前已說過，八字格局係以達於平衡、中庸為貴，但日主元神如為太強或是太弱，均是偏枯之命局而為不美。因此勢弱的日主就須取用生扶、幫比之物，勢強的日主就須取用剋、洩、耗等抑制之物。這些生扶、幫比、剋洩耗之物，就是為扶、抑用神，分述如後：

1、生扶日主取用之法：日主身弱（元神弱）

生扶日主不外用印、比，但是何者須要用印、何者須要用比，其間又當細究之，例如：

【官煞旺用印】：這乃是官煞星旺強，以印星轉化官煞星之剋力，使其反生日主之元神。

【財旺用比劫】：因財星會剋破印星，故以比肩、比劫幫身、分財為用，使日主得以任財。

【食傷旺用印】：食傷星會洩弱日主之氣，故以印星制食傷兼以生扶日主，為一舉雙得之用。

2、抑制日主取用之法：日主身強（元神強）

抑制日主不外用官煞、財星及食傷，至於以何者為用，當然也須細究之：

【身強用食傷】：所謂身強，乃是日主已得或未得月令之氣，但干支卻多見比肩、比劫之助力，即黨多勢強之意；強者宜以食傷洩耗其氣、較不宜以官煞星強剋其氣。

【身旺用官煞】：所謂身旺，乃是日主得月令之氣，又不見剋制合化者而言。身旺而比肩、比劫星不多見者，則宜以官煞星剋制其氣，較不宜用食傷洩其氣。

【印多用財星】：由於印星會引化官煞星去轉生日主，及會剋制食傷星之洩秀，故印旺則以財星破印為最適宜，除可生助官煞星外，也可引化食傷星之氣為生財之用。

例一、男命：民國62年1月13日戌時生

癸　丑

甲　寅

日主　壬　午

庚　戌

註：此造日主壬水生於寅木月令，為食神格，地支見寅午戌三合火局、財星局，月干又透出甲木食神星，為一財多身弱的食神格，以年干癸水比劫星及時干庚金偏印星為喜用神。86年丁丑年投資畫廊之生意，到87年、戊寅年，戊為燥土之偏官星、寅木加強命局地支的財星局，該年起即出現虧本的情形，到88年、己卯年止，共虧損約兩百萬元。

二、調候取用

五行的氣候分為春、夏、秋、冬之四季，這四季之中又以夏季及冬季的氣候影響最為明顯。夏季過於燥熱，則須以水來降低其燥熱之氣，譬如土能生金，然而夏令之燥土不但不能生金，反有脆金、熔金之患，但如得水以潤之，則土潤而能生金；冬季過於寒凍，乃須以火來溫煥其氣，譬如金能生水，但凍金無力生水，如能得火溫之，則必得水暖金溫的命局。

氣候既分為四季，則以月份而言也可細分為寅卯木、巳午火、戌未燥土等，為燥熱之氣；申酉金、亥子水、辰丑濕土等，為寒濕之氣；其中辰土為「質熱性濕」之土、戌土為「質寒性燥」之土。

這種燥熱須得水潤、寒凍須以火溫的水、火調劑之物，就是「調候用神」。調候用神必須最優先於其他用神的取用，蓋命局如過於燥熱或是過於寒冷，均屬偏枯之命，如不先取水、火來調節燥、寒之氣，則整個命局猶如「火中植物」、「冰上行舟」，而難以言生存之道。至於月份而言，巳、午、未、戌等燥熱之月，最須以水氣來潤局；酉、亥、子、丑等寒凍之月，最須得火神以溫局。

例二、乾造：民國51年6月29日巳時生

壬　寅

丁　未

日主　己　巳

己　巳

註：命學名著五言獨步說：「土厚多逢火，歸金旺遇秋，冬天水木旺，名利總虛浮。」此造日主己土生於未月，為「土厚多逢火」的偏印格，因命局過於燥熱，以金、水為喜用神，火與燥土為忌用神。民國77年、戊辰年開始經營養豬場；到了80年、辛未年、30歲，大運在戊土，大運與流年都為燥土之忌用神，壬水財星被熬乾，結束養豬場事業，共計虧損約新台幣柒佰萬元。

三、通關取用

所謂通關，就是和解、調解，疏通的意思。一個命局如果見兩個五行勢均力敵，且甚為強旺而成兩強對峙的局面時，此時唯有找尋一物，使其能夠貫通這對峙之氣勢，並使兩氣歸於一致而能為日主所用，則這貫通、調解之物，就是通關用神。

至於通關用神之用法，則有如下的分別：

【官傷兩停用財】：因官星為貴氣之星，而傷官星則是會剋害官星，但是傷官星會生財星，而財星又會生官煞星，故以財星引化傷官星並轉生官煞星，以為通關用神。

【財印兩停用官】：因財星會破印，但是官星會引化財星，使財星去生助官星，官星並得以轉化生助印星，故以官星為財、印兩強的通關用神。

【制煞太過用財】：以財星會引化食傷之氣，且財星又會生扶官煞星，故見食傷、官煞星成兩強對峙之局時，即以財星為通關、調解之用神。

【比財兩停用食】：命局中如見肩劫、財星兩旺時，須以食傷星為通關之神，如此一方面除可化解比肩、比劫奪財之患外，又可順生財星，使為日主所用。

四、病藥取用

所謂的病與藥之用，乃是原局已有適合需要之用神，但是卻被其他的干支所剋制，以致不能為日主所用，就稱之為病，今須以得去病為用之神，即稱之為藥。譬如夏木喜壬、癸水來潤局，今在命局中卻見戊土來剋害壬、癸水，則此戊土即為病因所在，此時即須得甲木來剋制戊土，如此壬、癸水才能為日主所用，則此甲木即為醫藥之用神。此去病之藥，如命局已有之，則終身獲福；如須於大運獲得，則於行喜用大運時才得騰達；如若命局中不見藥神，在一生大運中又不見藥神，那一輩子恐是要長吁短嘆的度其日子了。

第九章

日主強弱之分判

概論

所謂日主強弱，乃是指日主在出生時是否得月令之氣，或者是否得干、支間的比肩、比劫、印星的幫比、生扶，亦或是干、支間的生剋制化之結果等，而用以判斷日主的強弱。

就八字論命而言，日主強弱的判斷乃是在論斷一個命局時甚為重要的一個環節，因命局求法是以中和、中庸之道為原則，如果日主太強，就須剋、洩、耗日主之元氣；相反的，如果日主過弱，則須生扶、幫比日主之元氣；此處所說的生扶、幫比、剋、洩、耗之物，就是前面所說的喜用、忌用神之意。

命學名著神峰通考說：「蓋人之造化，雖貴中和，若一一於中和，則安能探其消息、而論其休咎。」又說：「若病重而得藥，大富大貴之人；病輕而得藥，略富略貴之人；無病而無藥，不富不貴之人。」

這裡所說的病、藥，也就是喜用、忌用神之意。所以日主強弱的判別絕對不能有差錯，因為一旦判別錯誤，則喜用、忌用神的取法就會截然不同，猶如醫生對病人的病情為錯誤的診斷，而為錯誤的用藥，其結果可想而知，不但無法救人一命，反是害人一命。

日主強弱衰旺的判斷分別，可依是否得時、得地、得勢而為論判。得時，謂之旺；失時，謂之衰。得地、得勢（即所說的黨眾之意），稱之強；失地、失勢（即所說的助寡之意），稱之弱。

一、得時、失時之分判

所謂「得時、得令」，乃是指月支是日主的建祿、月刃或印星（這種月支稱為旺相月令），其他干支中生助日主之物不逢刑沖破壞，即是。例如日主為甲、乙木，生於寅、卯、亥、子月令時，即是。

所謂「失時、失令」，乃是指月支是日主的剋洩耗之物，雖然其他三柱之地支見有比肩、比劫或印星之物，但此印、比生助日主之物僅一顆或兩顆且又被剋合變質，以致助力減弱者，如日主為甲、乙木，生於巳午申酉及戌丑未之月令（註：辰月，雖劃歸為四季土月，但它卻是水庫，故水、木日主生逢此月之人，如果是生於穀雨前，身元未必為弱。這是一個比較特殊的月令），地支見寅、卯木，但卻被申沖，或是酉剋，即稱為失時、失令。

例一：女命 民國48年2月6日酉時生

己 亥

丁 卯

日主 乙 未

乙 酉

註：此造日主乙木生於卯木月，為得令建祿之月，年支、時干見亥水、乙木，故日主為得旺令之月而身強。

例二：男命 民國90年9月8 亥時生。

辛 巳

戊 戌

日主 庚 申

丁 亥

註：此造日主庚金生於戌土月，為得相令之月，在年月、日柱又多見土、金之五行，故日主為身強。

二、得地、失地之分判

所謂「得地」，乃是指日主雖非逢旺、相之月令，但在年、日或時支三柱的地支卻是日主的比肩、比劫之臨官、帝旺之地，此比肩、比劫多見且強旺，例如日主為甲、乙木，雖生於巳午酉月，但其他三柱地支見寅、卯木即是。所謂「失地」，則是日主生於剋洩耗之月令，天干雖見有比肩、比劫，但地支卻都不是日主的根氣，亦或是月令雖為日主的建祿、月刃或印星等旺、相之地，但其他的天干、地支卻是剋洩耗之物，即是。

例三：女命　民國54年2月13日巳時生：

乙　巳
己　卯
日主　戊　辰
丁　巳

註：此造日主戊土雖生於卯木沐令之月，但干支卻多見印、比星等生助日主之物，故日主得地又得時而為身旺強。

例四：女命 民國66年10月28日巳時生

丁 巳

壬 子

日主 己 亥

乙 巳

註：此造日主己土生於子水絕令之月，四柱干支中剋洩耗日主之物大於生助日主之物，故為身弱之格局。

三、得勢、失勢之分判

所謂「得勢」，即是日主雖生於剋洩耗的月令，但天干或地支多見比肩、比劫或印星等生助日主之物，此時日主因多得生助、幫比之物的相助，即所謂的黨多為強之意。所謂「失勢」，乃是指日主既生於剋洩耗之月令，其天干的幫比助力勢弱、地支之印星生扶助力也呈衰弱情形而言。

例五：乾造 民國48年6月5日申時生

己 亥

辛　未
日主　癸　巳
庚　申

註：此造日主癸水雖生於未土死令之月，但其他干、支卻多見金、水幫比、生扶日主之物，故日主由弱而轉強。

例六：男命 民國52年11月8日早子時生

癸　卯
甲　子
日主　辛　丑
戊　子

註：此造日主辛金生於子水休令之月，僅見日支丑土、時干戊土之生扶，助力為弱，故為日主身弱之格局。

四、生剋制化強弱之分判

命學名著子平真詮說：「得時不旺，失時不衰。」這旺、衰的分判除了得時、得地、得勢與否等因素的影響之外，還有的就是干支間的合、會局及沖剋等因素。

由於地支間的五行會因三合、三會及六合而成木、火、土、金、水等合局、會方，以致改變了其原來五行的本質，如此日主有可能從強旺之勢而成衰弱之局，也有可能從衰弱之局，一變而成強旺之勢。如壬、癸日主生於亥月，本是得令之月而為身強（日主元神強）的命局，但地支如又見卯、未二物，將月令亥水三合成亥卯未的木局，木旺反成洩水之局，此時日主即成由強轉弱之勢；同理，如日主為壬、癸水生於巳火月，本是值囚令衰弱之月而為身弱之勢，但如地支卻見酉、丑二物，將月令巳火三合成巳酉丑的金局，金旺即得成生水之勢，此時日主即由弱而轉強之局。其他寅午戌三合成火局、申子辰三合成水局，亦或是寅卯辰三會成木方、巳午未三會成火方、申酉戌三會成金方、亥子丑三會成水方等，也同此之論。

日主於所生之月令的旺、相、休、囚、死之分別，可概述如下：

1、月令為比同日主之五行（即祿、刃）：謂之當令、旺令，最旺。

2、月令為生扶日主之五行（即印星），謂之相令，為次旺。

3、月令為日主所生之五行（即食傷），謂之休令，為小衰。
4、月令為日主所剋之五行（即財星），謂之囚令，為中衰。
5、月令為剋害日主之五行（即官煞），謂之死令，為最衰。

※日主旺衰對照表：

月支	日干	甲乙	丙丁	戊己	庚辛	壬癸
	旺衰	木氣	火氣	土氣	金氣	水氣
木令	寅月	當令最強	相令次強	死令最弱	囚令中弱	休令小弱
	卯月	當令最強	相令次強	死令最弱	囚令中弱	休令小弱
土令	辰月	餘氣中弱	休令小弱	當令最強	相令次強	水庫：平
火令	巳月	休令小弱	當令最旺	相令次強	死令最弱	囚令中弱
	午月	休令小弱	當令最旺	相令次強	死令最弱	囚令中弱
土令	未月	囚令中弱	休令小弱	當令最強	相令次強	死令最弱
金令	申月	死令最弱	囚令中弱	休令小弱	當令最旺	相令次強
	酉金	死令最弱	囚令中弱	休令小弱	當令最旺	相令次強
土令	戌土	囚令中弱	火庫小弱	當令最強	相令次強	死令最弱
水令	亥水	相令次強	死令最弱	囚令中弱	休令小弱	當令最強
	子水	相令次強	死令最弱	囚令中弱	休令小弱	當令最強
土令	丑土	囚令中弱	休令小弱	當令最強	相令次強	餘氣小弱

子平八字最困難、最難懂及最關鍵的地方，就是判斷日主的強弱，唯有正確的判斷出日主的強弱，才能夠據以取捨喜用、忌用神，也如此才能論斷一個命局的高低、好壞、富貴與貧賤。

唯如何去判斷日主的強弱，除了書本上知識的獲得與應用之外，就只有從日常的實務經驗去獲得及進展，藉著不斷的研習新舊命局並從中去比較差異，如此才得以有實質上的收獲。

※一般讀者對這個日主強弱的判斷，若無法理解的話倒無所謂，但請務必熟讀前一章節的十神含意，及請一位有學養基礎及道德的命學老師幫你（妳）推算八字命理，並書寫一張命盤表給你（妳）保存，以便做為未來流年吉凶否態的參考之用。

第十章 刑、沖、會、合

概論

看命之法不外生、剋、制、化、會、合、刑、沖八法，關於生剋及反生剋之理，雖說變化多端，然而卻不脫自然物理之法則。所謂自然，乃是指五行陰陽而言，而五行生剋之理，有陰陽分別之不同，陽干者、剛強之氣也，陰干者、柔和之氣也。「陽見陽、陰見陰」，為同性相剋之象，為無情且盡力之剋，如甲見戊、戊見壬、壬見丙、丙見庚、庚見甲等，為陽見陽之剋；乙見己、己見癸、癸見丁、丁見辛、辛見乙等，為陰見陰之剋。

「陽見陰、陰見陽」，為異性相剋，為有情的剋合之剋，為無力之剋，如甲見己、丙見辛、戊見癸、庚見乙、壬見丁等，雖剋而不失其為合，為有情的剋合；另如乙見戊、丁見庚、己見壬、辛見甲、癸見丙等，雖有剋之意，卻無剋之力，為無力之剋。

制即是剋，化即是洩，引化其氣之謂，皆為天干的作用，如日主為戊土，受甲木之剋，今取金來剋甲，即謂之制；如取丙來洩甲並轉生戊土，即謂之化。又有見剋而不謂之剋，見合而不以合論，此因其間有制化之神透出天干為用之故，如壬丙並透，壬水剋害丙火，見有戊土或是甲木出干並位在壬丙之間，則以戊土制壬水或是甲木化壬水，此時壬水即無法剋丙火，故謂之不以剋論；另如甲己成五合，見有丙、丁火或庚金出干而位於甲己之間，此時甲木或被丙、丁火引化，或被庚金剋制，此時甲己即無法成五合，故謂之不以合論。

會、合、刑、沖（詳見第三章）皆為地支的作用，然會、局與六合不同，會、局之力重、六合之力輕。會局不因地支間有間隔而有阻礙，如寅年卯日辰時，中間雖隔個月柱，寅卯辰依然三會成木方之用。若會、局又得月令之氣則更旺，如寅年（或寅日）午月戌時，則寅午戌三合成火局，其力倍增，蓋會、局之用，在於氣同進退，不因間隔而失其功用。

至於六合如有間隔，其合力必減弱、或是不以合論，譬如寅亥六合，如寅亥之間隔有別支而受剋，或是分居年時，則其合力必減，或是不能論合，僅以同為木之根而論。

會、局、合三者，乃以會、局為重，刑、沖二者則以沖為重，故合不易解沖而沖可以破合，沖不易破會局而會局可以解沖，譬如寅亥合而見申緊臨寅旁，只論其沖而不論其合；又如寅申巳亥並見，以做四沖論、不做兩合論；巳酉丑三合局見亥沖，只論其合局，不論其沖，蓋會局之力量甚大。

刑之論說

一、刑之種類

刑乃是指地支而言，屬數之極，為滿招損之意，也就是一個人內心裡所產生自我排斥、自身矛盾而痛苦之意。可分為：無恩之刑、仗勢之刑、無禮之刑及自刑等。

1、無恩之刑：寅刑巳、巳刑申、申刑寅

命局地支見此之人，因其逢生旺、死絕之不同而有差異。逢生旺者，主人行事持重、不喜多言，清心寡慾且無情，為人忘恩負義而因此多遭受阻撓、挫折；親朋間的相處也多自私、少情義，終至不歡而散。

逢死絕者，則行事毀信背譽、薄情無義，可以叛主以求榮、賣友以求利，出生於貧困之家。

2、仗勢之刑：丑刑戌、戌刑未、未刑丑

逢生旺者，主人精神抖擻、意氣昂揚，氣勢豪雄且剛毅，個性耿介、率直，常直指他人的錯誤而遭至不滿，甚而會導致挫折或失敗，有不懼艱難困苦、愈挫愈勇的精神。

逢死絕者，主人形軀瘦弱，自私自利，乖戾奸詐，喜好搬弄是非，愛投機取巧，多為低賤宵小之輩，喜幸災樂禍、薄義寡情又好吃懶做，喜歡斤斤計較而自賤身分，有刑妻、損子之憂。

3、無禮之刑：子刑卯、卯刑子

逢生旺者，主人威嚴冷酷而不講情理，表情嚴肅，不顯露和氣生財、和靄可親的面容，讓人生畏，以致不敢與其親近。個性剛強、脾氣暴烈，凡事明察秋毫、不容敷衍，生性又精明幹練，讓人產生極大的壓力。

逢死絕之人，則品行不良，態度傲慢、無禮，行事輕忽、不穩重，心胸狹窄又惡劣刻薄，語多尖酸損人，無孝悌感恩之心，待人處事又是冷淡並無情，一心只為自己著想，不顧他人的立場。

4、自刑：辰刑辰、午刑午、酉刑酉、亥刑亥

逢生旺者，為人城府深沉又內斂、喜怒不形於色，內心陰險毒辣、常傷人於無形，外在行為處事又多卑劣無恥，性喜自滿自大、好大喜功。

逢死絕者，其陰險毒辣之心性更為加重，自身常遭致四肢手足傷害，甚而傷殘之災。

二、刑之吉凶

命中見三刑者，未必就可一概以凶禍論斷之，尚須看命局、歲、運之五行中，是否有吉辰旺相、官星、印綬、貴人、福德等吉神，如得此諸吉神相扶、相助，則刑不為害而反為有助益；但如無吉神相助，卻又見亡劫、空亡、羊刃、破耗、孤寡、喪門、劫煞等惡煞者，以惡濟惡，則其禍害難以言喻。所以氣象篇說：「三刑得用，威鎮三邊。」刑本不為吉，得用者必富貴聰明，不得用者乃孤貧凶夭；如何稱為得用，即是三刑有氣，日主剛強，無用反是。

辰午酉亥自刑四字全見，如又得吉神相扶、相助者，必是富貴並享、權得勢取之人；最為惡者，即是辰見辰、午見午、酉見酉、亥見亥，四刑自見，如若更有惡煞相併者，最是凶惡，恐遭陷害、不測災禍橫生。經云：「官刑命喜，莫教命反刑官；官印受刑，雖貴非戎即吏。」所以命中見有官星、印綬者，須用官印來刑命，若官印被命刑，則凶。

寅巳申或丑戌未並見，稱為「三刑逢沖」或「是循環三刑」，如命局的四柱與歲、運見有此三刑並臨者，因其刑剋者為生旺或死絕、為財官印貴或刃煞亡劫等之差異，就其在四柱管轄年限的不同，就會有不同的人事物之影響：

1、三刑如刑入年柱且不見合神，但該命歲運之時期非本人之年限（註）、運限者，如刑入之神為生旺、財官印貴等吉曜，則此期間其祖父母或父母親，將有升官發財等喜事發生；若刑入者是為死絕刃煞等凶曜者，其親長將有損耗破敗或是不測災禍之事臨身。如該時期是本人之年限者，如為吉曜，本人必是課業名列前茅、師長疼愛之人；但如為惡曜，本人除課業不理想外，也須防不測之災或是體弱多病之苦。

2、如刑入是月柱且不見合神，又不是本人之年限者，如為吉神之刑，此期間其父母或兄長必有喜事臨門；若刑入者是為惡曜，其父母或兄長必有禍事發生。但如是為本人之年限者，其吉凶將會應驗於本人的身上。

3、如刑入是日柱且不見合神，又不是本人之年限者，如為吉神之刑，此期間其太太將有喜事加身；如為惡曜者，即須防產厄、不測之災或是夫妻間易有婚姻的危機。但如是為本人之年限者，則其吉凶將會應驗於本人的身上。

4、如刑入是時柱且不見合神，又不是本人之年限者，如為吉神之刑，此期間其子女的課業成績必是理想，也多得師長的照顧；如為惡曜者，即有課業成績退步、身體多病，或是交上壞朋友之憂。如為本人之年限者，則其吉凶將會應驗於本人的身上。

5、三刑如逢合神，則其為凶、為吉之力量必將減輕，甚至於不明顯。另三刑之兩字不刑一字、一字不刑兩字，如見兩個寅字、一個巳字，則二寅不刑一巳；或是見一個丑字、兩個戌字，則一丑不刑二戌等，即不為刑論。

註：所謂年限，乃是古人將四柱分別給予一個管轄的期間，年柱管轄的期間為一歲到十六歲（※：筆者認為各柱管轄之年限應該多加兩年，故年柱管限應推至十八歲，餘此類推）、月柱管轄的期間為十七歲到三十二歲、日柱管轄的期間為三十三歲到四十八歲、時柱管轄的期間為四十九歲以後，例如本人在十九歲的時候，此時月柱就是管轄年限，而該年之命歲運三刑如又刑入月柱，即稱為刑入本人之年限。

沖之論說

天干與地支相隔七位，各均有相為對立之物，其彼此存在而相對之狀態，在天干稱為剋、戰、煞，在地支即稱為沖、衝，如子午對沖，甲逢庚為剋、為煞，以子至午為七數、甲至庚也為七數，所以先賢即以「七」為天地之窮數，陰陽之氣極也。地支相沖即是：子午沖、丑未沖、寅申沖、卯酉沖、辰戌沖、巳亥沖，又稱為六沖。

沖因為是兩強的剋戰，所以也可說是一個人內心裡產生強烈的自我否定、自我迷失的狀態，而引致外在會遭受不可憶測的橫禍，或是自我傷害、或是外力的損毀等。因其是十二地支相戰擊之神，大抵而言，都以凶禍論之為主，但是卻也有因沖而獲福者、而獲貴者……等，不一而足，這是由於其間有生旺死絕的分野，故地支在相沖之後也有富貴貧夭的差異。

1、六沖之影響也是以命歲運而言，如命局被沖之支神為喜用者，於該沖剋之歲、運期間，會有不測橫災之禍；如被沖之支神為忌用者，則命局反因沖而清，故於該沖剋之歲、運期間，必是升官發財、飛黃騰達之時。所以古歌云：「相沖法，吉象宜來沖我，凶象我欲沖他。」

2、兩支相沖以緊鄰之力最大；如係隔位相沖，其力必將減弱；若為年、時相沖，則幾可說已無沖之力。

3、相沖力量之強弱，除須考慮其本氣之外，尚須考慮得地與否之旺衰。如寅申沖，以本氣而言，申金可以沖剋寅木，但是如生於三春木旺之節，則衰金難以沖剋旺木，反而有木旺金缺之情。

4、古歌說：「寅申巳亥全、子午卯酉全，反成大格，不以衝擊論。」三盤賦說：「寅申巳亥兼全位至三公之列；子午卯酉皆備，位居一品之官。」所以命局如見四孟、四仲全者，不可即以沖論，如其喜用配合得宜，其人必是才學兼具、剛毅清廉，若再逢運助的話，常常會是一位風雲人物。

5、又說：「若辰戌丑未四庫所藏，為十干財官印綬等物，尤喜沖激。」以辰為水庫，內藏乙、戊、癸；戌為火庫，內藏辛、戊、丁；丑為金庫，內藏己、癸、辛；未為木庫，內藏己、丁、乙。此庫中所暗藏之物，如果是為日主的財官印綬且為喜用神，即喜沖出為用，否則以沖出為忌。今就四庫之於十干之財、官、印綬表列入下：

日干	墓庫	財星	官星	印綬
甲	未	丑、未	丑、戌	丑、辰
乙	戌	辰、戌	丑、戌	丑、辰
丙	戌	丑、戌	丑、辰	未、辰
丁	丑	丑、戌	丑、辰	未、辰
戊	戌	丑、辰	未、辰	未、戌
己	丑	丑、辰	未、辰	未、戌
庚	丑	未、辰	未、戌	未、丑
辛	辰	未、辰	未、戌	辰、戌
壬	辰	未、戌	未、丑	丑、戌
癸	未	未、戌	辰、戌	丑、戌

6、先賢說：「八字支中，刑沖俱非美事，而三合、六合可以解之。」此即說明會合可以解刑沖之意，如左例：

例一：

年　辛　巳　※年月柱本見巳亥
月　己　亥　沖，但因月日時
日　辛　卯　成亥卯未三合成
時　乙　未　木局，故化解了
巳亥之沖。

例二：

年　壬　午　※年月本見子午沖，
月　壬　子　但因月日見子丑
日　癸　丑　合，故化解了子
時　乙　卯　午之沖。

7、地支因其屬性之不同，所以不同屬性之相沖，也會有不同的影響：

（1）**子午沖**：一生多漂泊且不安定。身體上會有心悸、心臟無力、腎衰竭、生殖系統或是腸胃疾。

（2）**丑未沖**：在生活、事業上會多次的遭遇挫折或阻礙，以致事事不順。身體上會有痰飲、下痢、鼻子過敏、鼻竇炎，或是肺疾。

（3）**寅申沖**：感情豐富、易激動，喜好打抱不平、愛管閒事、富正義感。身體上會有便秘、頭脹痛、腦神經衰弱、偏頭痛、口乾舌燥、肝火大、膽疾。

（4）**卯酉沖**：心性及行事都不穩定，對朋友容易違約、失信，且會背叛親友，平生多憂多慮、奔波勞祿，須防有桃色的糾紛。身體上會有肝病、鼻竇炎、氣管疾、四肢筋骨痠痛、出汗、惡熱、胃病。

（5）**辰戌沖**：因消化系統不好，故有體弱多病、不長壽之徵。身體上會有腸胃病、皮膚病、泌尿系統疾病、惡寒。

（6）**巳亥沖**：急公好義、富正義感，喜好照顧他人、幫助弱小，也喜好打抱不平、愛管閒事，注重朋友之情誼。身體上會有尿酸、尿毒症、糖尿病、高血壓、中風、腎虧、上吐下瀉、脂肪肝、肝風。

（7）**年月沖**：會有離鄉背井往外地發展，並定居他鄉的情形。

（8）**年日沖**：妻與公婆有不合的情形。

（9）**月日沖**：須防夫妻不和或離異的情形。

（10）**月時沖**：與子女不和或有損子的情形。

（11）**沖空亡**：福轉為禍、禍轉為福。

（12）以上之沖如有逢合，其力會減弱，甚至於會化於不存在。

8、地支又因其所代表十神（又稱六神）屬性的不同，也會有不同的影響：

（1）**官星逢沖**：男命一生在職場上難以有大成就、有損子之徵；女命則是夫運不揚、婚姻易生波折，或是傷夫之象。

（2）**財星逢沖**：一生多奔波勞祿，難以享福，有多次破財之象。盡量勿為投資或投機之理財事宜。

（3）**食傷逢沖**：幼年易有父母早逝之情形。男命在事業上會有多成多敗、起起落落之徵；女命會有生殖系統方面的毛病，及損子之憂。

（4）**印星逢沖**：與父母親的感情較疏遠，較不得父母親的疼愛。

（5）**比劫逢沖**：兄弟姊妹在事業上會遭受一次重大挫敗，且也會有離鄉發展之象。

會之論說

「會」，就是三會方的意思，也就是說氣聚於一個方位的意思，可分為：寅卯辰三會東方、巳午未三會南方、申酉戌三會西方、亥子丑三會北方。

1、三會方在地支中須三個字齊全，才可成立，否則不以會論。成三會方時，雖中間或旁邊見一沖字、見一合字，或是又見一會字，仍以三會方論，不以沖論、不以爭合或妒合論。三會方的力量大於三合局的力量。

2、三會方所成之五行，其所代表之六神含意，仍以日主為主、為論斷之依據，如日主為甲乙木，地支見申酉戌三會成金方，此時即以三會官煞方論之；又如日主為壬癸水，地支見巳午未三會成火方，此時即以三會財方論之。

3、三會方所成之六神如為命局的喜用神，則其為吉神的力量倍增；若為忌用神，其為惡、為凶的力量也是倍增。

4、命局見三會方之人，其個性通常是典型的個人主義型，討厭刻板、單調或死氣沉沉的生活，不喜歡八股、陳規陋習的環境，喜歡以自己具有獨特的敏銳嗅覺，去感受、解釋並組織生活中的經驗，將其重新詮釋，使周遭的一切事物讓人有一種特質，以及煥然一新的感覺。

合之論說

「合」，可以說是一種團聚、一種連結，是一種彼此間有互相關連的五行，緊密且有情的結合在一起，而產生一股強固的力量。不管合的結果是為日主的喜神或是惡曜，在命局中都具有一定的影響力，至於其影響力的大小，就看合的情形是否緊鄰、是否被沖剋、是否爭合等而分別論之。

「合」，因其干支屬性的不同，可分為：天干五合、地支六合、地支三合等三種，今分述如後：

一、天干五合

命學名著三命通會說：「夫合者，乃和諧之意。如陽見陽，二陽相競，則為剋；陰見陰，二陰不足，則為剋；若陰見陽、陽見陰，為合，亦如男女相合而成夫婦之道焉。易曰：一陰一陽之謂道，偏陰偏陽之謂疾，是也。」所以天干五合，乃是陰陽相合而有情之意，其內容則為：甲己合化土、乙庚合化金、丙辛合化水、丁壬合化木、戊癸合化火。

1、天干五合之特性

1、甲己合：化土，又稱為「中正之合」。命局見此合者，如生旺有氣，主人地位尊貴崇高受人尊敬，具有相當大的權勢及影響力。本人有著參天之志、自信而高昂，待人處事寬大為懷，有厚道的心胸及平實樸直的個性，不和稀泥、不推衍搪塞。

如為死絕無氣且帶煞者，其人必是心胸狹小，常會怪罪於他人，對人充滿怨恨、不滿，動輒發怒、暴跳如雷，個性過於剛硬、頑強，不懂得為人處事的屈伸之道，得理又會不饒人。

2、乙庚合：化金，又稱為「仁義之合」。命局見此合者，如生旺有氣，主人行事勇敢果斷又能任事有為，操守清廉而不貪不取，對人不妖言惑眾，也不阿諛奉承，以仁德之心做為周旋事理之基，以道義之理做為得失進退之據，面容必是清秀俊雅，體形也是秀逸輕盈。

如為死絕無氣又帶煞者，其人必是好勇鬥狠、意氣用事，形容枯槁且體貌不揚，因自卑感而引起的自大狂，常自以為是，對他人則是多所批評，口舌是非搬弄不斷，毫無一點君子的器量。就甲己合、乙庚合，以女命而言則不忌。

3、丙辛合：化水，又稱為「威制之合」。命局見此合者，如生旺有氣，主人氣宇軒昂、儀表威嚴且肅穆，人人見之多生敬畏及戒慎恐懼之心。

如為死絕無氣又帶煞者，其人必是生性殘酷惡毒，行為處事喜歡收賄，也喜歡賄賂他人以求打通關節，喜淫好色而容易流連於聲色場所，對人寡恩少義，是一忘恩負義又無情之人。女命如見此合又與空亡、大耗、桃花相併者，其外貌雖美，但卻是聲名敗劣，如地支又見三合局者，必是妖豔淫蕩、不知恥。

4、丁壬合：化木，又稱為「淫暱之合」。命局見此合者，如生旺有氣，主人眼目光亮清澈，帶有嬌柔妖媚的神態，生性風流多情又貪玩樂，無高潔羞恥之心、也無昂揚的雄心大志，一生只喜歡耽溺於風月酒色之中，不管是對自己之人或是對他人，都是貪吝之輩。

如為死絕無氣或帶煞，又見桃花、大耗、空亡併臨，坐下十二運為自敗者，其人必因淫蕩寡恥而會有污辱、敗壞家門聲譽的醜聞，喜歡結交親近小人，卻會侮辱輕蔑正人君子，一生也是貪婪無度又胡作非為，直到其滿意、獲勝為止。

女命見此為忌用神者，有淫邪奸慝的行為，易挑誘他人，也易受人誘騙而遭受玷辱，婚姻上或是年高嫁少夫，或是年幼配老夫，有可能是先賤後良，也有可能是先良後賤。

5、戊癸合：化火，又稱為「無情之合」。命局見此合者，其人容貌或美、或醜。如日主為戊土，得癸水來合，男命必是俊雅清秀且衣冠楚楚，而得以迎娶美嬌娘；女命必是體態嬌媚又有神韻，也可嫁個斯文有禮之丈夫。若日主為癸水，見戊土來合，男、女命必是未老先衰，容貌古拙憔悴，似一樵夫俗子，或是一風塵之女，男必娶老妻、女將嫁老夫。所以經云：「戊得癸合，少長無情是也。」

2、五合之力量

1、合者，貴乎得中和而不偏倚為美，如一甲得一己，各乘生旺之氣即是。兩干相合又以位置緊臨之合力大、隔位之合力小，如日時、日月緊臨之合力，大於日年、月時之合力；如為年時之合，為遙合，其合力幾可不論。

2、四柱之合，以日干合月干或時干之力最美，也最為有力，稱為有情、團結之合。除日干外之年、月、時干，見兩干相合後，是否化氣，須視月支及是否成三合局而定。年甲、月己合，生於辰戌丑未之四季月，則甲己可合而化土，合化後，其原來干神即失其本性，如甲即失其木之性，而以土性論之；但如生於其他月，則須視其對五合之影響如何而論，如不能化，即以合而言，其原來干神之本性未喪失，但其力量已減弱，如甲己生於寅月、地支又不見旺土，此時甲己只論合、不論化，且其甲、己本性之力量已減弱。

3、兩干相合之時，又另見其中一或二字來合者，稱為爭合；如甲己合，另外他干又見一甲字或一己字來合者，即是。

例一、爭合：　※月、時見兩丁

年　辛　巳　合日壬，此時

例二、爭合：　※年、月、時見三

年　庚　辰　庚來合日乙，此

月　丁　未　　兩丁即成爭合
日　壬　午　　的情形。
時　丁　未

月　庚　辰　　時三庚即成爭合
日　乙　未　　之象。
時　庚　辰

4、另又有一種爭合卻成合去之象，也就說是年、日同干，爭同去合月干，此時月干會先去合年干，不來合日干之意。合去之情必向他，而不向日主。

例一、爭合成合去：　※年、日干見二辛去爭合月干丙，
年　辛　巳　　此時月丙會先去合年辛、不去合
月　丙　申　　日辛，故稱合去。
日　辛　酉
時　己　亥

5、兩干相合之間，夾雜一干之字為同屬性、不同陰陽五行者，則稱為妒合；如甲己合，中間夾雜一戊字、或乙字，即是。爭合、妒合雖說到底終有合意，但其情已不專矣，所以爭合、妒合之力也必會減弱。

例一、妒合：　※年、日見丙辛
年　辛　巳　　本成五合，唯
月　丁　酉　　月干見丁火出

例二、妒合：　※月、時見乙庚本
年　甲　戌　　成五合，唯日干
月　乙　亥　　見甲木出干，乙

日 丙 戌　干剋去辛金，
時 甲 午　故成妒合之象。

日 甲 辰　從甲化，故成妒
時 庚 午　合之象。

6、如干成五合，而另一同屬性之字是在隔位之處，即不構成爭合或妒合之象。

例一：

年 丁 丑　※日、時見壬丁成五合，雖然
月 丙 午　年干也見丁火，
日 壬 寅　但因隔月干，
時 丁 未　故不論爭合。

例二：

年 丙 子　※年、月見丙辛成五合，雖然時干
月 辛 丑　也見辛金，但因
日 癸 丑　隔日干，故不論
時 辛 酉　爭合。

7、相合之兩干間，如夾雜一剋字，即不得以五合論，此剋字須剋陽干之字才有力。若夾一洩字，則五合之力量減輕。

例一、夾一剋字：

年 丁 丑　※年、日丁壬原成五合，但因
月 癸 丑　月干癸水出干
日 壬 子　剋丁火，故不
時 乙 巳　以合論。

例二、夾一洩字：

年 戊 寅　※月、時丁壬成五合，但但因日干
月 丁 巳　己土洩化丁火之
日 己 酉　力，故五合力量
時 壬 申　減弱。

8、男、女命之日干與他干成五合之影響：

（1）男、女命見財星合日干者，由於財星都為正財，所以一生財運平順，善於理財、精打細算，不奢侈或吝嗇，用其所當用、省其所當省；夫妻感情好，可結伴終生。

（2）男、女命見官星合日干且為喜用者，在事業上都能平步青雲、多得貴人之助力，也都能位居要職而掌權；在行事作為上也都能奉公守法、按部就班，對人謙讓有禮又知禮達義，婚姻生活也甚為美滿；如為忌用神者，則行事上較無魄力，凡事考慮過多、畏首畏尾以致喪失先機，易發生不測災害，女命又恐會受丈夫之累。

（3）男命見年、日干爭合月干之財星，或是女命見年、日干爭合月干之官星者。因為財星又為男命的妻星、官星又為女命的夫星，如命局見有此種爭合情形的話，他們在月柱管轄期限之時，必會有感情上的挫折，因此就婚姻而言須以晚婚為宜，且以日柱管轄年限之時或以後最為適宜。

（4）男命如見兩個以上財星爭合日干，或是女命見兩個以上官星爭合日干，命局見此爭合者，由於他們的異性緣會特別好，故不管男、女都要潔身自愛，以免因感情之事而惹了一身腥，或是婚後因婚外情之事，以致婚姻走上破裂之途。

9、十干合之化與不化，逐月橫看其象：

五行＼月令	寅月	卯月	辰月	巳月	午月	未月	申月	酉月	戌月	亥月	子月	丑月
甲己	木盛不化	不化	正化暗秀	無位	不化	木庫不化	化土	不化	正化化土	藏木化木	化土	正化化土
乙庚	化金	化金	成形	金秀	無位	金伏不化	正化化金	進秀	火庫不化	化木	化木	次化化金
丙辛	不化	水氣不化	化水	化火	端正不化	水衰不化	進秀學堂	就妻化金	火庫不化	化水	正化化秀	不化
丁壬	正化化木	化木	木衰不化	化火	化火	木庫化木	化木	不化	火庫化火	化木	化木	金庫不化
戊癸	次化化火	化火	火漸化火	正化化火	發貴化火	陰生不化	水相化水	衰薄	火庫化火	化水	化水	化火

二、地支六合

三命通會說：「合者，和也，乃陰陽相和，其氣自合。子寅辰午申戌六者，為陽，丑亥酉未巳卯六者，為陰，是以一陰一陽和而謂之合。」所以地支六合也是陰陽相合、夫妻相合，內部團結之合、有情之合。至於六合則是：子丑合、化土，寅亥合、化木，辰酉合、化金，巳申合、化水，午未合、化火（一說化日月）。

1、天元變化書說：「子合丑，福輕；丑合子，福盛。寅合亥，福清；亥合寅，福慢。戌合卯，福虛；卯合戌，福厚。辰合酉，福虛；酉合辰，大利。午合未，福慢；未合午，大利。巳合申，福慢；申合巳，官氣盛。男子忌合絕，女人忌合貴。」

（1）所說的合，是以日支為主，如巳合申、福慢，這是指日支為巳，見他支之物申來合而言。

（2）男命忌合絕：如丙火絕於亥，日柱若為丙寅，則忌見它支有亥來合寅，即是。

（3）女命忌合貴：所說的貴是指天乙貴人之意，因女命如見合多及天乙貴人多見，表示其人緣好、交際手腕高，恐有流於交際、煙花之女。例如甲木以丑、未為天乙貴人，則日柱為甲子、甲午，忌見他支有丑、未來合，即是。

2、兩柱並見天干五合及地支六合者，稱「為天地德合」或是「鴛鴦合」，尤其是合於日主者最吉。此合局如在同一旬內，例甲戌合己卯，或是甲辰合己酉，為君臣慶會，主人忠貞體國、尊親體下，生性耿介而守法。如在兩旬之內，例甲子合己丑，或是甲午合己未，為夫妻聚會，主人重情重義、有為有守，生性達觀而富創意。

3、地支六合，同樣以兩支緊鄰之力量最大，隔位之力量減弱。隔位之合中夾一沖字，或是為年、時之合，已無合力，即不以合論。

4、地支如成六合，可論化。以化神之五行來論斷其為命局之喜、忌神，其各支原來五行的影響力就相對減弱甚多。又支中如見兩支合一支，也稱為爭合，詳天干之論。

5、男、女命如見地支中的財星或是官星被合去，則在感情或婚姻上多會有挫折、不如意之情形，在財務上也多奔走；男命在事業上也多起伏，或是多見他人爭權奪利的情形。

三、地支三合

徐樂吾說：「三合者，以四正為主；四正者，子午卯酉。木生於亥、旺於卯、墓於未，故亥卯未合木局。火生於寅、旺於午、墓於戌，故寅午戌合火局。金生於巳、旺於酉、墓於丑，故巳酉丑合金局。水生於申、旺於子、墓於辰，故申子辰合水局。」三命通會說：「五行不言土者，四行皆賴土成局，萬物皆歸藏於土故也；若辰戌丑未全，自作土局論。」由此可知三合局的構成要素：

1、三合以子、午、卯、酉四正為中心。見三支全為全局；如只見兩支，須其中一支為四正之支，才得以成半三合，否則不以合論；如地支見寅午、午戌、巳酉、酉丑、亥卯、卯未、申子、子辰等，為半三合；但地支如見亥未、巳丑、寅戌、申辰等，因不見四正之支，故不以合論。

2、三合局雖須見四正之支，才得以成立，但是如果天干或地支見有合局之旺神者，也可以合局論之。如：

（1）柱見寅戌、不見午，但干見丙、丁，或是支見巳，即以三合火局論之。

（2）柱見申辰、不見子，但干見壬、癸，或是支見亥，即以三合水局論之。

（3）柱見巳丑、不見酉，但干見庚、辛，或是支見申，即以三合金局論之。

（4）柱見亥未、不見卯，但干見甲、乙，或是支見寅，即以三合木局論之。

3、三合局不管為全合，或是半三合，如支中又多見一合字，則論以強化三合局的力量，不做爭合論。如地支中見午戌合，另外又見一午字或戌字，即是。

4、三合局不管為全合，或是半三合，若支見一沖字，而合局被沖之字恰為四正之字又為緊鄰之沖者，此時即不以合局論；但若沖四正為隔位之沖，或是非為四正之字被沖者，或是沖中逢合，乃以合局論之，唯其合力已減弱。

例一、三合逢沖：

年　己　卯

月　癸　酉

例二、半三合夾沖：

年　壬　午

月　壬　子

例三、半三合逢沖：

年　丁　丑

月　庚　戌

日 癸 未
時 癸 亥

日 甲 寅
時 己 巳

日 壬 辰
時 丙 午

※此三例因四正之旺字均緊鄰逢沖，不管其為夾沖或旁沖，都不以合論。

例四、三合隔沖：

年 癸 酉
月 乙 丑
日 乙 卯
時 戊 寅

例五、半三合隔沖：

年 戊 寅
月 戊 午
日 癸 巳
時 甲 子

例六、非四正字逢沖：

年 壬 申
月 甲 辰
日 甲 戌
時 甲 子

例七、沖中逢合：

年 乙 亥
月 戊 寅
日 壬 申
時 庚 子

※此四例乃為四正旺字隔位逢沖，或是非四正旺字逢沖，或是沖中逢合，故仍以合論，唯其力量減弱。沖中逢合，不管為三合或是六合，均可解沖，也可解刑。

5、因辰、戌為陽土，丑、未為陰土，所以三合局之申子辰三合為陽水局、寅午戌三合成陽火局，巳酉丑三合成陰金局、亥卯未三合成陰木局。據此，日干因三合局之不同，其所形成之十神也會不同，今列表如後：

日干＼三合局	申子辰陽水局	寅午戌陽火局	巳酉丑陰金局	亥卯未陰木局
	十神（又稱：六神）			
甲木	偏印	食神	正官	劫財
乙木	正印	傷官	偏官	比肩
丙火	偏官	比肩	正財	正印
丁火	正官	劫財	偏財	偏印
戊土	偏財	偏印	傷官	正官
己土	正財	正印	食神	偏官
庚金	食神	偏官	劫財	正財
辛金	傷官	正官	比肩	偏財
壬水	比肩	偏財	正印	傷官
癸水	劫財	正財	偏印	食神

6、先賢說：「凡三合入命，主人形容姿美，神氣安定，好生惡死，心地平實，周旋方便，聰慧疏通。」由於三合是結合三種不同的五行而成一個局，具有團結、凝聚之意，所以命局見此之人，他們在心性上也會有不同的表現：

（1）寅午戌三合火局：屬行動派的。具有旺盛的精力，行事快捷、迅速，不喜歡拖拖拉拉的行為處事，有滿腔的熱情；個性上有其猛烈、強硬的一面，也有其活潑、明朗的柔性；事業上有旺盛的企圖心，說做就做。在生活、事業上一旦碰上挫折，其所採取的行為反應，總是很激烈而出人意外，甚至於有兩敗俱傷、玉石俱焚的結果。

（2）亥卯未三合木局：屬心智派的。具有高超的品行、操守，常存參天之志，淡泊於名利的追逐，心胸開闊、不與人計較；思想上因能超脫於俗世的框架，故具有遠見的視野，且由於追求理性、邏輯的探討，因此在藝術創作及科學探討上，都能有良好的表現。

（3）申子辰三合水局：屬感性派的。頭腦非常的聰明，機靈巧變、善於運用謀略，個性上會有極端的反應。柔情時，可琴棋詩畫通通來，對人也是殷勤相待、全心付出，多情而有禮，可說是愛之欲其生的表現；為堅強、無情時，常是笑裡藏刀的情形，加諸於人的傷害乃是一波接著一波而來，不會心軟，可說是惡之欲其死的代表。

（4）巳酉丑三合金局：屬實務派的。具有剛毅、堅強的個性，能接受一切困難的挑戰，也會去克服困難，並開創一番新局面。凡事講求實際，有科學的精神、聰敏的智慧，不喜歡天馬行空的理論及草率的行為，積極、要求有效率的辦事能力；為人也是光明正大、無偏無私，對朋友講義氣、重感情。

7、三合局因其合局之神煞的不同，也會有不同的影響：

（1）三合死絕者：主人有為，但不曾遂意；威武不重、精神委靡不振。常招人鄙棄輕視，毫無志氣且氣量狹小。自我毀詆、作賤自己，喜結交小人、排斥君子，一生多是庸碌度日，無法開懷暢意。

（2）三合建祿者：多得橫財之福，也多享名聲之譽。

（3）三合正印、貴人者：一生多得貴人的提攜之福。

（4）三合元辰、大耗者：為人無禮貌，常言不及義又濁劣，喜歡道人長短、毀人聲譽，對正人君子也多侮辱、傲慢，一生會有多次破財的際遇。

剋之論說

剋，乃是指天干五行相制之意，也稱為「相戰」。天干相剋可分別為：陽干之剋，如甲剋戊、戊剋壬、壬剋丙、丙剋庚、庚剋甲等；陰干之剋，如乙剋己、己剋癸、癸剋丁、丁剋辛、辛剋乙等。

1、相剋之力仍以兩干緊鄰之剋力最大，隔位之剋力減弱；但如果為年、時干的遙剋，已無剋力故不以剋論。

2、兩干相剋以陽剋陽、陰剋陰，為同性相剋、無情之剋，其剋力大且真。如為陽剋陰、陰剋陽，為剋合之剋、有情之剋，其剋力甚弱，多做合論，實乃是以相剋之名而行遷制之力，並行五合之情。

3、兩干相剋，原則上雖是甲勝戊、戊勝壬……等，但還是要考慮到五行生旺休囚的季節，其情形如同地支之沖，故雖說戊土能剋壬水，但如見水旺，或是生於亥、子水旺之月，則反成水旺土崩的情形。

4、支合能解沖，同理，干合也能解剋，故相剋之兩干如見有一合字，不論該合字是位於兩旁或是夾於兩剋干之間，也不論該合字是合剋字，或是合被剋字，均做合論，而得以解沖。

5、相剋之兩干，中間如夾一化干，此時也不以剋論。

例一、夾一合干：

年　壬　午
月　癸　丑
日　戊　子

※日戊原本剋年壬，唯中隔月癸合去日戊，此即為貪合忘剋，不以剋

例二、夾一化字：

年　辛　巳
月　癸　巳
日　乙　亥

※辛乙及癸丁原本相剋，今見癸化辛、乙化癸，而成貪生忘剋，故

時　乙　卯　論。　　　時　丁　亥　也不以剋論。

6、與支沖的情形一樣，如被剋之干是為命局的喜用神者，當然對命局會有不利的影響；如被剋之干是為命局的忌神用者，則格局反清，此即是所謂的去病為貴之理。

7、相剋之兩干中，如其中有一干為日干者，則另外之他干，不管其為剋干，或是為被剋干，其為善神或為惡曜，端視日干而定，如為喜用神，即為善神；如為忌用神，即為惡曜。

※子午卯酉沖：為地域之沖，即居住地之變遷，但職業不變。

辰戌丑未沖：為職業之沖，即居住地不變遷，但職業變動。

寅申巳亥沖：為職地之沖，即居住之地及職業均有變動。

第十一章

四柱與六親的論斷

珞琭子消息賦說：「觀乎萌兆，察以其原，根在苗先，實從花後。」先賢乃以年為根、月為苗、日為花、時為果等，為四柱之譬喻；以父母、兄弟、夫妻及子息等，為六親之總稱，並以十神分配六親，其中以正、偏印論父母，男命以正、偏財論妻室，女命以正、偏官（七煞、七殺）論夫星，以比肩、比劫論兄弟姊妹，以食神、傷官論子息。

八字命理學就四柱所居宮位及管轄年限的不同而賦予不同的稱謂，以年柱為祖輩宮及父母宮的代表、月柱為父母宮及兄弟姊妹宮的代表、日柱為夫妻宮的代表、時柱為子息宮的代表。所以命局如見喜、忌用神居於年柱，即說祖上為興隆富貴、多得祖蔭，或是殘敗凋落、不獲祖福；如見喜、忌用神居於月柱，即說雙親富貴顯達，兄弟姊妹多騰達輝煌，本身多受庇蔭幫助、得遺產，或是雙親困苦奔走，兄弟姊妹多起伏，本身不得助力；如見喜、忌用神居於日柱，即說配偶顯貴、賢淑、得財得力、伉儷白首，或是夫妻離異、不得助力；如見喜、忌用神居於時柱，即說生養孝順扶家的子女，子女多出人頭地，或是家出不肖子孫、敗家喪德。

事實上，雖以四柱為六親的論述，但是整個命局的好壞、格局的高低，乃須參看十神及大運。如看父母，除以印綬及年、月柱論斷外，還須參看早年的歲運；看兄弟姊妹，除以月柱、比肩、比劫論斷外，還須參看早、壯年的歲運；看夫妻，除以官、煞、財星及日柱論斷外，還須參看壯、中年的歲運；看子息，除以食神、傷官及時柱論斷外，還須參看中、晚年的歲運。

以上的四柱、歲運論斷六親之吉凶、起伏，僅是就本人的命局為一個涵蓋性的論斷，如想要有更正確的論說，還是需要以該六親本人的命局來推論，方可。

年柱與祖上、父母

我國在以前的農業社會時代，非常的重視祖先的源流及脈絡，所以每一個地域均有其紀念及傳襲祖先事蹟的方法，如祠堂的祭祀、族譜的記載、門匾的懸掛等，都是代表著對祖先一種慎終追遠的緬懷及孝思，也向自己及後代子孫告知其所源出的脈系。

然而現在由於時代、社會快速的變遷，家庭結構也由以往農村社會的大家庭，轉變成為現在工商社會的小家庭，也因為工商社會講求時效及競爭的壓力，致使現在的社會大眾對祖上的追思及探源，已不像以前那麼的重視。

尤其是現在台灣與中國大陸又處於分治的局面，很多在民國三十八年隨國民政府遷台的人士，當筆者與其本人或是子女論命，在推論其祖上時，有些還能知曉其祖上一些事情，大部分根本都無從知曉，這或許可說是一種大環境的因素吧！

欲推論祖上的興盛衰敗，須以年柱為論斷的依據。這是因為人類是一脈相傳的，仙逝的祖先在生前之時，將其遺傳基因傳給下一代，死後則以其遺骨的骨波感應，會影響到其後世子孫的興衰，這也是我國自古延襲至今的風水堪輿之說。

明通賦說：「年見正官、正印、正財，無破，必承祖蔭傳芳。」以年柱而言，年干乃是祖輩宮的代表，年支則是父母及祖墳、田宅宮的代表。年為君、為太歲、為出生貴賤的主宰中心，管轄之年限為一歲到十六或十八歲。

所以年柱如見財、官、印無破，且為喜用神者，大都主祖上富貴顯達、豪門宅地，或得祖上的福蔭；如年干為喜，多承蔭祖輩之福德及聲譽；年支為喜，則主多得祖產，或是得祖墳之蔭庇。若是見年柱為忌用神者，祖上多主寒薄、祖業凋零，或是遠離家鄉至他地求發展；又或年柱見死、墓、絕，或逢沖剋者，都主祖業虛花，或祖上雙親不壽。

父母者，乃生身之根本，是以歲月所關，知其興替之不一，因此就父母之論斷，乃須年、月並論，且以月柱為重，又須兼論及印綬，同時參論幼年之運，才得能驗證而無誤。

月柱與父母、兄弟

繼善篇說：「取用憑於生月，當推究於淺深。」千里馬說：「年月官星，早年出貴。」以月柱而言，月柱干支都為父母宮、兄弟宮的代表，月支又為事業宮、官祿宮的表徵，並以印星為父母親，比肩、比劫星為兄弟姊妹的代表。月柱為臣、為提綱、為命局的樞紐、為我所從出之地，為一生福禍成敗、命局高低的機關處，管轄年限為十六或十八歲到三十二或三十六歲。故如見年柱逢官印者，知其幫父母興家；年官、月印，日主喜官時日逢財，出生富貴、守成之命。總言之，財官印綬出現於年、月柱且為日主所喜用者，父母不貴亦富；如為日主所忌諱者，父母不賤亦貧。

就柱與十神星曜而言，柱乃是指品質條件及環境而言，十神星曜則是指幫助力及關係深淺、好壞而言。故如見月柱為喜用神，但是印星或比劫星為忌神，即可說父母或兄姊弟妹本身品質條件好，或是出生的環境佳，但是對日主而言卻無任何助力，或是關係疏遠；其他四柱及星曜與日主的關係也同此論。

依筆者之經驗，月柱以父母親來論斷好壞，較論斷兄弟之吉凶，來得準驗；但若月柱見有比肩、比劫星者，其以兄弟為論斷，則又準驗無誤。今就月柱上有關父母及兄弟影響的吉凶好壞，論述於後：

古歌云：「陽干偏財為親父，若見劫財定有傷。母以印星端的是，如逢財旺必相傷。陰干正財論作父，但逢比劫也刑傷。梟神偏印為偏母，若遇偏財母早亡。」「月上刑沖損雁行，到頭兄弟少成雙。除非彼此相逢硬，終始猶如石上鎗。干頭生旺弟兄殃，棠棣虛華少艷妝。若是支干遭鬼煞，更兼受剋豈堪當。」

一、父母

1、月柱父母宮、兄弟宮為喜用者，主父母親或兄弟之條件好、品行修為佳，家境優渥、環境好，本人並得父母或兄長之疼愛、弟妹之敬仰。

2、印星或比、劫星為喜用神者，主多得父母或兄長的幫助，或是與他們關係良好、多有往來。

3、月柱見財星坐長生、建祿等旺運，或是臨貴人、不逢沖剋者，主父母富裕發達；見官印星者，主父母貴顯、榮達。

4、月柱見正官被他柱傷剋者，主父母多病或刑災、官訟。

5、月柱坐食神無破或坐建祿，主父母有福貴之相、為人溫和，財產豐厚。

6、月柱坐吉神、貴人，主父母優雅、高尚，一生事業亨通。

7、月柱為偏官坐喪門、吊客等惡曜，主早年剋父或父母多病災。
8、月柱為財星（父星）或印星（母星）坐建祿帶驛馬，主雙親往外鄉謀利、求取功名。
9、月柱財星薄弱被剋，主父母家貧及不得資產。
10、月柱偏官或帶羊刃，主雙親性暴、不合。
11、月柱印星被沖，主父或母親短壽，或是體弱多病，本人不得父母緣。
12、月柱財星或印星坐孤辰、寡宿，主父或母親孤獨、不合；坐華蓋，主父或母聰穎，但孤獨。
13、月柱食神被他柱偏印剋制，主父母瘦小或體弱多病。
14、日主弱，以印星為喜用神並生助日主元神，主受父母親幫助，多得父母親的寵愛。
15、印星坐長生、冠帶、胎、養，主母親多健康、仁慈，平易近人。
16、印星坐建祿、帝旺、墓，主母親多精明幹練、精打細算或刻薄。
17、印星坐吉神、貴人，主母親多半較有榮華之機會；反之，坐凶煞、惡神，則母親多半勞苦、有凶災。
18、偏財坐長生、冠帶、建祿、帝旺、吉神貴人等，主父親富貴顯達且長壽。

19、偏財臨偏官，主父親一生多成多敗，漂泊他鄉而終老。

20、偏財、印星坐沐浴或桃花，主父母多情，注重外在之打扮，善於交際。

21、印星坐墓絕，帶羊刃逢刑沖破壞，主母親體弱多病、傷殘或早夭。

22、用神在月柱者，主多得父母厚蔭、助益，或是父母富貴榮達。

23、財、印兩失，主父母早夭、早別離，或是不得父母之力。

24、年柱偏官無制、為忌用神，主祖業飄零或是父母早夭。

25、四柱見財多且破印者，主母親多病或再嫁。

26、四柱見比肩、比劫星多且剋奪財星者，主父親不利或傷亡。

27、印星透出天干者，主母親掌家權；財星透出天干者，主父親掌家權。

28、日主喜官、時日逢財，或是日主喜印、時日逢官，本人必勝祖強宗。

29、日主喜官、時日逢傷，或是日主喜印，時日逢財，本人必敗祖辱宗。

30、年傷月印，日主喜印，時上遇官者，知其父母創業有成。

31、年印月財，日主喜印，時上遇官者，知其父母破敗；時日逢印者，知其自創成家。

32、年傷月劫、年印月劫，日主喜財，時日逢財或傷者，本人出身寒微，自己創業之命。

33、年劫月財，日主喜財，遺產豐饒；日主喜劫，本人清高貧寒。

34、年官月傷，日主喜官，時日逢官，本人必為承家繼業之子；時日遇劫，本人必為破家敗德之輩。

※此財、官、印、比、食、傷等十神彼此間的生剋關係，請讀者再參閱前述第五章、第56～58頁。

二、兄弟

1、以月柱為兄弟宮，比肩與比劫星（下稱比肩劫）為兄弟星，依其為喜、為忌而論斷吉凶禍福。

2、兄弟宮（即月柱）所棲十神為喜用神，主兄弟條件好、品行高尚，手足和樂；若為忌用神，主兄弟品行不佳、生活條件差，手足不睦。

3、兄弟星（即比肩劫）為喜用神，主兄弟手足幫助大，感情良好，多有聯絡；為忌用神，主兄弟手足毫無助力、感情平淡，甚至會受其拖累。

4、兄弟星如近日干（位於月干、時干或日支），主與本人關係密切、影響大，如為喜用神，則幫助大；若為忌用神，則拖累多。反之，如遠離日干，則關係疏遠、影響小。

5、依比肩劫星及月柱坐下十二運、吉神、惡曜，及四柱十神配置等，推論兄弟姊妹之運勢、富貴貧賤、榮達困頓及性情心境。

6、命局如比肩劫星不見，但為喜用神者，主平輩、同儕如朋友、同事、合夥人等，助力多、影響大，然而其兄弟姊妹之助力反而小，或是不明顯。

7、比肩劫星坐吉神、貴人，主兄弟手足較有發跡榮顯的機運；如坐凶神、惡曜，則兄弟多奔波勞苦、多災多難。

8、月柱為偏官格、或是命局見偏官旺盛之人，大都為長子命，要不就是本人在家的行事作為，有如長子、老大的作風及表現；與朋友的交往中，要當老大的慾望也極為強烈。

9、兄弟宮或比肩劫星逢刑沖，主兄弟品行不良，一生多破敗、多飄零，兄長不合、手足緣薄。

10、比肩劫破壞喜用神，主一生多受兄弟之拖累。

11、偏官旺剋兄，正官旺傷弟。

12、比肩劫星坐羊刃，主兄弟不睦，在該柱管轄年限中，兄弟會有災難事生；坐浴、桃花，主兄弟風流；坐華蓋，主兄弟聰穎，但孤獨；坐長生，主兄弟身健、高壽；坐建祿，主兄弟富貴容顯；坐將星，主兄弟官運亨通、掌權勢；坐天月德，主兄弟生性善良、仁慈，多得貴人之助力。

13、喜用神在月柱，主兄弟有情有義、助力多；如被它柱合會而成喜用神者，主受兄弟及其朋友的相助之力；如合會成閒神者，主兄弟感情多像外人；如合會成忌用神者，主受兄弟及其黨友之拖累而破敗。

※本節所說比肩、比劫星除了指兄弟之外，也包含姊妹在內。

日柱與夫妻

俗語說：「十年修得同船渡，百年修得共枕眠。」男女兩人或有親戚關係、或互無關係，彼此認識、或互不認識，因主客觀環境的種種因素，由相識、相戀、相愛，進而走入紅地毯的另一端，共結連理為夫妻，彼此都期望此生、此世能永遠的廝守一起、白頭偕老。然而，很多事情總是事與願違，原本是天成的一對佳偶，不出多久或數年卻成一對怨偶，終而離異、各自分走東西，真是嘆造化之弄人。這或許就是我們常說的命也、運也，一種既感慨又無奈之語。

因此，如果能提早從命局推知男、女命之是否宜早婚或晚婚、或不婚，而給予一客觀的分析及建議，或許這世上就會減少很多怨偶，相對的也會減少很多的問題家庭，進而降低社會問題的產生。所以說命理學如果能夠論斷正確無誤的話，對社會也是有一股匡正的力量。

就命局而言，以日柱為夫妻宮、相貌宮、財帛宮及遷移宮的表示，以官、煞星為女命的夫星，以正、偏財星為男命的妻星，視其所臨之位為生旺或是衰墓，並參合歲、運，以為吉凶分合的論斷。

古歌說：「羊刃重重見剋妻，女犯傷官夫早離。男與財星妻便是，女與官星夫便知。男子比肩或再娶，女人切忌賤無疑。見財見印反為貴，財旺生官聚法知。」

1、以日柱夫妻宮論斷夫妻之品質、修為及條件。以官、煞、財星論斷夫妻間的感情與助力。

2、原則上男命的命局如正、偏財俱現，則以正財論妻、偏財論妾或情婦；女命如官、煞星並出，即以官星論夫、煞星論情夫。但命局若只現一官或一煞，一正財或一偏財，則以該星神為夫或妻之論。

3、如四柱不見財、官之夫妻星，則專以日支夫妻宮坐下之十神、為喜忌用神、十二長生運、貴人神煞等，並配合歲、運來參論夫妻的品行與吉凶。

4、日柱夫妻宮所臨之十神如為喜用神，則夫妻生活環境好、工作事業順暢，夫妻品行修為好、夫妻恩愛。如為忌用神，主夫妻之家境差、為生活而奔波勞祿，夫妻感情不睦。

5、夫妻星之官煞財星如為喜用神，則夫妻配偶的助力大；若為忌用神，主配偶的助力小或無，甚至於會受配偶的拖累。

6、夫妻星如緊臨日干，主與本人關係密切、影響力大；如為喜用神，則夫妻感情好；反之，如為忌用神，主夫妻常吵架、為一對歡喜冤家。

7、依日支（日柱地支）坐下之十神，可論斷配偶的特性：

（1）正官：清貴正直、按部就班、負責盡職；易墨守成規，失於刻板、嚴肅。

（2）偏官：偏激剛毅、魄力暴躁、專職技能；易開創先機，失於極端、霸道。

（3）正印：仁慈聰慧、依賴性強、穩重敦厚；易缺乏進取，失於消極、退縮。

（4）偏印：精明幹練、機靈巧變、領悟力強；易孤獨冷漠，失於刻薄、自私。

（5）正財：勤勞節儉、保守踏實、刻苦耐勞；易苟且偷安，失於怠惰、惡勞。

（6）偏財：慷慨豪爽、重情重義、動察先機；易虛榮浮華，失於投機、奢侈。

（7）食神：善良隨和、寬容厚道、擇善固執；易假道虛偽，失於固執、迂腐。
（8）傷官：聰明自負、活躍善辯、才氣洋溢；易剛愎叛逆，失於霸道、驕縱。
（9）比肩：穩健剛毅、富操控力、理性果斷；易孤僻離群，失於自私、自利。
（10）比劫：冒險患難、富行動力、刻苦積極；易衝動無謀，失於投機、暴躁。

8、男命夫妻宮（日支）坐下：

（1）見正官者，主妻相貌端莊，溫柔賢淑，能相夫教子，有內助之力。
（2）見食神而無梟印剋害者，主妻心寬體胖，能勤儉持家，衣食豐饒。
（3）見財星為喜用神者，主得妻之助力，或得妻家財產之助；併臨天、月德者，主妻心性善良、仁慈，慷慨好施；併臨驛馬者，主娶他鄉之妻、或是妻妾客死異鄉；併臨華蓋者，主妻好藝術之雅趣，但易孤獨；併臨將星者，主娶豪門閨秀，或是妻的能力強、能獨當一面；併臨沐浴或桃花者，主妻愛妝扮、風流花俏且多情；併臨喪門、吊客或逢沖者，主刑剋妻室。
（4）見正印者，主妻善良、溫柔，富宗教觀，喜閱讀、追求新知，能相夫教子。
（5）見偏官者，主妻個性剛烈、強硬，有一技之長，夫妻常吵架。
（6）見比肩且日主元神強者，主妻愛慕虛榮、好交友、難守財，喜歡串門子的談論八卦瑣事，本人易受妻累；如日主元神弱以比肩為喜用神者，則受妻的助力大，且因得妻的助力而創業有成。

（7）見比劫者，主妻凶悍、多耗財、多病痛，易受妻累而破產；如時柱為偏印者，主妻有產厄或生產不順利。

（8）見傷官者，主妻貌美、驕拗；身旺財輕者，主得妻的創意、協助而創業有成、獲財豐富；但如日主元神弱以傷官為忌用神者，主太太驕縱、不將先生放在眼裡。

9、男命四柱見財星者：

（1）以財星為喜用神者，主妻貌美、或能力強、或富有。

（2）正、偏財俱現且日主強者，主享齊人之福；如正財強、偏財弱者，主妻不容妾；如偏財旺、正財弱，主妾奪妻權。

（3）財星逢空亡、被沖，主再婚或有喪妻之兆，尤其現於日支（夫妻宮）者，更顯著。

（4）財星被合化而成比肩、比劫者，主妻多有婚外情。

（5）財星坐墓、絕之位，主妻多半體弱多病，本人除了有損妻之象外，也易有金屋藏嬌的情形。日主如元神弱者，則本人更具吝嗇、守財奴的心性。

（6）財星爭合日主者，其人一生多得異性緣，風流韻史不斷；財星如為喜用神，一生多得妻妾助力且家庭和諧；若為忌用神，則一生必因財色而傾家蕩產，且家庭紛爭時起。

（7）財多身弱而日支坐比肩、比劫者，主其人須於婚後始能發達，且必多得妻的助力。

（8）財神清（所謂清，乃是指財為命局喜用神且無爭合、妒合之情），主妻室賢淑；財神濁（所謂濁，乃是指財破印而生煞且有爭合、妒合之情），主妻室不賢、凶悍，受妻之累。

（9）身強（日主元神強）煞淺，得財星滋煞為用；或官輕傷重，得財星化傷生官為用。皆主得能家之美妻，或得妻財而致富。

（10）身輕煞重，見財星黨煞剋身；或身弱而官多用印，見財星破印、助官以傷身。皆主妻室不賢，受妻的拖累而破敗。

（11）日主喜財，見財星合住閒神且又化為財星者，主必得妻力；若財星合住閒神而化為忌用神者，主妻有外情。

（12）日主身弱以財星為忌用神，見財星合住閒神且又化財星者，主夫妻不合、受妻之累。

（13）財星為忌用神，如又行背逆之運，主夫妻離異、妻室私奔，或因財色而惹上官訟之災。

10、女命四柱見官煞星者：

（1）日柱夫妻宮之喜忌，同男命之論。

（2）官、煞星之喜忌及夫星之得力、不得力，同男命之財星論之。

（3）見官、煞星俱現者，主異性緣佳，較有感情困擾、偷情之事；尤其是官煞混雜者，更易受引誘，以致婚姻變質。

（4）官星或煞星過旺、微弱或無，婚姻多半難言美好、夫緣差，有晚婚或感情困擾的情形。

（5）日主強且比肩劫又多，或為月刃格者，主夫妻不睦，婚姻多半不美好、多有離異之情。

（6）見官、煞星合它柱者，婚姻感情易受挫折；尤其合比肩、比劫星者，主夫有外情或是夫妻離異。

（7）見官煞星藏於地支而不透干，卻見比肩、比劫星為干透支藏的情形者，多為妾之命。

時柱與子息

俗語說：「不孝有三，無後為大。」這裡所說的「後」，當然就是指子孫、子息之意，由此可見我國對傳宗接代的重視，或許這也是生活在地球村上所有生物的共同課題吧。

在以前的農村社會，由於生活環境的客觀因素，很是需要多子多孫來團聚家族，甚至是延續整個宗族的命脈、香火，尤其需要男丁來幫忙農務，也因此而有重男輕女的社會習俗產生，即使是在今日已邁入二十一世紀的科學時代，這個觀念也是根深於生活中，只是程度上的輕重緩急而已。

就命局而言，以時柱為子息宮、僕役宮及福德宮，男命以正官為子、偏官為女，女命以傷官為子、食神為女，並視其在四柱之強弱及歲運的起伏，而論斷其為吉、為凶、為喜、為忌。

有關子女人數之多寡，事實上自古以來就無法論斷，因為這須牽涉到夫妻兩人的命局、後天環境及大時代的環境變遷……等，多種外來而不可預測的因素，如以前的農村社會每個家庭，至少都會有四、五個以上的子女（少數子息單傳，乃為例外情形），但是在現今的經濟、工業及科學高度發展的時代，因經濟的因素、居住地的因素、家庭結構的因素、醫學科技的發達……等，每個家庭幾乎已經能憑夫妻的意願去決定要生幾個孩子，且大都已控制在兩個左右而已，所以就子女數的多寡實無法從八字命理為正確的論斷。因此若有任何一位命學從業人員說他（她）能夠從一個人的八字命局，推算出客戶會生幾個孩子，那根本是誆騙客戶的江湖術士之說詞而不足採信。

古歌云：「時逢七殺本無兒，此理人間仔細推，歲月時中如有制，定知有子貴而遲。」驚神論說：「時上偏官有制，晚子英奇。」搜髓歌又說：「官星若也逢生旺，更得長生旺在時，子息聰明多俊秀，兒孫個個著緋衣。」據此而言，要論斷子女的吉凶、好壞，除了以時柱及官煞食傷星為論斷外，尚須綜觀命局中食傷制官煞的程度、官煞之強弱及參酌歲運並論之，才得以稱為完備而無疏失。

1、以時柱子息宮論子女的品性、條件、修為好壞及是否賢孝；以食傷星論子女前途吉凶與否。

2、時柱所臨之十神為命局喜用神者，主子息孝順、品行修為好，與本人關係密切。

3、四柱見食傷子息星透干，且為命局喜用神者，主子女的幫助大，將來易有榮顯的機會。

4、子息宮所臨之十神為喜用神，或食傷星為喜用，但逢刑沖者，主子息雖貴顯，卻有折損之憂。

5、命局為財格，時干透食傷為用；命局為官格，時干透財星為用；命局為印格，時干透官煞星為用，皆稱之為「時干有用」，即使時支逢死絕，亦主生貴子，但不多；若時支又逢生旺、無沖剋者，主子多而賢貴。

6、就四柱全局論子息之貴賢、聰愚、不肖：

（1）子女星（即食神、傷官星）逢空亡，主子息緣薄、子息往外鄉發展、或子息無。

（2）子女星破壞喜用神，主易受子女的拖累。

（3）八字命局見寒暖燥濕失調、偏枯，又無救助之星神者，如火炎土燥、水泛木浮、金寒水冷、土重金埋等；或是正格命局而日主元神弱，滿局食傷；日主元神旺，滿局印星；日主元神弱，財官過旺等。以上都易有無子女的趨勢。

（4）日主元神旺、印星強、食傷輕或無，有財星為用，主子女多賢貴。

（5）日主元神旺、比劫多、食傷輕或無，有官煞為用，主子女多賢貴。

（6）日主元神旺、比劫多、官煞輕或無，有食傷為用，主子女多賢貴。

（7）日主元神旺、官煞強、財星旺，主子女多繁榮富貴。

7、就時柱論子息之貴賢、聰愚、不肖：

（1）見財星為喜用神者，主子女孝順、事業有成並富有。
（2）見官煞為喜用神者，主子女相貌敦厚、性情耿介，賢孝忠良、事業有成；為忌用神者，主出敗家、浪蕩子。
（3）見印星為喜用神者，主子女溫和有禮，好學不倦，仁慈孝順。
（4）見食傷為喜用神者，主子女體態微胖，誠實聰慧，賢孝而富貴。
（5）見比肩、比劫星為喜用神者，主子女助力多；比肩、劫星為忌用神者，主出紈絝子孫。
8、時柱或子息星坐華蓋者，主子女聰明、好藝術之活動，但特立獨行。
9、時柱或子息星坐桃花者，主子女風流韻史不斷；兼坐紅鸞或天喜者，並主子女貌秀、俊美。
10、時柱或子息星坐孤辰、寡宿者，主子女婚姻易生波折而獨身。
11、時柱或子息星坐長生、冠帶、臨官者，主子女運勢強旺，多能出人頭地。
12、時柱或子息星坐天德、月德或天乙貴人者，主子女慈德仁心、菩薩心腸，多得貴人的相助。
13、時柱或子息星坐喪門或吊客者，主子女不壽。
14、時柱或子息星坐驛馬者，主子女遠離異鄉謀發展。

15、時柱或子息星坐墓、絕之位者，主子女一生難以奮發、多困逆、多病痛或不壽；

但如日主元神弱者，反吉。

16、晚運好而子息星不得力者，主憑己身之力而享福。

17、晚運差而子息星得力者，主得賢孝之子女而安享晚年，但本身多疾病纏身。

18、晚運及子息星均佳者，主兒孫賢孝、富貴，且自身也得享福天年。

19、生男、生女之看法，命學名著《淵海子平》以日干對照時支說：

陽日陽時，男重見。　如日干亥、時支寅：主生男。

陽日陰時，先男後女。　如日干丙、時支酉：主先生男、後生女。

陰日陰時，女重見。　如日干乙、時支丑：主生女。

陰日陽時，先女後男。　如日干丁、時支戌：主先生女、後生男。

20、現代命學先進鍾義明老師也有一段論生男、生女的訣門，現引述於後：

「利用八字命局時支來和懷孕流年地支、大運地支相組合，配成八卦。

以流年為上爻、大運為中爻、時支為下爻：

陽年・大運陽・陽時—乾卦、☰（生男）；

陽年・大運陰・陽時—離卦、☲（生女）；

陰年・大運陽・陽時—兌卦、☱（生女）；

陰年・大運陰・陽時—震卦、☳（生男）；

陽年・大運陽・陰時—巽卦、☴（生女）；

陽年・大運陰・陰時—艮卦、☶（生男）；

陰年・大運陽・陰時—坎卦、☵（生男）；

陰年・大運陰・陰時—坤卦、☷（生女）。

※所謂的陰陽，乃是以十二支用（支藏人元）論陰陽，而非以它的體（奇、偶）分陰陽。

子（癸水）：陰	午（丁己）：陰	卯（乙木）：陰
酉（辛金）：陰	寅（甲丙戊）：陽	申（庚戊壬）：陽
巳（丙戊庚）：陽	亥（壬甲）：陽	辰（戊乙癸）：陽
戌（戊辛丁）：陽	丑（己癸辛）：陰	未（己丁乙）：陰」

※八卦的基本概念：

乾—三連、☰。為健、為天、為頭、為金、為馬、為六白。—為父親：男。

坤—六斷、☷。為順、為地、為腹、為土、為牛、為二黑。—為母親：女。

震—仰盂、☳。為動、為雷、為足、為木、為龍、為三碧。—為長男：男。

巽—下斷、☴。為入、為風、為股、為木、為雞、為四綠。—為長女：女。

坎—中滿、☵。為陷、為月、為耳、為水、為豕、為一白。—為中男：男。

離—中虛、☲。為麗、為日、為目、為火、為雉、為九紫。—為中女：女。

艮—覆碗、☶。為止、為山、為手、為土、為狗、為八白。—為少男：男。

兌—上缺、☱。為說、為澤、為口、為金、為羊、為七赤。—為少女：女。

21、筆者就生男、生女之論說，則又配合夫妻雙方的生辰八字參論，並建議其於何時懷孕。

例：乾造（夫）：民國52年10月11日丑時生・目前任職「〇〇汽車公司」之營業所所長。

年	比肩	癸	卯	食神	7～11歲	壬	戌	12～16歲
月	比肩	癸	亥	比劫	17～21歲	辛	酉	22～26歲
日		癸	酉	偏印	27～31歲	庚	申	34～36歲
時	比肩	癸	丑	偏官	37～41歲	己	未	42～46歲

坤造（妻）：民國五十六年十一月二日辰時生・

年	偏官	丁	未	偏印	3～7歲	壬	子	8～12歲
月	比肩	辛	亥	傷官	13～17歲	癸	丑	18～22歲
日		辛	丑	偏印	23～27歲	甲	寅	28～32歲
時	傷官	壬	辰	正印	33～37歲	乙	卯	38～42歲

這一對夫妻在民國80年、辛未年農曆12月、辛丑月結婚，太太在82年、癸酉年及84年、乙亥年分別懷孕，但均約2個月即流產，且第二次的懷孕又是以人工受孕的方式為之。

命學名著元理賦說：「五行不可太過，八字須得中和。」人鑑論說：「遇而不遇，庚辛在壬癸之鄉。」五行生剋賦說：「大抵水寒不流、……火寒不烈……。皆非天地之正氣也。」又說：「北金戀水而沉影……，皆五行之太過。」

太太的日主辛金生於亥月、三冬之令，窮通寶鑑說：「先用壬水，次用丙火暖壬、溫辛。」此丙火須通根且不被合住，方妙；她命局中的丙火不見，以年柱丁火及未中丁火為用，然而未中丁火被亥中壬水暗合而變質，且日、時支又見辰、丑雙濕土，其中辰為濕土、丑為凍土，所以此年干的丁火可說是用神無力，命局呈現一片水冷金寒的寒凍之象。

丙火為熱能、為抗體，丁火為心臟、為血液、為腦髓，壬水為生殖系統、為子宮，癸水為腎水、為精蟲、卵子。太太的命局見亥中壬水暗合未中丁火為病，血虛則神不安而怔忡，水不得火溫、陽氣不足則厥冷。可知她的命局乃是金寒水冷、無火溫燠而萬物不生，

干支與臟腑關係之概論

人自出生呱呱墜地到終老歸天之後，在這有生之時，每一個人都要歷經佛教所說的「生、老、病、死」這四個階段。其中的「病」，正是我們在日常生活會遇上及發生的疾病，這疾病的罹患，有些是天生體質即有的、有些是後天環境所造成的……等，不一而足。且因疾病之種類繁多，甚至在同一環境下生活的人，也因其生活習性的不同、八字命局的各異，而會有不一樣病症的發生，發病的時期及輕重，每一個人也都不一樣。

就此疾病的種類、發生時期等，與人的八字命局間之關聯及互動關係，自古以來先賢均有深切的探究，所以命學名著淵海子平說：「夫疾病者，乃精神氣血之所主，各有感傷，內曰臟腑、外曰肢體。八字干支、五行生剋之義，取傷重者而斷之，五行干支太旺、不及，俱病。」

五行在天為五氣、在地為五行、在人為五臟，肝、心、脾、肺、腎，即是。而人為萬物之靈，得五行之全，所以人身可說是一小天地的縮版，以臟腑各配五行而陰陽屬焉。凡一臟配一腑，腑皆屬陽，故為甲、丙、戊、庚、壬；臟皆屬陰，故為乙、丁、己、辛、癸。或不和或太過、不及，則病，有風、熱、濕、燥、寒等之病症；此臟腑之陰陽乃是指內在之陰陽，至於外在之陰陽，則是指筋骨為陰、皮膚為陽。

陰陽二氣的影響至為深遠，如太極生兩儀，此兩儀即陰陽二儀，先賢醫學名著傷寒新辨說：「所謂陰陽者，蓋指病能而言也。陰為物質、陽為機能，形體有缺，名為損陰；機能不全，是為陽虧；營養不足者，都為陰虛，動作無力者，盡是陽衰；一切廢料鬱結，弊在陰凝，舉凡非常興奮，咎出陽亢。疾病多端，非機能之失調，即形質之有變。病分陰陽，所以別體用之盛衰，測氣質之變化也。」可知，陰陽與身體機能屬性之不同，也有其互異而牽連的影響。

干支與臟腑關係之分論

古歌說：「陽勝則熱，陰勝則寒；陽虛則外寒，陰虛則內熱；陽勝則外熱，陰勝則內寒。」先賢就干支與人之身體部位及運作的不同，依陰陽之特性，將其劃歸為不同之屬性，今分述如後：

一、天干

1、古歌說：「甲膽、乙肝、丙小腸，丁心、戊胃、己脾鄉，庚是大腸、辛屬肺，壬係膀胱、癸腎臟，三焦（註一）亦向壬中寄，包絡（註二）同歸入癸鄉。」

2、古歌說：「甲頭、乙項、丙肩求，丁心、戊脅、己屬腹，庚是臍輪、辛屬股，壬脛癸足一身由。」

二、地支

1、古歌說：「子屬膀胱水道耳，丑為胞肚及脾鄉，寅膽髮脈并兩手，卯木十指內肝方，辰土為皮肩胸類，巳面咽齒下尻肛，午火精神司耳目，未土胃脘膈脊樑，申金大腸經絡肺，酉中精血小腸藏，戌土命門腿裸足，亥水為頭及腎囊。若依此法推人病，雷公岐伯也播揚。」

2、古歌說：「子疝氣，丑肚腹，寅臂肢，卯目手，辰背胸，巳面齒，午心腹，未脾胸，申咳疾，酉肝肺，戌背肺，亥頭肝。」

3、古歌說：「午頭、巳未兩肩均，左右二膊是辰申，卯酉雙脅、寅戌腿，丑亥為腳、子為陰。」（如左圖）

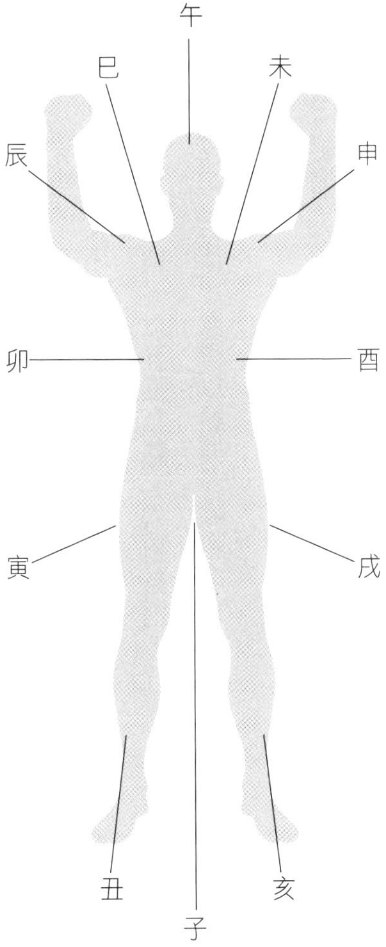

註一：三焦，為中醫學名詞，分為上焦、中焦、下焦。從部位上而分，上焦乃包括心、肺，中焦包括脾、胃，下焦包括肝、腎等；分別屬於胸部、上腹部和下腹部。也可以說是淋巴管，為淋巴液循環之道路。

註二：絡，為網狀的東西、分佈物。包絡，中醫指為人體內，氣血運行的旁支。

三、五臟、六腑

乙、丁、己、辛、癸之五陰干為臟器，乙木為肝臟、丁火為心臟、己土為脾臟、辛金為肺臟、癸水為腎臟，為了和六腑相配合，五臟另加上心包絡，就是所謂的六臟；但「難經」另將五臟中的腎分為左右兩臟，左者為腎、右為命門，共稱之為六臟。甲、丙、戊、庚、壬五陽干為腑官，甲木為膽、丙火為小腸、戊土為胃、庚金為大腸、壬水為膀胱，另有三焦寄於膀胱，此為六腑。

腑一般是指腹腔中那些中空有腔的器官，具有傳輸、傳化水穀的功能，即所謂的「傳化物而不藏」。中西醫論六腑的功能，大體上而言是一致的，但也是有其不同之處，例如三焦是中醫臟腑學所獨有；又如中醫所稱的六腑，就臟腑之學說和經絡學說，其功能和西醫解剖學上的見解，就有不同的論述，今以膽為例，膽附於肝葉之下，是貯藏膽汁的，和其他腑之傳化水穀、糟粕的功能有明顯的不同。膽和肝相表裡，肝主謀慮、膽主決斷，肝及膽都和中樞神經的活動有關，且肝及膽在病理上又都易產生「火」的症候，這些乃說明膽和西醫解剖學上的不同之處。

腑和臟的配合，腑為表、臟為裡，互為表裡，以膽合肝、胃合脾、大腸合肺、小腸合心、膀胱合腎、三焦合心包絡。以五臟為體、六腑為用，五臟之氣行於六腑，六腑之氣輸於五臟，如此體與用並行合作，而得以發揮其臟腑之功能，人類身體之健康、生命之延續也才得以維持。

十天干、十地二支與人身體位、病徵之引伸，筆者引用現代命學先進鍾義明老師的敘述於後：

1、十天干：

（1）甲木：為細胞、聲音、髮、鬍鬚、膽囊、痙攣、腦神經元、頭部、躁症。

（2）乙木：為手指、眉毛、暈眩、神經系統、嗅覺、頭髮、眉毛、恥毛、腋毛、肝臟。

（3）丙火：為眼睛（視覺）、寤寐（失眠）、發炎、發燒、灼傷、抗體、雀斑、黑斑。

（4）丁火：乳房、結核、疔瘡、眼球、心臟、麥粒腫（針眼）、闌尾。

（5）戊土：消化系統、鼻子（戊土為山，高起）、皮膚、抗體（有防衛功能）、膽固醇（硬）。

（6）己土：肌肉、結石（己土為砂石）、眼翳、自閉症、胰臟、腰椎板。

（7）庚金：腫瘤、骨骼、指甲、月經、瘰癧（淋巴瘤或癌）、橫行結腸（大腸）。

（8）辛金：打噴嚏、牙齒、新陳代謝系統、癌細胞、刀傷（手術）、針刺、鼻竇炎。

（9）壬水：懷孕、子宮、輸卵管、淋巴液、血管、淋巴系統。

（10）癸水：耳（聽覺，耳蝸液體）、平衡器官、腺體、內分泌系統。

2、十二地支：

（1）子水：精蟲、卵子、生殖器官、癌細胞、白帶、月經。

（2）丑土：肋骨、膝蓋、嘴唇、脊椎、脊椎板、十二指腸、迴腸、肛管。

（3）寅木：關節、臉部、高血壓。

（4）卯木：青春痘、肉芽、膿皰、皰疹、疔、粉刺、肝臟。

（5）辰土：腸蠕動、躁症、歇斯底里、抽筋、癲癇。

（6）巳火：腸、帶狀皰疹（飛蛇）、肋骨。

（7）午火：癌細胞、陽具、肥胖症。

（8）未土：酒精、酵素、膿瘍、近視、肩凝（四十肩、五十肩）、味覺、內分泌失調。

（9）申金：糖尿病、抽筋、痙攣、神鬼附身（幻覺）。

（10）酉金：萎縮症、退化性病症、神經衰弱症。

（11）戌土：休克、亢進性的病、胃下垂、子宮下墜、低血壓。

（12）亥水：畸形胎兒、雙胞胎、性無能（陽痿）、週期性的病。

四、干支生剋扼要說

1、甲乙木：

（1）甲乙日見庚辛申酉多者，內主肝膽驚悸癆瘵、腰脅之災、手足頑麻、筋骨疼痛；外主頭目眩暈、口歪眼斜、左癱右瘓、跌撲損傷。多屬神經痛、高血壓、中風之症。

（2）甲乙日生於申酉月者，髮稀；帶壬癸印者，酒量佳。甲申、乙酉日生者，主小兒多病、腿足傷。

（3）甲乙日遇丙丁火多而無水相濟者，主痰喘、咯血、中風不語、皮膚乾燥、內熱口乾；女人主氣血欠調（如經血不調、易小產、貧血）；小兒主急慢驚風、夜啼咳嗽、面色青。

（4）甲午、乙未日生，四柱見官煞重者，扁頭。

2、丙丁火：

（1）丙丁日見壬癸亥子多者，內主心氣疼痛、癲癇、舌強、口痛、喑啞、急慢驚風、語言蹇澀；外主潮熱發狂、眼暗失明、小腸疝氣、瘡痍膿血、小便淋濁；婦女主乾血癆、經脈不調；小兒主痘疹、疥癬、面色赤紅。

（2）丙丁日生於巳午月，見火旺者，主心臟之疾；生於子月，見庚辛申酉旺者，主腿足有疾。

（3）丙子、丁亥日生者，為水火交加之日，主頭面、目疾。

（4）丙丁日干弱，見壬癸煞旺，或支見申子辰三合煞局者，主聾啞殘障之疾。

（5）丙丁日帶土神食傷，而少壬癸之官、煞者，主心神恍惚、無心辦事。

（6）丙丁日地支見辰巳，或是見木火相生者，須防高血壓、頭脹痛、中風之疾。

3、戊己土：

（1）戊己日見甲乙寅卯木多者，內主脾胃不和、反胃膈食、氣噎蠱脹、泄瀉黃腫、偏食、嘔吐；外主右胸沉重、濕毒流注、胸腹痞塞；婦人主飲食無味、吞酸虛弱、呵欠睏倦；小兒主五痞五軟（乃指身體或智力發育不全，不是臟腑，就是四肢受有損傷之意）、內熱好睡、面色萎黃。

（2）戊己日生逢失令，又見庚辛者，主頭面有疾。己土太旺，主腫疾。

（3）戊己日，地支見寅午戌或卯戌合成火局並帶刑沖者，主眼目之疾。

4、庚辛金：

（1）庚辛日見丙丁巳午多者，內主腸風痔漏、糞後下血（如腸胃出血、穿孔性腸炎、直腸癌）、痰火咳嗽、氣喘吐血、精神異常、失神躁鬱；外主皮膚枯燥、鼻塞鼻赤、疽腫發背、膿血無力；婦人主痰嗽、血產；小兒主膿血痢疾、面色黃白。

（2）庚辛日生帶寅巳申，或丑戌未之三刑者，則見龜背之症；日主弱見火相刑，男人血疾無疑，女人須憂白帶之疾。

（3）戊己土重埋金，主氣眩之疾。

5、壬癸水：

（1）壬癸日見戊己辰戌丑未多者，內主遺精盜汗、夜夢鬼交、白濁虛損、寒顫咬牙、耳聾睛盲、傷寒感冒；外主風蟲牙痛、偏墜腎氣、腰膝疼痛、淋痢吐瀉、怕冷惡寒；女人主白帶鬼胎、經水不調；小兒主耳中生瘡、小腸疼痛、夜間哭吵、面色黧黑。

（2）壬癸重重而木無根者，主下痢、潰瘍之疾；或時干見火，主眼目之疾。

（3）壬癸日坐辰戌丑未土，主腹疾之症。

（4）支水，干頭有火遭水剋，必腹痞心朦（心臟病）；支火，干頭有水遇火旺，則內障睛盲。

（5）地支合成火局且土曜重，頭禿眼昏；命局為潤下水局而地支無土，腎虛耳閉。

第十三章

論女命

在今日已經邁入二十一世紀的時代潮流裡，世人對女性的觀念改變非常大。自七〇年代起，由於教育的日漸普及與資訊的傳遞，女性即已逐漸走入社會，並漸漸擺脫自古以來傳統封建社會對女性的種種束縛，且進而展現其不輸給男性的才華與能力，尤其是標榜新時代潮流的女性，她們更常有要與男性一較才華、能力長短的意志，故諸如溝通協調、領導統御、巧手創意、薪津收入、職務領域……等，也都有超越男性的表現。

且我們今日身處的是一個科技高度發展、資訊快速流通與經濟極度繁榮的無國界環境，就家庭而言，一份的單薪收入恐很難維持一個良好的家庭生活品質，所以另外依靠家庭中的女性（不管是母親、太太或女兒）的薪津收入來改善居家環境，已是必然的趨勢，這就是我們所謂的「雙薪」或「三薪」收入。

也因由於女性積極的投入社會，她們對知識的需求已日趨增多，對自身權益的爭取也日漸高漲，不再有像以往農村封建時代，如「女人無才便是德」、「女主內、男主外」等落伍、跟不上時代之觀念。此外，現今社會對女性之人格、身體也都已日趨的加以尊重與保護，如平時我們常聽到的「女男平等」、「各位女士、先生們」等口語，及我國最近通過的「性侵害防治法」及「家庭暴力防治法」等條文，都是對女性人權一種極端重視的表現。

故以今日潮流觀念要來論斷女命的命理，絕對是與農村時代的封建觀念有其相異之處，不能再以舊時「凡看女命喜柔、不喜剛，喜靜、不喜動」、「剋夫、刑子」等的論述，來概括推論命理。

以筆者的客戶而言，女性客戶佔大多數，並也都經由此女性客戶之引薦其丈夫、男友、兒子，而得以拓展男性客戶的層面。因此就女命命理之論斷，隨著時代潮流而更改、修正，是有其必要性的。但不管如何的更改、修正論女命之內容與用語，仍須以先賢之古經、著述為論命依據，今引述歷代先賢對女命之見解如後：

一、女命賦

女命賦說：「命殊男女，理應陰陽；易著坤貞，美莫美於柔順；書稱家索，忌莫忌乎剛強。首看夫星，全憑官煞；次推子息，兼取食傷。財以資夫，宜輕、宜旺有別；印雖扶主，用偏、用正當詳。或梟、或刃、或傷，如逢必害；為沖、為刑、為合，多見不祥。若乃得氣正官，遇財扶必膺鳳誥；乘權獨殺，有食制定拜龍章。」

又說：「傷官入格而不見官，芝蘭競秀；食神有氣而無奪食，瓜瓞無疆。柱無夫星，財成象而良人必貴；局無子曜，夫乘旺而後嗣必昌。官若太強，反取傷官為用；子如過旺，卻宜梟印相當。比劫幫身，畢竟爭官分食；德貴扶主，自然增福消殃；若運途之宜與不宜，即原局之喜與不喜。夫榮子茂，皆因損益適中；剋重身輕，豈易唱隨敵體。性情和戾，但看四柱之神；志操端邪，不外五行之理。況合婚而匹配，佳偶反至無成；造諸煞以推評，貞婦恐遭輕詆。喜道人愛昧，多受責於鬼神；妄談女命邪淫，必貽殃於子孫。」

這一篇文章的論述，以現時的觀點來看，頗符合目前當今時代的環境，有跳脫以往先賢就女命之格局須要從夫、身弱、氣靜等，始得稱為好命。就官星而言，不管男命或女命，均居同等重要之地位。蓋官星除了為女命夫星的象徵外，也代表著男、女命的職權、位階、榮譽心、社會上的身分地位。又由於今日的現代女性多數已投身於工作事業，故女命如身旺且財、官星得力為用者，在其工作崗位、職務上，一樣能位居要職而掌權，譬如我們目前上至政府部門、下至私人中小型企業，均不乏女性主管之人，即是明證之例。

二、陰命賦

陰命賦說：「凡觀女命，先觀夫子興衰；欲究榮枯，次辨日時輕重。官為夫，財旺夫榮；食為子，印盛子衰。日主旺相奪夫權，月令休囚安本分。有官不可見煞，有煞不可見官。官星無剋值二德（天德、月德），可兩國之封；七煞有制遇三奇，為一品之貴。喜食神制煞生財，惡傷官剋夫盜氣。貪財壞印，豈是良人；用煞逢官，非為節婦。身居旺地雖富足，夫子刑傷；日值衰鄉縱貧寒，夫子完聚。日旺而巧於婦業，日衰則拙於女工。貴神一位，不富即榮；合神數重，非尼即妓。貴人乘驛馬，決主威風；官星帶桃花，定為貴重。食神獨者，安和而有子有壽；合神重者，嬌媚而多賤多情。四仲全，乃酒色荒淫之女；四孟備，乃聰明生發之人。未丑刑而不忌，辰戌沖而非良。」

又說：「大抵夫星要值健旺，己身須稟中和，食神不可刑傷，子星要臨生地。印綬生身，一位則可；財神發福，多見無傷。身弱財強，不能發福；身強財弱，安得為良。傷官疊見，剋夫再嫁之人；梟印重逢，死別生離之婦。刑沖陽刃，惡無知識；破害金神，血光產難。四柱無夫星，不作偏房、定為繼婦；八字皆空，非為寡鵠、決為孤鸞。」

這一篇文章的論述，就多少含有封建時代「重男輕女」的思想。其中「用煞逢官非為節婦」之語，以命理而言，「女命官煞並見」一詞，就是丈夫多位之意；然以現今社會，男女談感情、自由戀愛，已是如家常便飯，故官煞並見，也可能是多次談感情、多次失戀、多次戀愛的經驗；即使以命理架構而言不宜早婚，但因客觀因素而早婚者，雖然恐有離婚之虞，然目前工商社會時代就夫妻離異之事，縱使並不是一件好事，倒也多能坦然接受，故要再以「非為節婦」之語來論說，恐也非為確論。「子午卯酉」並稱為四仲，以其為神煞中桃花、咸池所在之處，然而在命局地支中逢子午卯酉全備，即認定為「酒色荒淫之女」，似乎也有牽強附會之弊。

另就「剋夫再嫁之人」的「剋夫」之字語，以人的生命壽夭而言，男女之間的差異不大。同理，一個家庭夫妻彼此間，沒有人希望另一半會英年早逝，而都希望能白頭偕老，且夫先亡或妻早逝的機率應是同等，然而以前的封建觀念，如果妻先亡而丈夫再娶的話，即美其名為「續弦」，卻不說其「剋妻」；但如果夫先亡的話，妻子即須「守寡」而不得再嫁，並會被冠上「剋夫」之字眼。

這對女性之尊嚴是一種很大的歧視，故筆者在替客戶論斷命理時，絕不談「剋夫」之字眼，且也會向客戶灌輸前述的觀念。因生死有命、富貴在天，我們僅須盡自己的本份努力去開創人生，再配合命局、歲運之吉凶，以為趨吉避凶之參考，至於人之壽命必並不是夫或妻，單一之人或他人所能左右而決定的，受到外在環境不可預知的影響之變數太大了，因而要再以「剋夫」之字眼硬加在女命之身上，已是不能讓人苟同之舉了。

三、三命通會

三命通會之論女命，可說是最典型、最詳細，也最封建的一篇代表性之文章，將女命的論斷分為八法與八格，而為鉅細靡遺的論述之。

三命通會說：「或問婦人何利，利在夫星；夫利、其婦必利，夫困、其婦必困。婦人從夫，先觀夫星，以定出身貴賤；再看子星，以察晚年之榮辱。官煞財得地、夫利也，夫利、則出身富貴，一生享福；子利、則晚年厚養，褒寵誥封。然亦有旺夫者，以食生財、財生官，故耳；反是則否。」

又說：「女命以剋我者為夫、我生者為子，皆要得時、乘生旺之氣，若旺氣只聚於時，亦可。用官為夫、不要見煞，用煞為夫、不要見官，一位為好。有兩位官星、無煞以雜之，四柱純煞、無官以混之，俱為良婦，更得本身自旺，尤佳，但旺不可太過。食傷為子息，引歸時逢旺，再得二德扶身，乃夫貴子榮之命；不宜身旺重疊、暗藏夫神，及傷官、七煞、魁罡相刑，陽刃太重、合多有情，皆主不美，歲運亦然。然看有八法、八格，須詳細之。」

1、八格：

(1)純：純者，一也。如純一官星或純一煞星，且為干透支藏之象，有財、有印，不值刑沖、不相混雜也。例：

癸　巳

戊　午

日主　辛　酉

※日主辛金坐酉，為自身專祿，雖見時干丙火五合日辛，但時支又見申金，故辛金得地有根而不論化。辛用丙官為夫星，五月火旺、夫健；辛金生癸水為子，引入申時長生之地，天

丙 申　干癸戊丙辛、水火既濟，地支巳午酉申、拱夾財庫，故嫁夫為官而食天祿，夫榮子貴之命。

（2）**和**：和者，恬靜也。如身柔弱，獨有一位夫星，柱無攻破沖擊之神，稟其中和之氣，則為和也。例：

丁 丑　※女命日屬丁火以壬為官、為夫，以甲為印、甲乃壬官夫星之
壬 寅　食祿；丁酉為日貴生己酉之子；壬水得己土為官，主夫貴；
丁 酉　己土得甲木為官，主子貴。酉中財旺，故為榮夫蔭子之命。
己 酉

（3）**清**：清者，潔淨之稱。女命或一官、一煞不相混，謂之清。要夫星得時，柱有財生、官有印助，身無一點混濁之氣，方為清貴。例：

己 未　※女命日主乙木以庚金為官、為夫，庚祿到申；以丁為子，丁
壬 申　旺於未；以壬為印，壬生於申；日主坐下之神未土，又為乙
乙 未　木之財，財旺則生官，四柱無刑沖破敗，經云：「財官印三
甲 申　般物，女命逢之必旺夫。」故有兩國之封而貴為夫人之命。

（4）**貴**：貴者，尊榮之號。命局中有官星得財氣以相資，三奇得其宗，四柱不值鬼病，乃女命之堯舜也。例：

甲　午　※女命日主丁火以壬水為官、為夫，以甲木為印；壬水以甲為食神、以丙火為財星、以亥水為祿位，亥得二寅暗合。壬水夫星雖失時，但喜行西北夫旺之運（金、水大運），故主大貴。經云：「女命無煞逢二德，可二國之封。」此二德，非獨天、月二德，即如財為一德、官為一德，加之印、食，愈貴也。
丙　寅
丁　未
壬　寅

（5）**濁**：濁者，混也。乃五行失位、水土互傷，其身太旺，正夫不顯、偏夫叢雜，柱多分別，無財官印食，為下賤村婦或娼妓、婢妾、淫巧之人。

己　亥　※日主癸水生於亥月，支見二亥、一丑，水泛為災。女命日主癸水以戊土為官、為夫，今夫星不明顯，時引己未、坐下又為丑土，均為偏夫而混雜；柱中財星暗藏未土中、不明顯。癸以乙木為食神，己土受剋，鬼敗臨身、五行失位，主先清後濁，不能享福。
乙　亥
癸　丑
己　未

（6）**濫**：濫者，婪也。謂柱中明有夫多、暗中財旺，干支又多帶煞，必因酒色私暗得財。此等之命或為奴婢，或剋夫再嫁。例：

庚　寅　※日柱庚申日為八專日，庚金自身坐旺，並以丙火為夫星，地

丙戌　支寅、戌又暗藏火星、官煞夫星，時干又見丁火，故為火星
庚申　重見、夫星多見。日主庚申金暗剋寅亥中之木，做為財星之
丁亥　用，庚金並以亥中壬水為食神、為美貌、為生財之源，故本
人雖貌美有福，然不免濫而得財。

（7）娼：娼者，妓也。乃身旺夫絕、官衰食盛，或柱中不見官煞、或有而傷官傷盡、或混雜而食神旺盛，此必娼妓之命，否則為師尼婢妾、剋夫淫奔。

例：

丁亥　※女命日主戊土以甲木為夫，生逢三秋季土月令，甲木失時無
庚戌　氣，又被庚金剋破，成死絕無氣之木。時柱見庚申金、自坐
戊辰　祿位，為日主戊土之食神、秀麗外現，另日主為魁罡生戌月、
庚申　身元太旺，申食又得辰土生助，轉而生助年支亥水之財，謂
之身旺逢生、貪食貪財，夫絕而為秀麗之娼妓也。

（8）淫：淫者，逸也。乃本身得地，夫星明暗交集，謂日干自旺，旺中皆官煞是也。在天干者為明、在地支者為暗，四柱太過謂之交集，於人無所不納也。例：

癸亥　※女命日主丁火以水為夫星，今見丁火身處眾水之間，可說是

壬子
丁丑
壬寅

官煞夫星多見且明暗交集，故而淫慾無度。經曰：「丁遇壬而太過，必犯淫訛之亂是也。」

2、八法：

（1）安靜守分：乃夫星有氣、日干自旺，相停無剋、不值刑沖，財食得所者也。

例：

癸巳
庚申
乙卯
丁亥

※日柱乙卯為專祿日、自旺，卯木又與亥水半三合木局，故日主乙木身旺也。女命日主乙木以庚金為官、為夫星，生逢申月、庚祿到申，夫星自坐祿地而旺；又亥中壬水乃庚金之食神、天廚，故主夫食天廚。此乃自己、夫星兩不相傷、各乘旺氣，無混雜相侵，夫婦安靜、和諧守分之格局也。

（2）福壽兩全：此為命局造化之中和、格局之純粹也。為享用一生、永擕偕老之命。乃日主坐旺鄉、通根於月氣、干支相輔，更帶財官印綬並各得其位，不運行比劫敗財、財星壞印、傷官之地；喜食神之地，若身旺而運行財食之鄉，必為福壽兩備之命也。例：

丙午
庚子
辛酉
癸巳

※日主辛金坐下酉金，為專祿日、自旺；時干癸水歸祿於月支、提綱，癸水亦為辛金之食神、為子息星，乃得時而旺；女命日主辛金用丙火為官、為夫星，丙火坐下午火旺地，且歸祿於時支巳火，故官星、夫星亦得地而強。辛金生於十一月，又火星暖局，乃金白水清之象，故主貌美端莊、夫子相停，而為福壽兩停之命。

（3）正偏自處：乃夫婦相合，又遇比肩分爭，如一位夫星有兩位妻星相合；若本身自旺、彼值衰，四柱不沖，則我正而彼為偏；若彼旺我衰、四柱沖我，則彼正而我為偏矣。蓋我身旺有氣，則夫從我為正；我身衰而別位旺，則夫從別位，我反為偏，謂之彼旺，爭去我夫，我只得為偏；或自旺太過、柱無夫星者，亦為偏；或官煞混雜、或傷官太重，亦為偏，更且淫濫。例：

壬子
丙午
辛酉
辛卯

※女命日主辛金用丙火為官星、為夫星，自身坐下酉金、祿地，為專祿而自旺，雖時柱見辛卯，然辛金坐下卯木、絕地而無力，故為我正而彼為偏。

（4）旺子傷夫：有旺子傷夫者何？此法專以月、時推之。謂剋我者為官、為夫，有氣得時則夫發福。但官星若干支失位、不得月氣，柱中又逢沖剋、時柱又無旺氣，而己生之子引至時柱逢長生、臨官、帝旺之地，又無刑剋，是旺子傷夫也。例：

己　卯
甲　戌
乙　卯
戊　寅

※女命日主乙木以庚為官、為夫星，生逢戌月、燥土難以生金，故夫星無氣；乙用丙為子，丙火長生於寅，地支又見卯戌六合化火，火氣甚旺。此命月令既無金氣，引至時柱又為死絕之地，地支火旺而庚金受剋，是傷其夫星、旺其子息，故為旺子傷夫之命。

（5）傷夫剋子：乃夫星干支失位、生月失時，柱中又逢沖剋，時支亦不生扶，兼且印綬重逢，盜夫之氣、剋子之甚，夫、子不能旺，反絕於時柱是也。例：

丙　子
庚　子
乙　亥
丙　子

※女命日主乙木以庚金為官、為夫，生逢十一月正為三冬金寒水冷之令，金又死於子、夫星自坐死地，金之氣又盡洩於支中之水，不見土來止水及生金，偏印太旺而傷夫主。另乙木以丙火為子息，引至時支，乃水旺火滅之地，雖年、時干見

二丙，但均坐下子水、為截腳煞，火被剋破。此命夫、子盡亡，故為傷夫剋子之命。

（6）旺夫傷子：夫女人有旺夫傷子者何？此法皆以時柱推之。以時柱為歸宿之地，夫、子二星引歸於時柱，見夫星生旺、子星衰敗是也。例：

丙戌
丙申
丁巳
辛亥

※女命日主丁火坐下巳火而自旺，以壬水為官、為夫星，時支**亥水乃是夫星壬水臨官之地，月支申金又為夫星壬水長生之**地；日主丁火以辛金為財，辛金通根於月申而旺，官得財生，故夫乃聰秀富貴。又丁火以戊土為子息之垣，引至時柱見亥，亥中甲木能剋戊土，乃子星被剋而難得子息也，故主旺夫傷子之命。

（7）**招嫁不定**：乃月柱見夫星透干與日主相合，日主己身從月干夫星而其夫星座下卻無氣；時柱天干又透出夫星並乘旺氣來剋，日主己身又順從於時干偏夫，故謂之招嫁不定。若夫星不旺，或被剋制、洩氣，必嫁夫遲、嫁夫不明、夫不濟事、或有外情。例：

癸酉
甲子

※女命日主己土以甲木為官、為夫星，生於三冬月子月之敗地、不顯；時支亥水乃甲木長生之地，是夫旺也。甲木雖合日主，

己未
乙亥

然時干又見乙煞剋身，且日支未土又乙之庫地；甲生子月，夫坐敗地而不顯，但時逢乙亥，亥中又有長生之甲；此為欲甲卻又欲招乙，故為招嫁不定之命。

（8）橫夭少年：此乃造化之窮絕、格局之變異也，有懸樑、溺水、血產、少亡、被人殺死，若此者何？乃身弱而遇煞重，煞多剋身又帶刑沖破敗之類。或命中原有官星受傷，行運復遇官鄉；或無官見傷官運復臨官之類；或帶刃無制，運行合刃之地及亡神、劫煞等物。此皆橫夭之類也，不獨女命有之，男命亦有。例：

壬子
癸卯
甲戌
丁卯

※女命日主甲木生逢卯月、為陽刃月令，時柱見丁卯、為傷官陽刃，月刃逢子刑、時刃被戌合，柱中又不見夫星及財星，為身強刃旺之命，於癸酉年、乙丑月己卯日犯姦殺而死。

※凡女命官煞太重，陽刃無情，非淫濫，則凶亡。

四、命理約言

1、看女命法之一說：「凡看女命，喜柔不喜剛、喜靜不喜動，夫子喜旺不喜衰、喜生不喜絕，財印喜合不喜戾，貴合喜少不喜多，傷刃、比劫、沖戰、刑害，喜無不喜有，此大法也。然日主過弱，亦宜生助之；夫子太旺，亦宜損之、減之；有時用財制印、用梟制食、用傷制官、用煞制劫、用劫制財、用合邀吉神、用刑沖去忌神，用之切當，凶用反吉。又有局無夫星而夫貴者，局無子星而子多者，此必暗生暗會；有夫星透露而夫賤者，有子星顯明而子少者，此必暗損暗破；若夫多無夫、子多無子，則不剋不化之故也。」

又說：「至於富貴貧賤吉凶壽夭，亦於諸格推之，但中有剛健威武之局，及暗沖暗合、用刃用馬之類，女命不宜耳。若分別或貞、或邪、或順、或戾，須看日主及所用格局，純靜者為貞、剛強者為戾，亦只就五行取斷，勿泥舊書妄造神殺可也。至舊論女命，止許一官、不宜重見，此殆兩干兩支，重見非宜耳；若甲官帶寅而得祿、乙煞帶卯而有制，此乃吉而有力，即官煞兩遇，去留合法亦自無害，凡印財食傷皆然。」

2、看女命法之二說：「舊書女命，子辰巳年生，四月為大敗、八月為八敗；丑申酉年生，七月為大敗、五月為八敗；寅卯午年生，十月為大敗、十二月為八敗；未戌亥年生，正月為大敗、三月為八敗。又巳午未年生三月、申酉戌年生六月、亥子丑年生九月、寅卯辰年生十二月，俱為寡宿，皆每年取一月，夫一月之中生女幾千萬億，安有皆敗、皆寡者，況不論四柱，而獨論一字，有是理乎？嘗考富貴偕老女命，犯敗與寡者甚多，其為繆說決矣，若不亟闢之，或婚姻將諧而被破、或夫婦已配而相怨、或翁姑因此而憎棄，其誤人豈少哉。」

又說：「世俗父母往往託星家合婚，遂造種種繆說，如三元男女幾宮雖載於曆，然理亦不確，乃以男幾宮、女幾宮，配成生氣、福德、天醫為上，配成遊魂、歸魂、絕體為中，配成五鬼、絕命為下，又有胞胎沖、骨髓破、鐵掃帚，及益財、退財、守鰥、守寡、相厄、相妨等凶，皆以生年月取之，尤為誕妄；即女命亦有值敗寡及諸凶而驗者，嘗取而推之，其四柱本自不美，安可借之以實繆說乎？總之男家擇女、女家擇夫，只照四柱常理取其中和、平順而已，婚後吉凶聽之於天、可也。」

命理約言之書出自於清朝初期宰相陳素庵之手，裡面的論述對一些世俗上種種神殺、迷惑、附會之說詞，極為闢謬以清正源，這不只很符合現時科學昌明時代，也是一位五術、命理學者所應具有的基本素養；另在當時民智未開、民風保守、學術教育不普及的年代而言，也可說是具先知灼見的精闢之論述。

五、筆者之淺見

在以前的農村封建時代，由於是以農為務本之道，在整個大環境裡面，由於人口數較少、交通資訊不發達、知識教育不普及，所以並沒有甚麼高度競爭、極端壓力與時間就是金錢等的概念，大部分的生活都是農業型態，且也以自給自足為基本生活要求。而這農業事務所最需要的就是體力，所以男丁的加入生產行業，對一個家庭而言是非常重要的，故而衍生出傳宗接代的觀念出來，此時女命在整個社會環境所居處的地位就相差很多，因而導致於人格權被矮化、低賤化了數千年，這種觀念不只存在於一般的日常生活中，同樣的也表現在命理論述的觀點上，因而先賢及古時的經典名著，在其論女命的開宗明義之闡述中，必定是說：女命日元要身弱、不宜剛強，並忌諱咸池多見、三合六合之情；要以夫及子為貴，須不見官煞並存，在家要相夫教子、侍奉公婆，若再見二德扶身，必能「烏雲兩髻擁金冠」……等，大同小異的觀點。

然而以今日高度競爭的資訊時代而言，就女命之論法應該要摒棄「身元柔弱、食傷剋夫、梟印損子……」等的觀點，而應同男命之推論，其日元強弱、喜忌神之取用、六神好壞之影響，也應無分軒輊。因現今之社會，女命都已能在團體中嶄露頭角，甚至位居高職、獲得高薪，唯要達到這樣的地位，除本身能力之外，也必須要有相當的學識教育、健康的體能狀況及清晰的腦筋、聰穎的智慧，故論女命同樣要重視其日主身元的強弱、官印的配合、食傷財星的影響，以及整個命局八字彼此間的生剋制化，配合歲運的流轉，看六神在女命中所代表之含意為何物，以為推命的依據，如此才不致乖離現今之社會現象。

談到壓力、競爭之事，其中影響現代新婚夫妻最明顯的問題，以懷孕、生子之事當為首要。「不孕症」之名詞，似乎已成為現今工商業時代的產物，雖然造成不孕的原因很多，但一般人都將其歸咎於壓力、生活作息不正常等方面之問題，甚至夫妻兩人同到醫院去檢驗，卻都正常、沒問題，然而就是無法懷孕，要不就是懷孕而流產，這在現今的醫學也找不出問題癥結所在；但是在八字命理中卻是有跡可尋，基本上是如果夫妻雙方有一方的八字結構有偏枯之象，該流年又是加強偏枯之象的干支時，則要懷孕的機會恐就難如所願；例如八字過於燥熱，又逢遇燥熱干支組合的大運、流年者，如丙戌、丁未、丙寅、戊寅、戊戌等的流年；或是八字過於寒冷，又逢遇金、水、濕土干支組合的流年者，如庚辰、庚申、庚子、辛亥、辛丑、壬辰、壬申、癸酉、壬子、癸丑等的流年。

這是因為我們的生殖系統在五行上乃歸屬於水，若是命局過於燥熱，又逢遇火炎土燥的流年者，則就男命而言，因精水不足、水中含氧量不夠，精子的氣息將呈現衰弱之狀，故而難以穿破卵子以達成受精、懷孕之情，縱使能夠懷孕，該胎兒的品質恐也是不理想；就女命而言，除了卵子情況不良之外，其子宮壁也將因過於燥熱或過於寒凍，致使受精卵無法順利著床，同樣道理，縱使受精卵能著床而發育，胎兒將來的品質恐也是隱憂。

此外偏印過旺、食傷過旺的情形，再逢遇增強的流年，則導致不孕或流產的情形，發生機率也是很高。筆者寫此內容，只是希望以五術行業為生之人，能秉持良心、天理，以學理之角度善意的告知客戶，其因命理與歲運的配合而導致不孕的原因，並能以陽宅改造、飲食及藥物的服用、流年的配合，來使其夫妻能順利產下嬰兒；而不是以天機或怪力亂神如犯沖、祖先作弄、嬰靈附身……等的說詞來蠱惑客戶，達到其斂財的目的，其結果將是害人也害己而導致天譴。

六、範例

一、女性：民國56年農曆12月9日申時建生

年	比肩	丁	未	食神	11～15歲	甲	寅	16～20歲
月	偏官	癸	丑	食神	21～25歲	乙	卯	26～30歲
日		丁	丑	食神	31～35歲	丙	辰	36～40歲

時　傷官　戊　申　正財　41～45歲　丁　巳　46～50歲

分析：這是一個屬於特殊格局中的「假從勢格」，以財、官、食、傷星為喜用神，以印、比肩與比劫星為忌用神。命局中月、日支的丑土不僅為日主丁火的食神星、為喜用神，此丑土又為金庫之含意、為日主丁火的偏財庫，所以這是一個具有兩個逢食神自生的偏財庫、一個正財的命局，而這個財庫與財星不僅得食神的生助，也得傷官的生助，可知她是一個具有生意頭腦、善於掌握市場營運機制、善於經營事業的商務人才，為一小富之命格。

她妹妹在一家商業午餐餐廳上班，因此她在讀專科的時候，就常到妹妹上班的地方去幫忙打工。在民國76年、丁卯年，丁火為比劫損財星、卯木偏印星為錯誤判斷之意，她與妹妹及另一位朋友三人，在高雄市的一處觀光景點附近，共同經營商業午餐的生意。

商業午餐的經營雖有獲利，但由於兩姊妹年輕、少不更事，合夥人之間不僅都沒有簽定合夥契約書，她們也沒有就該餐廳營業處所與房東簽約，而是由該合夥人與房東簽定租賃契約，以致民國79年、庚午年時，該商業午餐的經營權被該朋友強搶去，她們姊妹倆無奈的退出該商業午餐事業之經營，並且完全沒拿到當初投資時的投資額。

俗話說：「人在做、天在看。」這一句話確實是有道理的。到民國81年、壬申年國曆4月，那一位朋友因商業午餐的經營一直虧本，連續虧損了兩年而不得已要再請她們姊妹回去共同經營該餐飲事業，她因有前次的經驗，故這一次她就利用機會及一些心思將該商業午餐的經營權給拿了回來，並也將這一位朋友完全逐出合夥之行列，完全由她們姊妹倆共同經營該餐飲事業。餐飲事業經營迄今也有十幾年了，她自己不僅存有一些錢財，並也同時幫弟妹在附近另行開設一家小型的西餐廳。她與弟妹倆所經營的餐飲生意都有不錯的營業獲利。

二、女性：民國41年農曆10月21日巳時建生

年	正官	壬	辰	傷官				
月	偏財	辛	亥	正官	31～35歲	戊	申	36～40歲
日		丁	亥	正官	41～45歲	丁	未	46～50歲
時	偏印	乙	巳	比劫	51～55歲	丙	午	56～60歲

分析：日主丁火生於十月的亥水月令，僅在時柱見生助、幫比的五行，因此這是一個日主身弱的正官格，以印、比星為喜用神，以財、官、食、傷星為忌用神。

她的命局出現三個正官及一個水庫辰土，此官星雖是女命的夫星，但也是她命局的忌用神，是一個會剋制、約束日主心性之物。她有六個姊妹，她排行最大，她的心性非常保守、內向，目前一個人在經營素食業的自助餐飲生意。

就這種官星多見的女命命局而言，其婚姻或感情必定是不美好的，大抵而言會有多次戀情、多次婚姻的情形發生，也就是說若不是婚前會受到男友、或婚後受到先生的傷害而陷於婚姻、感情的困擾中，就是對婚姻、感情會產生恐懼感，以致會有終生不結婚的念頭與行為表現出來。

她的命局不僅官星多見，且官星又得到偏財星的生助，因此若有談戀愛或結婚的話，必定會受男友或先生的拖累而背負一筆債務。

幸運的是，她的婚姻、感情是屬於沒談過戀愛、迄今仍未婚的情形；若以命理及長遠的人生而言，這是最理想的人生造化，與其一生要受到婚姻、感情的困擾或傷害，不如不要結婚反而落得輕鬆與無牽掛。

她命局中月干的偏財星去生助地支的正官星，由於她並未結婚，因此這個正官星就可視為是近親、友人中的損財之人，而月柱又為父母宮與兄弟姊妹宮的代表；事實上她在生意上所賺的錢財，大部分都被她的第三個妹妹及妹婿拿去做生意，由於妹婿生意經營得不理想，因此她被妹妹借去的錢財也難以要回來。

第十四章

論兒童命理

「兒童是國家的棟樑、未來的主人翁」，這是一句我們光是睡覺就都能倒背如流的二十世紀之「金科箴言」；尤其是今日已邁入二十一世紀的經濟高度發達時期，由於生活安定、物質不虞匱乏及工作環境的壓力，每一個小家庭大都僅生一或兩個小孩，所以原則上現代的小孩可說是爺爺、奶奶及父母親的心肝寶貝、掌上明珠，無不被照顧得有如小少爺、小公主似的；但是也有少數例外之命，常受父母親或繼父母的凌虐、毒打，甚或因此早夭之情形。

大體而言，以父母親的立場來說，無不希望自己的小孩能夠「男成龍、女成鳳」一般的出人頭地，然而等小孩將來漸次長大以後，每一個人的表現即已有明顯的差異，無法每一個人都能成龍或成鳳；另外或是出生於問題的家庭，而受凌虐、早夭之兒童，則更是顯得突出。有的是小時了了，但大未必佳，或是小時為凡子，長大卻成龍鳳，這中間的差別除了生長環境因素之外，最重要的應首推每一個人出生八字格局的不同，而導致後天成就高低與富貴貧賤的不同。

三命通會說：「夫觀小兒之命，如種花木之法，善培養者，則根苗茂盛；不善培養者，反是。何以言之?凡人種花木必以土栽培其根，根實則苗盛；必以水澆灌其體，體壯則花茂；賴陽火溫照其花，花實則果成；假金刀修伐其枝，枝清則本固。設若土虛根淺、水少苗枯、日曝花焦、風摧果落，皆失中和培養之氣，其花木安有不枯之理。」

又說：「人之八字以年為根、月為苗、日為花、時為果，其理皆然，故推小兒之命要日干有氣、月令生扶、年上栽根、印綬無傷、財官有制、七煞得化、傷官遇合，氣稟中和，不值刑沖破害，此則易養之命；如煞重身輕、財多身弱、傷官疊遇、食神重逢，或日干旺盛無依、或太柔少印，氣失中和，柱有刑沖破害，此則難養促壽之命。二者類如栽培之法耳。」

以三命通會的這一段話而言說實在的，有說等於沒說一樣，蓋人之八字命本就喜其中和、財官印綬搭配得宜，如此必是富貴雙全之命；若是五行失和、氣偏一方，又見刑沖破害者，則必是一輩子顛沛流離而無以為生。

事實上依筆者的經驗，論小孩之命與論大人之命，其間並無任何的不同，而往昔先賢之所以要將小孩之命另闢一章節，且附以「小兒關煞」之說，用以論斷小孩之壽夭、易扶養，或是難餵養，筆者想這或許與以前的大環境有關。由於以前的物質生活不好、醫學不發達、周遭環境品質不好、衛生條件奇差、教育程度低、無科學之概念可言，每個家庭出生的小孩數目又不少，且小孩本身的抵抗力又弱，在這樣子的環境品質之下，要將一個小孩養育成人，這中間的過程應可說是煞費多少父母親的心力；也許就是基於此種種的客觀因素，才會有小孩命理的論述。

原則上一個人出生命局的好壞，受到很多不同因素的影響，如祖德的好壞與多寡、祖

◎月支對照四柱地支取用表：

關煞／年／日干	四季關	四柱關	百日關	金鎖關	直難關	深水關	無情關
寅	巳 丑	巳 亥	辰戌 丑未	申	午	寅申	寅 子酉
卯	巳 丑	辰 戌	寅申 巳亥	酉	午	寅申	寅 子酉
辰	巳 丑	卯 酉	子午 卯酉	戌	未	寅申	寅 子酉
巳	辰 申	寅 申	辰戌 丑未	亥	未	未	巳 戌亥
午	辰 申	丑 未	寅申 巳亥	子	卯 戌	未	巳 戌亥
未	辰 申	子 午	子午 卯酉	丑	卯 戌	未	巳 戌亥
申	未 亥	巳 亥	辰戌 丑未	申	巳 申	酉	丑 申
酉	未 亥	辰 戌	寅申 巳亥	酉	巳 申	酉	丑 申
戌	未 亥	卯 酉	子午 卯酉	戌	寅 卯	酉	丑 申
亥	寅 戌	寅 申	辰戌 丑未	亥	寅 卯	丑	子 午
子	寅 戌	丑 未	寅申 戌亥	子	辰 酉	丑	子 午
丑	寅 戌	子 午	子午 卯酉	丑	辰 酉	丑	子 午

水火關	閻王關	浴盆煞	將軍箭
戌　未	丑　未	辰	酉　辰　戌
戌　未	丑　未	辰	酉　辰　戌
戌　未	丑　未	辰	酉　辰　戌
辰　丑	辰　戌	未	卯　未　子
辰　丑	辰　戌	未	卯　未　子
辰　丑	辰　戌	未	卯　未　子
丑　戌	子　午	戌	寅　午　丑
丑　戌	子　午	戌	寅　午　丑
丑　戌	子　午	戌	寅　午　丑
辰　未	寅　卯	丑	巳　申　亥
辰　未	寅　卯	丑	巳　申　亥
辰　未	寅　卯	丑	巳　申　亥

小兒關煞計有三十一種，每一種關煞各有其不同之含意、凶應，及應注意、避凶之道。各派學門之內容或許各有其見解之處，但大抵而言並無多大的差異，大概有如下的論述：

1、**雷公關**：忌聽聞雷鳴聲、高分貝的轟隆聲、敲打聲；不要在高處跳躍、玩耍，以免受傷害。

2、**白虎關**：玩耍時防跌撲、流血之傷害；出痘疹、天花時，亦宜注意，出痘疹前須制化。

3、**雞飛關**：不要看殺生之事，但夜生者、不忌，帶此關煞的小孩大多難扶養；勿正對公雞之啼叫，以免受驚嚇。

4、**落井關**：此關易有水厄之災，因此不要讓幼兒靠近井水、池塘、湖泊、溪澗等水地，甚至於青年期之前，也須謹慎防之，盡量不要往溪泉地游泳、戲水。

5、**急腳關**：切忌觀看動土、修造、開工、建廟宇、安壙塋之事；走路宜緩行、勿走，以免跌撲受傷及受驚嚇。

6、**鐵蛇關**：出痘疹時須注意，未出前宜制化；運行背逆之運限時，須防舟車血光之災。

7、**千日關**：出生後之千日內，盡量勿外出，尤其是往外婆家；在家玩耍須防爬高、爬低而跌撲受傷之厄；小兒易有吐乳、驚風之疾。

8、**斷腸關**：勿帶小孩至屠宰場，忌看殺生之事，尤其是殺豬、宰羊之事，以免受驚嚇。

9、**斷橋關**：不要乘坐舟筏，不要過危橋，如竹橋、木板橋之類是。

10、**取命關**：中元普渡時，勿入壇內觀看普渡事宜。

11、**短命關**：帶此關煞的幼兒不易扶養，宜細心照顧，容易驚叫、夜啼，睡眠晨昏

12、**修庵關**：又稱為和尚關，勿入廟宇、庵寺內見和尚或尼姑顛倒。

13、**鬼門關**：不要有遠行之舉，也不要到城隍廟、萬善公廟等，陰氣較重之廟宇。

14、**五鬼關**：勿看喪事、勿參加喪禮、勿碰觸棺木，不要靠近墳場之地、不要入廟宇或庵寺。

15、**撞命關**：幼兒難以扶養、易夭折，宜拜認義父母，或過房給他人、或過繼他人之姓。

16、**天吊關**：須拜認義父母，或過房給他人、或過繼他人之姓；容易罹患眼睛倒吊之疾，幼兒時就須及早醫治。

17、**夜啼關**：夜間忌見火光，昏黃之小燈炮則不忌，容易夜啼、哭鬧不停。

18、**湯火煞**：勿靠近廚房、灶爐處，以免被湯水、滾油燙傷，運限內並切忌自放熱水洗澡。

19、**天狗煞**：忌當面正對犬狗之吠叫，運限內須防舟車血光、破相、跌撲之傷。

20、**埋兒關**：勿參加及觀看喪禮之事；時柱見者，將來易有損子之憂。

21、**四季關**：春夏秋冬四季在交節氣前，切勿外出遠行，尤其是一歲之前，更勿參加任何喜喪。

22、**四柱關**：不要攀爬有欄杆、柱子之物，也不要坐竹椅或欄杆狀之桌椅。

23、**百日關**：自出生後之百日內勿出家門，以免受驚嚇、感冒、風寒之疾，尤其是第一百日更須注意身體健康之照顧、調養。

24、**金鎖關**：幼兒時勿攜帶金銀銅鐵及錢幣、刀鎖、針線、鈕釦之物，也不要靠近裁縫車，以免手指被縫針刺傷。

25、**直難關**：幼兒運限內勿把玩刀劍、弓箭之物，也不要購置稜角多見之玩具。

26、**深水關**：沖犯前世父母，故在清明、七夕之日，不宜祭拜公媽及床母。

27、**無情關**：宜拜認義父母、偏呼自己之親生父母；不要聽聞打鐵或刀劍、斧頭之聲音。

28、**水火關**：注意燭火、湯水之災，不要把玩易燃火之器物，也不要靠近溪澗處玩水；易生痘疹、痔瘡及膿包之疾。

29、**閻王關**：俗例的做法事、消災法會、道家祈禳、佛事公德等場所，切勿靠近及觀看，也不要去陰氣重的廟宇；日主元神旺者，倒無妨；日主元神衰弱者，難養。

30、**浴盆煞**：出生時宜用乾淨之水盆洗身，忌用不乾淨或腳盆洗身，且出生後的前三、六、九之三朝日勿洗澡。

31、將軍箭：不要把玩刀劍、弓箭之器物，也不要到武廟、岳王廟等陽剛的廟宇，在幼兒至十二歲前須防意外不測之禍，此即先賢所說：「一箭傷人三歲死，二箭傷人六歲亡，三箭傷人九歲死，四箭傷人十二歲亡。」

以現代的角度而言，這些關煞的敘述有些似乎是無稽之談，蓋現今之醫學及生活環境要養育一個幼兒，已是很容易之事，如數年前有一位約七個月大的早產兒（民國88年4月出生），出生時才560公克（正常出生兒之體重約在三千～三千五百公克之間）、僅手巴掌之大小，在醫院細心的照顧之下，於四個月後其體重已增加至2000公克；所以目前扶養小孩的困難處，乃是在如何教育小孩成為一位品德兼優之人、如何與孩子溝通、如何使其了解人生處事的哲學、如何融入團體之生活、如何辨別是非善惡及遠離是非之地……等。

因此筆者在跟客戶推論其小孩之命理時，大抵都以命局的架構來論述，碰到有小孩比較容易罹患疾病，或是有某一方面明顯之疾病時，都會告知其父母該小孩命局五行生剋制化的其情形，因而會導致某些與生帶來的疾病，並規勸其父母宜及早帶孩子去醫院治療，以免延誤治癒之時機。

例一、乾造：民國86年12月26日亥時生

年　偏官　丁　丑　偏印　金鎖、深水、浴盆

月　食神　癸　丑　偏印　五鬼、撞命

日　　　辛　未　偏印　水火

時　偏印　己　亥　傷官　雞飛、鬼門、將軍

日主辛金生於冬十二月的凍土月令，雖在年干見丁火通根於日支的未土之中，但因丁火不僅坐下為寒凍的丑土，且又被月干癸水剋破而凍熄；其次，日支的未土又與年、月支的兩丑土相沖，未中丁火又被丑中癸水剋熄。整個命局中的首要用神—暖局之丁火，完全被剋破，因此整個八字命呈現出一片天寒地凍的景象。

丁火在身體器官為心臟、為精神意思之意，而本命局中的丁火在年柱，而年柱又為頭腦所在之地，中醫名著素問經說：「心者，君主之官，神明出焉。」他命局中的丁火代表著精神意思、腦力思考，全部被癸水剋熄。此外，本命局生火之源的乙木暗藏在日支未土之中，但未中乙木又被丑中辛金斲斷，而乙木又為筋骨、四肢或肝臟的表徵；代表秀氣展現、口才表達能力等含意的癸水食神星又被月支凍土凍成冰塊。因此他在出生半年後即因高燒而導致腦性痲痺的疾病，迄今（民國91年）除了還不會說話之外，四肢也要經常做按摩的復健工作。

第十五章

論姻緣與婚嫁

「哪個少年不想飛，哪個少女不懷春。」論感情、談戀愛，是每一位身體與心智都達到成熟階段之男女所渴求的一件事情，在這段墜於戀情的過程之中，其中的酸甜苦辣、愛恨悲歡與朝思暮想等，絲絲扣人心弦的滋味，只有男女當事人才得以體會與品嚐。

戀愛既是一件讓人那麼嚮往且又期待的人生歷程，但要何時才能盼到心目中的白馬王子或是白雪公主，走入我們的生活之中，一同共度一段愛恨纏綿的戀情，就命理而言，因每一個人的命局架構不同，故其姻緣的何時浮現也因人而異。此外在談戀愛的過程中，有的人可說是一路坦途而平順，有的人卻要歷經一番的起伏波折，才得以順遂這一段刻骨銘心之戀情，但有些人卻要嘗試多次的失戀滋味，才能覓得心目中的心儀伴侶，有些人甚至終生覓不到王子與公主而不婚，有時候不得不感嘆造化之弄人。

俗語說：「十年修得同船渡，百年修得共枕眠。」在歷經一段的深刻戀情之後，再來的就是要論及婚嫁，以便能組成一個小家庭，有一個安穩的居家、窩巢之後，才能專心的往事業去衝刺、去發展，但在現代講求競爭的高度經濟發展之社會，由於環境與壓力的影響，男女婚姻的結婚年齡已有往後延伸之趨勢。結婚之後，新婚夫婦帶著眾人的祝福，希望往後兩人能共組一個百年好合、永浴愛河的家庭；大抵而言，婚後的家庭乃是由夫妻兩人與小孩共同生活在一起，當然有的家庭也有父母親同住一起的大家庭，而在婚姻生活的延續中，大部分的家庭都能永續至老，夫妻也都能白首偕老，但有些卻是中途離異，這離異的情形有的是怨偶分飛，有的卻是生離死別之景。這種不一樣的婚姻結局，除了客觀的環境因素之外，影響最大的也應該是八字命局的架構，再配合歲運的起伏而導致悲歡離合的結局。

一、緣分

1、男命：

（1）正、偏財星：

三命通會說：「正財者，乃甲見己、乙見戊之例，受我剋制、為我之妻。」財星乃是男命的異性星、男命的妻星，原則上並不以正財為妻、偏財為妾來分別妻或妾，只要命局僅出現一位財星，不管為正財或偏財，都以妻論之；若是命局財星多現，不管其為正財、或偏財，或正、偏財俱出現，且又通根於地支者，則可說是妻、妾並現之命。

財星既是男命的異性星，故命局如財星旺，或財星多見者，其人必定是異性緣好、處處得到女孩子的青睞；若是財星多見，且比肩、比劫星也多現者，則異性緣縱使不錯，也僅是曇花一現而已；但如果是財星不現，或逢沖破、被剋合，或是比肩劫星旺強者，則異性緣必差，一生難以交到女朋友。

財星雖為男命的異性星，但也要看日元之強旺、衰弱而定。日元若是強旺者，則不但異性緣好，且也會多得異性之助力，婚後也將得太太之幫助而創業有成；若是日元衰弱者，異性緣雖也不錯，但終將因女性或妻妾之累而失業敗財，此即三命通會所說：「譬人娶妻，妻賫財嫁我，我必精神康強而後可享用；若衰微不振，雖妻財豐厚，但能目視，終不得用。故財要得時乘旺，不偏正混亂、不重疊多見，自家日主有力，皆能發福。」

（2）食神、傷官星：

食傷星的功用，除制官煞及生助財星之外，也是一個人秀氣流露、才華外現、靈感創意的源頭，以及口才犀利、辯才無礙等的表徵。它既然是日主菁華發揚之星、生助財星之物，故也可說是對女性感情線的流露、甜言蜜語的表達。因此若是身旺、食傷旺且財星又旺者，則不但異性緣好，且憑其溫柔又能言善道的甜言蜜語，常能周旋在眾多女朋友之間而遊刃有餘，與其同時間交往的女朋友，也都心甘情願的為其付出一切而無悔，這是一位標準的多情又風流之人物。

但命局若是財旺而食傷星弱或被剋合者，則異性緣雖好，然而其跟女性交往的熱絡程度，就不如有食傷星的助力來得深刻，且有時候會演變成為如兄妹、姊弟般的情誼，並也無法同時與多位女孩子往來及談感情，一樣是異性緣好但是比較單純，不若有食傷星之助力般來得多情而複雜。

（3）比肩、比劫星：

一般人見到比肩、比劫星時，就感情與婚姻方面而言，第一個念頭大概就是「吹了、分手、分居、離異」等負面的觀念，然而比肩、比劫星的功用，除了剋損財星之外，尚有幫身、敵官煞之功用，所以命局或歲運中逢遇比肩、比劫星者，未必不是好事，尚須以日主身旺或衰弱來論定之，此即奧旨賦所說：「我去剋他為妻財，干強則為富。」以及「身弱財多，喜羊刃兄弟為助。」之意。

所以說命局身強、財旺之人，在異性緣方面當然是很好，但也多少會導致風流、感情複雜的情形，若於命局或歲運逢遇比肩、劫星之剋損時，就現時金錢、財物方面來說，雖然是不好而有失業、敗財之憂，但對感情而言，由於周遭不少之女友均被劫奪掉，則反倒會轉而專心一意於一位特定之女友，使本人之感情得以單純、用情得以專一，故未嘗不是好事。

但若是日主強而財星僅係一位或薄弱者，此時歲運就忌諱再見到比肩、比劫星，以免財星被剋盡，以致一生不是過著單身、但不一定是貴族的生活，就是另一半體弱多病、麻煩事生。

2、女命：

（1）正、偏官星：

古賦說：「凡觀女命，先推夫、子興衰；欲究榮枯，次辨日、時輕重。官為夫、財為父。」先賢說：「官煞財得地，夫利也。」又說：「用官為夫，不要見煞；用煞為夫，不要見官。」由此可知，女命乃是以正官星與偏官星（又稱煞星、殺星）為異性星、男朋友、丈夫，且命局中以一位官星或煞星，又通根得地最美，忌見官、煞俱旺且並現於命局。

女命如果身旺、官煞旺而多見者，異性緣必佳；如又得財星生助官煞星者，即須防因受錢財、物慾的誘惑而周旋於眾多男士之間，其結果雖不見得會受男人之苦或淪為風塵之女，但恐有失身之虞。

若是身弱而官煞旺者，此時即不能再以異性緣佳來論述，而須以防受男人之苦、男人之累、男人之害而遭受精神、金錢的損失，甚至於會心甘情願的淪為執壺女來論之。

（2）正、偏財星：

乃是生助官煞星的源頭，也是金錢、物慾及享受的象徵，故女命如官煞旺又逢財星生助者，其人必是感情豐富、愛恨強烈。如果命局中天干及地支各自僅見一位官或煞者，此為夫星干透支藏之象，必將是夫榮、自身亦貴之命局；此官星若又得財星生助的話，此時不僅是貴命而已，更將是富貴雙得之命。但天干及地支若是官、煞多見，除非其中有一官星或煞星薄弱、或被剋合者，否則女命本人即須防感情過於豐沛、愛恨情仇過於強烈，及對物慾的過於貪求，以致有失貞之憂；若是身衰而財官煞旺者，即容易受制於男人並受男人之迫害而淪落風塵。

（3）比肩、比劫星：

比肩、比劫星對女命的影響，大抵同男命一樣。身旺、比肩、比劫星旺而官、煞星弱者，一生難得異性之緣，縱或有婚姻，婚後恐夫情有向外之憂，要不就是有離異之苦；唯此比肩、比劫星如受一強而有力的官、煞星剋制者，就不必擔憂有感情困擾之事，縱使有也僅是曇花一現而已。同樣的，如果是身弱、官煞旺，但逢遇比肩、劫星之助者，其感情也會由駁雜而轉清朗，較不會有感情困擾之事。

二、戀情

戀愛是每一位未婚、又無戀情之男女都想嘗試的一件既甜蜜又相思的事情，只是要何時才能覓得心目中的白馬王子或是白雪公主，則須視各人命局中日主的強旺、衰弱而定，且也因男、女性別之不同而有差異。

1、男命：

（1）正、偏財星：

先賢說：「大運、流年與命局三合財鄉，必主紅鸞吉兆。」所以身旺以財星為喜用神之人，命局中如果財星現於月柱且不逢剋合，則在20～30歲期間，流年逢遇財星之年時，情緣將出現且隨即墜於戀愛情網之中。

若財星逢日支剋合者，在此20～30歲期間逢遇財星流年時，縱有女性朋友的交往，也僅止於淡淡之交往而已，甚至於連交往的機會都難以出現，故要真正墜於戀情之中，則須逢遇財官煞或財食傷的流年，以制化日支之星曜而使財星復活，且該戀情流年以出現在日柱管限的期間為主，亦即是可能在中運之期。

（2）正、偏官星：

命局若是身旺、比肩劫星旺，財星也不弱而官煞星不強者，此時唯有逢遇強力的官煞星流年來剋損比肩、比劫星，才得以有專一戀情之浮現而真正的會想談戀愛。

但若是身弱、財官煞旺者，則須逢遇印、比星並現之流年，而在父母或朋友的遷引、介紹之下，始得以有紅鸞戀情的發生。

（3）食神、傷官星：

命局若是身旺、財星不弱，但比肩、比劫星強旺而不近剋財星者，此時如用官、煞星強剋比肩、劫星，恐非上上之舉，故以歲運逢遇食、傷星來化解強旺之比肩、劫星最為適宜，在感情上也會因工於巧思謀慮、善於見機行事、溫柔多情與能言善道之舉，在眾多的競爭者之中脫穎而出，而得以獲取伊人的芳心。另外，命局如為身弱、財旺者，若已逢遇生助之運而有女朋友時，此後歲運若再行入食傷之地時，即須防會因想再另交其他的異性朋友，以致過於濫情而不專一，到最後會因過於濫情而陷於感情的困擾之中。

（4）比肩、比劫星：

命局身旺、官煞星不強，以比肩、比劫星為忌用神，如已經有要好、知心的女友時，歲運最忌行入比肩、比劫星之地，恐會有失戀、離異之痛，要不就是會引發激烈的爭吵，以致感情受到創傷。

（5）偏枯命局：

例如本身的命局如過於燥熱，或過於寒凍，卻又不能以從格論命者，歲運若又行入偏枯之忌鄉時，例如命局過於燥熱，又行入巳、午火炎之地；或過於寒冷，再運入子、丑寒凍之鄉，尤其是丑鄉。此時兩人的感情恐會因激烈之爭吵，亦或是陷於冷戰而降至谷底，嚴重時也有可能會造成失戀、離異之痛。

2、女命：

（1）正、偏官星：

這是女命的夫星，因此日主身旺以官、煞星為喜用神者，此官、煞星如現於年柱且大運前兩柱又行官煞之鄉，命局又不見印星化官煞、或是食傷制官煞時，則恐在20歲之前，其身後即有一堆黑狗兄的追求者，此期間的流年如又逢遇官、煞星之地時，那墜入情網、談戀愛已是意料中之事。

就正官星與偏官星（煞星）之分別而言，正官星之男友較為正派、守法、按部就班、多具君子風度，行事溫和、待人處事和藹可親；偏官星之男友則行事積極、主觀性強、權力慾望也強，有滿腔的抱負、有強烈之責任感，敬業精神好，甚至有工作狂的傾向，一心一意想賺大錢、做大業，脾氣則較剛硬與暴躁。

（2）正、偏財星：

命局如身旺、食傷旺而官煞星弱者，則在官、煞星管限期間的歲運逢遇財星流年時，易在參與團體活動之中蹦出白馬王子而墜於情網；但若身弱、官煞旺者，平時雖也可說是異性緣很好，卻無法擇選到如意的伴侶，此時最喜歡運入印、比之地，即可使感情專一與穩定；但歲運不幸的是逢遇財星之地時，雖也會定感情於專一，卻須防受本身所青睞之男友的拖累而失業敗財，或因貪圖物慾之享受而誤入歧途。

（3）食神、傷官星：

命局如日主旺且比肩、比劫星也很強旺，而財官煞星不弱者，此時歲運如行入食、傷之地，並又是官、煞星管限之期間者，本人常會因自身才華能力之表現，在眾多女性同儕之中脫穎而出，並受到心儀男仕之追求而紅鸞星動。

但若是官、煞星衰微者，此時不管日主身旺或衰弱，歲運忌逢遇食傷之地，除非命局有強力之財星引化，否則恐有失戀之苦，要不就有激烈的爭吵。

（4）比肩、比劫星：

同男命一樣，如果是身旺之人，歲運逢遇比肩、比劫星之地時，除非命局中官或煞星強旺且通根得地者，否則易有爭吵、失戀、離異之苦；但若是身弱、官煞星旺者，女命的異性緣雖好，但因本身無法拿定主意，以致常受於感情之困，此時歲運若行入比肩、比劫地時，周遭之男友雖會消失甚多，然而本身的感情也會因此轉而澄清且專一。

（5）偏枯命局：

同男命之理，命局若是過於燥熱或寒凍者，流年再逢遇偏枯之鄉時，即容易造成感情上的挫折。

三、婚姻

戀愛談完之後，當然就是要步入禮堂的那一邊，也就是要結婚而成家立業之時。婚後，一對新人對未來共組家庭的期許及眾人的祝福之下，都希望這個家庭能永續經營、夫妻能白頭偕老。以大部分的家庭而言，都能如願以償的夫妻廝守一輩子，但不幸的是，也是有不少家庭在婚姻維繫的過程中，即因種種原因而導致夫妻間的生離死別，以致一個家庭的破碎。這就命理學而言，也是因每個人八字命局結構的不同，而會有不同的悲歡離合之結局。

1、結婚：

原則上就男、女命而言，結婚之流年在哪一年，或何時該結婚?依筆者論命的經驗來說並無定數，也就是說並無脈絡可尋，一般人大都是在談戀愛一、兩年或兩、三年以後，即已步入紅毯而共組家庭。

但也就是因為這種情形，有些人的官煞或財星雖出現在年、月柱而有早婚的情形，但他們的官煞或財星卻被它柱的比肩、比劫星剋合，此時依命理而言，他們在中運之前，感情必將逢遇重大的挫折，也就是說男或女命不是會有失戀，就是會有離婚的情形產生。

像這種感情上有缺陷的命局，若單就婚姻方面來說，本是不應該早婚的，而是應等該剋破感情的忌用神歲運過後，再來論及婚嫁才是上策，如此才不致造成婚姻及家庭的遺憾；然而大部分熱戀中的情侶，在談戀愛一、兩年後就會結婚，只是待他日遭遇剋合、剋破官煞或財星之忌用神歲運時，將會因外在的因素而導致婚姻的破碎，徒留令人惋惜與慨嘆的遺憾。

當然也有少數情侶是在歷經好幾年的愛情長跑後才結婚，這有些是他們命局中真正管限之官煞或財星並不是出現得那麼早，而是當時男、女雙方正好逢遇官煞、財星，或是其他生助情緣之歲運的情形；或者有些正是如前述命局中官煞或財星有被剋合的情形，因此在談戀愛的過程中，也因其他客觀之因素，致使感情的進展並不是那麼順利，終而拖延了好多年才步入禮堂，但這也許是他們的造化好而能避開婚姻破裂之災。像這類型男、女命的結婚流年大概都在前述的財官煞等喜用神之年。

所以當客戶問起他們最適合的結婚流年是在甚麼時候時，筆者會看其命局的架構而告知其適合結婚的流年大概在何時。但若有官煞或財星被比肩、比劫星剋合的情形時，必將力勸他們務以晚婚為宜，且以跳過婚姻忌用神的歲運後再來論及感情與婚嫁之事，縱使中間會有情感上之挫折，也應坦然的面對之，以免以後在人生的旅途中留下婚姻之憾事。

像這類型的命局，即筆者常向客戶所勸說的：「以失戀來彌補感情之憾，而不要以婚姻去彌補一生之痛。」只是客戶能不能接受，也只有看他們的造化了。

2、離婚：

一對夫妻會離婚，必定在他們的命局中有產生會離婚的構成要件，也就是官煞或財星現於年、月柱，又被它柱的比肩、比劫星剋合，且他們結婚的時期又沒跳過忌用神歲運的期限，則待日後運行剋損官煞或財星的忌用神歲運時，發生離婚的情形乃是意料中之事；但如果他們的命局並無任何造成離婚的架構者，縱使它日運行剋損財官煞之忌用神歲運時，頂多只是夫妻口角、失業、損財，或是先生或太太的身體健康情形微恙、不如意而已，絕對不會有夫妻離異之象。

故知，命局中雖見官煞或財星被它柱的比肩、比劫星或食神、傷官星剋合、剋破，而易有離婚之跡象者，只要男、女雙方能延後婚期，跳過該剋損官煞或財星的忌用神歲運以後，也就不會有婚姻破裂之災，而在該忌用神的歲運期間，頂多是會有感情挫折的情形發生而已。

此外，另有命局中的官煞或財星被時柱比肩、比劫、食神、傷官星剋合、剋破，或雖不被剋合、剋破，但氣勢微弱，而夫妻倆也在中、早運前的適婚之流年結婚者，由於此類型的命局因婚姻的組合已隱伏危機，所以夫妻平常在感情雖談不上恩愛之語，倒也能夠平穩的維持婚姻關係、共同經營家庭生活，此時最怕的就是在中、晚運之時，大運及流年又都運行剋破婚姻之地，尤其大運約在第四、五柱之運限時，這個時候也容易有家庭破碎、婚姻破滅的危機，這也就是我們偶而會聽聞某個家庭之孩子都已經長大到青少年的階段，父母親卻在這個時候離婚的情形，嚴重時甚至於會有生離死別之痛。

至於何謂剋破婚姻之忌用神？以男命而言，若身旺以財星為用，此財星被比肩、比劫星剋合、剋破者，此時比肩、比劫星即是剋破之忌用神。以女命而言，若身旺以官、煞星為喜用神者，命局的官、煞星被比肩、比劫星剋合，或是官、煞星氣弱而被食神、傷官星剋破；或是身強印旺，尤其是偏印星，官、煞星之氣洩於印星者，則此比肩、比劫與食神、傷官、偏印星即是剋破之忌用神。

日支為夫妻宮，也是一個影響夫妻情感、聚離的重要因素。命局的夫妻宮如果僅是逢沖，或是逢空亡者，那夫妻間並無離婚之憂，其中逢沖者，夫妻間平常較易有口角之事生，且在一生之歲運中，夫妻之一方將受另一方之拖累而致官訟、損財之殃；至於逢空亡者，則夫妻間會因工作環境的因素而導致兩人平常聚少離多的情形，譬如夫上晚班、妻上早班，或是夫妻一方須往外地工作等情形。

但命局夫妻宮如果是逢沖、又逢空亡者，雖於其他干支不見官煞或財星有被剋損的情形，但待他日的歲運一旦逢遇剋破婚姻的忌用神運時，也會有夫妻離異或生離死別之憂。

四、和諧

家庭是由男、女雙方兩個不同之個體，因戀愛、結婚而組成的一個小群體。由於兩人的命局各不相同，所以各人的脾氣、個性也絕不相同；今將兩個原在不同生活環境下長大，且脾氣、個性又不相同的兩人結合在一起，在日日相處同一居室的環境之下，必定會產生磨擦，唯因每個家庭組成分子的不同，其間磨擦的次數與輕重程度也各不相同。

1、男命：

（1）日主元神強、官煞旺，且得財星之輔用者，夫妻感情好，尊重太太之人格。

（2）日主強、財星旺，且得食傷星之輔用者，夫妻感情好，對太太溫柔體貼，又能言善道。

（3）日主強、日支與財星都為喜用神者，夫妻感情好、恩愛異常，至老也是永浴愛河。

（4）日主強、官煞弱，官煞得財星生助者，對太太非常尊重，多能接受太太的意見與建言。

（5）日主弱、日支坐比肩或比劫星為喜用神者，對太太既疼愛又敬畏，凡事以太太為馬首是瞻。

（6）日主強、比肩或比劫星旺者，常存有大男人主義，尤其是比劫星旺之人，對太太更是不假顏色，稍不如意，即會演出全武行。

（7）日主強、偏官星旺者，由於偏官星之特性乃是嚴肅、脾氣暴躁，故偏官星過旺時，本人的脾氣絕對不好，對太太也是稍不如意時即會惡言相向。

（8）日主強、偏印星旺者，本人會有神經質的傾向，並且是自我中心強、自私性強、漠視他人之存在，故對太太也是較不關心，甚至於有無情的傾向。

（9）日主強、干支火炎土燥者，由於肝火旺盛，所以動不動就容易發脾氣，且聲音又洪亮，屬於瘋狗亂吠之類型，常常會讓太太及周遭之人受不了。

（10）日主弱、干支金寒水冷者，天性會過於懦弱、內向，易鑽牛角尖、不愛說話，對周遭之人事物漠不關心、毫無興趣，屬於鐘樓怪人之類型，並也因這個陰陽怪僻的個性，而常讓其太太無法忍受。

2、女命：

（1）日主強、官或煞星得地，且得財星之生助者，夫妻感情好，先生之事業穩固、獲利佳。

（2）日主強、財旺、官或煞星弱者，夫妻感情好，對先生可說是全心又無怨無悔的付出。

（3）日主強、日支與官或煞星都為喜用神者，夫妻感情好、恩愛異常，至老也是永浴愛河。

（4）日主強、官或煞星與印星成相生情形者，夫妻感情好，常以先生之成就為傲，也因先生之成就而得享榮貴之福。

（5）日主弱、得官或煞印相生為用，或日支坐比肩、比劫星為用者，夫妻感情好，凡事以先生為馬首是瞻，對先生可說是百般依人。

（6）日主強、比肩或比劫星旺盛者，個性上有男性化之傾向，脾氣固執、頑強，對先生也是不假顏色，爭吵起來時雙方可說是硬碰硬、僵持到底。

（7）日主強、食傷旺、官或煞星弱，命局中不見財星生助或財星微弱者，個性非常驕縱、自傲，得理時處處不饒人，不將先生放在眼裡、不尊重先生之人格，夫妻爭吵起來時，不將先生氣勢壓下、人格詆損，絕不罷休。

（8）日主強、偏印旺、官或煞星弱者，命局中不見財星生助或財星微弱者，本人非常自私、自我保護性強、具有神經質，不關心別人之立場，夫妻間談不上感情之語。

（9）日主強、干支火炎土燥者，由於肝火旺盛，故動怒、發起脾氣來時，有如潑婦罵街之類型，常常會讓先生及周遭之人受不了。

（10）日主弱、干支金寒水冷者，天性會過於羞澀、內向，易鑽牛角尖、不愛說話，對周遭之人事物漠不關心、毫無興趣，易胡思亂想、生活在自己的象牙塔裡面，甚至於會胡亂猜忌先生的生活與言行，而常讓其先生無法忍受。

五、助力

男、女既已結婚而結為夫妻後，除了希望能白頭偕老外，也希望在這數十年的人生旅程上，夫妻雙方能同心協力、胼手胝足、互相照顧的走完這一輩子，然而有的家庭能如願以償的夫妻兩人同心協力的開創事業與家庭之春，有些家庭則是夫妻各擁有自己的事業天地而彼此照顧，或是漠然相對，最不幸的是夫受妻累，或是妻受夫殃，而致災困不斷、破敗連連。

1、男命：

（1）日主強、官或煞星旺，得財星生助者，能得一相夫教子之賢妻。

（2）日主強、官或煞星弱，得旺盛之財星生助者，太太任事能力強，事業上必得太太的助力而得功成名就。

（3）日主強、官或煞星不見，得旺財之生助者，本身較無鬥志、權力慾望不大，唯得太太的助力大，夫妻共創業且事業的經營必以太太為馬首是瞻。

（4）日主強、印星旺，得財星損印為用者，得太太之助力雖大，但太太恐與公婆不合，故以籌組小家庭的生活最適宜。

（5）日主強、食傷旺，得財星順洩食傷為用者，經商創業上雖得太太的助力，但有時候卻會忽略太太的辛勞。

（6）日主強、日支與財星均為喜用神者，太太之助力不僅大，且可說是一位全天候、24小時隨時待命的女強人。（筆者常戲稱這是屬於7-11型的人物。）

（7）格局為從弱格，命局中財星為喜用神且又明現於天干或地支者，事業與生活上必得太太的鼎力相助，而得創業有成。

（8）日主弱，日支為比肩、比劫或印星為喜用神者，一生中必因太太之關係，而得以親友、貴人頻現且助力不斷，並因親友、貴人的相助而得事業有成。

（9）日主強，比肩、比劫及財星俱旺者，生活與事業上雖得太太的助力，但本人凡事都以朋友為重，也容易受朋友的拖累而損財，將太太之重心擺在次位，不一定能接受太太的意見。

（10）日主旺、比肩劫星旺，財星受比肩、比劫星剋損者，太太的助力不僅心有餘、力不足，且身體恐怕也是體弱多病或是毛病多見。

（11）日主強、日支為比肩或比劫星之忌用神者，它日須防受太太或太太親友的拖累而致失業敗財；日支為偏印星之忌神用者，它日須防因太太錯誤之判斷而致工作受阻、去職，或是營商之事業損財、亦或是結束營業。

（12）日主強、日支為喜用神但逢沖者，夫妻各有自己的事業，太太對家庭幫助大，但對先生的事業則談不上助力。

（13）日主強、比肩或比劫星旺、日支又逢沖者，太太不但毫無助力，它日更須防夫妻有離異或生離死別之憂。

（14）日主強、財星與日支均為喜用神，但日支被它柱合化並得月令之氣而成忌用神者，太太的助力雖大，但也會將中飽私囊的私房錢暗助近親好友；若此合化的忌用神又透出天干時，它日須防受太太及其親友的拖累而致失業敗財。

（15）日主強之專旺格，以財、官、煞星為忌用神，因此命局中若財星不見者，太太之助力大；但命局中若見財星現於月干或時干而被剋合者，則將來在該財星所在四柱管限之期間內，歲運若又逢遇財官煞之忌鄉時，即須防受太太之累而失業敗財。

（16）日主弱、印星旺為喜用神，印星逢財星剋破者，它日在事業上除了可能因貪圖非分之財或女色而失業敗財外，也有可能受太太之累而去官丟職，太太甚且與夫家之人不合。

（17）日主弱、官煞星旺又得財星生助者，本人大抵都是懦弱而無魄力，只會貪圖享受，居家都是太太在掌權，此為「妻奪夫權」之命。命局內如見財官印順生而無礙者，卻反而能得太太的助力而成家立業；但若是印星逢財星剋破時，則它日須防因女色、財物或受太太的拖累而致官訟牢獄之災，甚至於有意外不測之憂。

（18）日主弱、食傷旺、財星也旺者，夫妻倆同樣好吃懶做，喜歡胡思亂想、異想天開，凡事都是虎頭蛇尾而草草收場。

2、女命：

（1）日主強、官或煞星旺，又得財星生助者，先生的助力大且夫唱婦隨。無論身強或身弱，命局見官印或煞印相生者，先生之助力大，兩人的學識、人品都不錯。

（2）日主強、食傷及財星旺，但官、煞星弱或不見者，先生懦弱無用或遊手好閒，本人不但不得先生的助力，甚至須外出謀生以維持家計營生及供給先生之花費。

（3）日主強，食傷或比肩、比劫星旺，官煞及財星弱者，不但不得先生的助力，且先生不是體弱多病，就是易逢不測之災而不壽。

（4）命局成從勢格，以財官煞星為喜用神，且財官煞星旺盛者，除以先生為榮外，先生的助力也大，為夫唱婦隨之類型。

（5）命局成專旺格，以財官煞星為忌用神，月干或時干明現官、煞星而被它柱剋合者，則未來在官、煞星管限期間，歲運又逢遇忌用神之地時，須防受先生之累而失業敗財。

（6）日支為夫妻宮，看其坐下十神為何物，不管本人身旺或身弱，均可以此略推另一半的品行、脾氣、心境、出生家境……等種種情形，此點與男命同論。

（7）其餘先生之為助或為禍，大抵同前述之男命。

六、情愫

夫妻既因感情而結合，當然也希望彼此在人生的旅程中，都能專情而不出軌，好好的經營兩人共同的感情世界，然而自古以來即常有家庭之另一半，在感情方面演出脫軌的行為，尤其是今日在一個如此開放的社會環境體制之下，男女共同在一家公司、一間辦公室、一處營業所……等地上班，朝朝暮暮的相處一起，未婚者能因此結為連理，當然是受眾人的祝賀，但是已婚者有些人有時候也無法擺脫情愫的影響，終而演出婚外情之戲，且這種情形不管男女，都有日益增加的趨勢，到最後能全身而退的僅有少數，大部分之人都會引起家庭的風波，甚至於是風暴；情節輕者，乃是斷絕這一段畸戀即可；重者，則有可能是去官丟職、惹上官司，或者是夫妻離異。

1、男命：

（1）日主強、官煞或印星旺，財星在天干、地支各僅出現一顆者，本人責任感重、太太影響力大，故感情單純、夫妻感情好，感情生活以太太為中心。

（2）日主強、正財與日干五合且得地，它柱天干再現偏財而虛浮者，本人雖異性緣好，也有逢場做戲的機會，但對太太之感情仍是深植不移，重視居家的生活品質。

（3）日主強、正財與日干五合且通根於地支，但在它柱地支又見偏財星者，本人易腳踏兩條船，對太太的感情雖是真誠，但又會享齊人之福而暗地築巢。

（4）日主強、偏財近日干且通根於地支，它干再現正財而虛浮，本人雖異性緣好，但對太太之愛更是深植不移，重視羅曼蒂克的生活環境，既追求肉體，也追求物慾的生活。

（5）日主強、干支財星多見者，不僅異性緣好，本人也多情而風流，對太太的感情就無法全心全意；若又見食神、傷官星生助財星者，則易演出婚外情而生育子女。

（6）日主強、比肩或比劫星旺者，由於異性緣差，因此本人雖無風流之韻事，但對太太也毫無情趣可言。

（7）日主弱、干支財星多見者，雖然異性緣好而四處留情，然而因身弱以致無法掌控財星，所以最後將因感情之糾紛而災禍不斷；若又見食神、傷官星之洩耗日主元神時，他日恐因情慾之事而導致身衰體弱、未老先衰之疾。

（8）日干為陽干，月、時干出現正財去爭合日干者，本人雖不見風流多情，但異性緣卻不錯，他日易享齊人之福。這類命局可說都是第三者之女性自願與其廝守一起。

（9）日干為陰干，天干出現之偏財星被它干比劫星剋合者，本人對太太之感情雖好，但太太卻不領情，他日將因太太之緣故而致夫妻離異。

「合婚」之術，又名為「滅蠻經」，用以蠱惑世俗男女。

因此就已經論及婚嫁的男女雙方，應從其個性、修為、健康、職業、品德等多方面，來為其建議婚後夫妻應相處之道，方是合乎正統命理之道，切勿以合婚之說來誤導他人。

八、範例：

一、男命（先生）：民國36年農曆10月28日丑時建生

年	偏財	丁	亥	比劫					
月	比劫	壬	子	建祿	32～36歲	戊	申	37～38歲	
日		癸	亥	比劫	42～46歲	丁	未	47～48歲	
時	比肩	癸	丑	偏官	52～56歲	丙	午	57～58歲	

二、女命（太太）：民國39年農曆9月22日寅時建生

年	比肩	庚	寅	正官				
月	偏官	丙	戌	食神	39～43歲	壬	午	44～48歲
日		庚	子	正財	49～53歲	辛	巳	54～58歲
時	偏印	戊	寅	正印	59～63歲	庚	辰	64～67歲

分析：這是一對夫妻，他們在民國61年經親友的介紹而認識，並進一步的交往，兩人在62年底結婚，生下一男、一女。先生目前任職於銀行機構，職務為分行經理；太太則是自己經營會計事務所（即俗稱的計帳業），有不錯的營業獲利。先生的命局為專旺格局中的「潤下格」命局，專旺格以剋、耗日主元神之財星及官煞星為忌用神，以生助及洩秀日主元神之印星、比肩、比劫、食神、傷官星為喜用神。就他的命局而言，年干的丁火偏財星與月干壬水五合成木星之傷官星、合成喜用神，因此太太在他的生活或事業上會有很大的助力。太太的命局為日主元神強的偏印格局，但由於命局呈現火炎土燥的情形，故以水的食、傷星為主要喜用神，也因此她從結婚以後，就自己開設會計事務所並也有不少的獲利；此外，以火的官煞星為次要用神，所以先生在她的生活中除了維持穩定的婚姻生活外，也帶給她榮譽與壓力。

筆者就本範例所要強調的是：他們夫妻年歲相差三歲，但從結婚迄今也將近三十年了，夫妻感情還是很好，也沒有傳出任何的桃花或婚變之事。因此我們在日常生活上經常聽到：「男女兩人的年紀差3、6、9歲，就不可結婚」等的話語，都是江湖術士、不學無術之人的無稽之談的說詞而不足採信（註）。

※註：十二地支分配十二生肖及順序為：子（一鼠）、丑（二牛）、寅（三虎）、

卯（四兔）、辰（五龍）、巳（六蛇）、午（七馬）、未（八羊）、申（九猴）、酉（十雞）、戌（十一狗）、亥（十二豬）。

地支彼此間的生剋制化關係中，除了有三合局、六合、三會方之外，還有六沖、相刑、相破…等的關係（詳第三章的論述）。其中：

1、沖的關係為：子午沖、丑未沖、寅申沖、卯酉沖、辰戌沖、巳亥沖，兩個地支每隔六位就產生沖的關係。

2、刑的關係為：子卯刑、寅巳刑、巳申刑、丑戌刑、戌未刑，兩個地支每隔三位就產生刑的關係。

3、破的關係為：子酉破、午卯破、巳申破、寅亥破、辰丑破、戌未破，兩個地支每隔九位就產生破的關係。

因此古時一些學藝不精或不學無術的江湖術士，就利用十二地支彼此間這種刑、沖、破的關係，來論說男、女兩造出生的歲數（年）如果相差3、6、9歲（年），或是說什麼生肖跟什麼生肖犯沖，就會犯了刑、沖、破等不吉利的情形而不宜結婚。

事實上，一個人的命局是由四天干與四地支等八個字所構成，因此要論述一個命局好壞，也是要就構成整個命局的八個字來做一個全盤性的分析與論述，所以若單憑八個字中的任何一個字就能夠論述出一個命局的好壞，那簡直是天方夜譚、自欺欺人的說詞。這就猶如我們要論斷一輛車子性能的好壞、身分地位的象徵，並不能僅單憑輪子、避震器或傳動裝置……等一個部位構造，就可以來論斷一輛車子的好壞與身分地位之象徵，也是要就整輛車子的全部構造來評論車子的好壞與身分地位之象徵。

同理，男、女兩人命局的婚姻吉凶否泰之情形，也是要各自就自己命局的八個字做一個全盤性的分析，才能獲得一個正確而無誤的論述，並不是說單看兩人出生年地支的一個字，彼此間有產生刑、沖、破等的情形，也就是說相差3、6、9歲等的情形，就直接了當的說不適合結婚，這是很荒謬且毫無理論根據的論述，故而可以斥之為不值得採信的無稽之談。

這種男、女兩人相差3、6、9歲，或是甚麼生肖跟甚麼生肖犯沖，就不宜結婚的謬論，不僅以前被學藝不精或不學無術的江湖術士所誤用，現今也有部分的命學從業人員還在用這種謬論來做為男、女兩人合婚可否的依據，並用為論述夫妻兩人婚姻的吉凶根據。

像這種從業之人，本身不想或無法學得命理學的深奧學理，只想以一些簡單且錯誤的理論來替客戶推算八字命理而賺錢，這是不道德的從業行為，故也只得將他們視為江湖術士的流輩。

第十六章

歲運與命局

先賢說：「先天太過，後天減之；先天不及，後天增之；先天、後天，無太過與不及，然後平焉；運限者，後天也。且如先天八字，日干旺相太過者，宜行休衰之運，發洩其氣；如日干休囚不及者，宜行旺相之運，生扶其氣；二者合宜，則福壽兼全矣。若日干太旺又行旺運，日干太衰又行衰運，太過與不及，有不災害叢生者耶。」這所謂的先天，就是我們出生的八字命局；所謂的後天，即是大運、流年與客觀的現存環境。先賢這一段的論述，大概說明了大運、流年、客觀環境與命局彼此間的互動關係，因而所衍生出來的吉凶禍福。

一、先天之命局

論命首重喜、忌用神的取捨，至於何者為喜用神、何者為忌用神，則是以命局中四柱的干、支去配合出生月令之氣，以日干為我、為中心，看四柱干、支氣勢的強弱，與日干彼此間的生剋制化之結果，而得出日主元神的強、弱，並據以判定十干、十二支中何者為喜用神、何者為忌用神，並據此以推論大運、流年對命局產生吉凶禍福的影響。

氣象篇說：「今夫立四柱而取五行，定一運而關十載。」命理約言說：「初運管少年、中運管中年、末運管晚年，此看運之法也。更有舊法可參用者，即以四柱推論，年管少年、月日管中年、時管晚年；若年為喜神、則少年發達，為忌神、則少年迍邅；月日為喜神、則中年亨通，為忌神、則中年蹇滯；時為喜神、則晚年安榮，為忌神、則晚年零落。此法屢試有驗，故附之，然可酌略少旺老之大概而已，若確分年限、詳斷吉凶，仍當以看運為主耳。」

八字命局分年、月、日、時四柱，又稱為根、苗、花、果，書云：「根在苗先，實在花後。先有根而後長苗，有花然後結果。」四柱之每一柱又分天干與地支之字，這就是俗稱「四柱八字」的由來，又因其各柱位置的不同，而各有其管轄的年限與六親屬性的含意。

「年柱」為祖輩宮、父母宮、田宅宮，是一切人事物的發源及盤根期，所管轄之年限為出生零歲到十六歲之期間，由於現今人的身體健康狀況已較前人良好得多，故筆者均將四柱管限之期間往後延推兩年而到十八歲。大運之利害關係影響為第一、二柱，故如命局的喜用神、五行氣聚之處位於年柱者，而大運的第一、二柱剛好與年柱又有直接的生剋制化之情形者，則此管限期限本人的長輩會有明顯的吉凶起伏事件，如升遷異動、創業立基、置產移居、衰病亡故……等；本人就吉應而言，乃是課業優異、師長疼愛、身心健康等；就凶應而言，除須防舟車血光、跌撲受傷外，若在十二到十六、十八歲的青少年時期，流年又運行忌地時，即須防結交損友、誤入歧途而成為問題青少年。

「月柱」為父母宮、兄弟宮、事業宮、官祿宮，為樹苗期，是八字命局的樞紐、關鍵處，為興趣與嗜好的養成期，為未來學業、科系與事業類型的決選點，是人生事業的奠基石與人際關係的拓展期，管限之期為十六或十八歲到三十二或三十六歲。故月柱如為命局喜用神與五行的氣聚處，且大運的第三、四柱又直接與月柱有生剋制化之情形時，則此期間的吉凶禍福對一生的生涯、事業會有極大的影響，如父母親的壽與不壽、兄弟姊妹的氣運，本人事業建立或不斷更換等。此期限再配合日柱的影響，幾乎可決定一個人一生之生活、事業的富貴貧賤壽夭與吉凶禍福之命運。

「日柱」為夫妻宮、財帛宮，是人生貧富貴賤的花卉期、床褥期。這一柱可說是承先啟後的管限期，所影響的時間也最長，管限之期間為三十二或三十六歲到四十八或五十四歲。故大運第四、五、六柱之干支與日支有直接生剋制化的情形時，此時即可決定是否會延續月柱的好與壞，而為事業長久的發榮期，或是一生的衰敗命，或者是大好的改造運，亦或是少年得志後的重挫期。

「時柱」為子息宮、疾厄宮、僕役宮及福德宮，為人生功過福禍的驗收期、結果期，也為人生劃上休止符的終了期，管限期間則是日柱管限以後的年歲。故大運的第六柱以後，若與時柱有直接的生剋制化之影響，且時柱又是命局的氣聚處、喜用神時，則此時不僅可決定中、晚年後的事業穩固與否，及是否要安養天年、含飴弄孫，還是要退而難休、老而無依之情，甚且會直接影響到子女事業的成敗起伏，或是人格、品行的良窳優劣。

二、大運

三命通會說：「夫運者，人生之傳舍。探命之說，先以三元四柱、五行生死、格局致合，以定根基，然後考覈運氣，協而從之，以定平生之吉凶也。且根基如木、運氣如春，春無木而不著、木無春而不榮；賦以根基淺薄者，如蒿萊之微，春風潛發，亦能敷茂，豈能久耶；根基厚壯者，如松柏之實，不為歲寒所變。此所謂先論根基、後言運氣者歟。」這一段話旨在闡述命與運的主從關係，以命為主、運為輔，人一生的富貴貧賤、窮通壽夭、生長之周遭環境，全以四柱八字為根基，其次再配以後天歲、運的輔用，以論斷一生的吉凶禍福。

故若八字命局好，又得運助者，當然是一輩子盡享榮貴之福；若是命局好，但不得運助者，雖一輩子無法有富貴榮顯之時，但也不致顛簸困頓，僅是有良馬不得伯樂之嘆而已；若是命局中庸，卻得大運相助者，雖然一輩子的奮鬥過程中會遭逢許多阻逆，但最後也必將躋入龍門之林。若是命局不好，但得大運之助者，一生雖不得貴顯，倒也可安穩度日；如命局不好，又不得大運相助者，則一輩子恐是奔波勞苦四方之命。

命學名著壺中子說：「命中五行衰者，運宜盛；五行盛者，運宜衰；衰者復行衰運，謂之不及，不及則迍蹇沉滯；盛者復行盛運，是謂太過，過則擊作成敗；要歸於中庸而已。」特殊格局歲運之喜用，當然是以從其旺神，或是從其弱神，為行運取捨的依據；然而正格之命局，則是以求達於中庸之氣為取捨之標準，日主過旺者，則行運以剋洩耗之鄉為喜用神；日主衰弱者，則行運即以生助、幫比之地為喜用神；此外也有以調候、通關之歲運為用者等，不一而足，全視各人的命局而定。

大運的推算法，筆者已論述於第四章，故此不再贅述。大運與流年既然對原命局都會造成吉凶禍福的影響，然而大運所影響的定位是在何處、流年所影響的層面又在何處？

依筆者的經驗，大運則是將我們當時的處境植基於某一個範圍、某一個框框之內，而流年則是在這一個範圍、這一個框框內，每一年所產生吉凶否泰、喜怒哀樂的情形。例如本命之命局中庸，目前在大運剛好在財官煞喜用神之運時，則代表在這一運限內，本人的工作職務、錢財收入等，都比較來得順暢與高調，此時如又逢遇喜用之財官印食傷等喜用流年時，則工作上易有升遷、掌權的機會，經商創業上則是客源不斷、進財豐厚。

但若是逢遇比肩、比劫、偏印星或偏枯之流年時，同樣的在其工作或事業上也會遭遇挫折，只是因大運為喜用之鄉，所以尚得有逢凶化吉、貴人相助之力，而得有退路、保身之處；如果大運是行忌用神之鄉，但流年不錯者，尚可安度此吉年，最怕的是又逢遇忌用神流年時，則本人輕者失業損財，重者官訟牢獄，或是遭逢不測之災。

歲、運之影響命局既各有其定位的層面，而其與命局影響之深淺、厚薄與災害之輕重，又是如何定其孰重、孰輕？此命學名著燭神經有其獨特的見解：「凡推命之禍福，須先度量基地厚薄，然後定災福。如命有十分福氣，行三、四分厄運，都不覺凶，福力厚故也；若五、六分厄運，只浮災細累而已；至七、八分厄運，方有重災。如命有五分福氣，行三、四分厄運，為甚凶；行五、六分厄運，則須死，蓋基地不幸故也。」

雖說歲、運能夠影響、左右一個人一生吉凶否泰的情形，但一個人後天的生、長環境也會影響命局層次的高低。譬如有相同時辰出生之數人，且同為男性或同為女性，有些人生、長在先進富裕的國家，有些人生、長於開發中的國家，有些人卻生、長在落後貧窮的國家，由於其生、長地之不同，雖後天所行的大運一樣，一輩子的起伏曲線也雷同，但到最後他們的成就，必有不同程度上的差異；甚至於生、長在同一個國度裡且命局又相同之數人，他們到終了之時的成就，必也是截然不同。

大運的每一柱既由干、支組合而成，則其運行就需歷經地支十二長生之地（以日干為主，對照十二地支），因此其所歷經地支之十二長生之地也會對命局產生不同的影響，今分述如後：

1、大運曾歷經本命長生處者，稱之為氣盛之運，日後雖逢歲運來沖剋，其所造成之災禍不大，這是因為氣強的緣故。但若是未經過長生之地，卻逢歲運來刑沖剋破時，必將造成不小的災禍，這是因為氣衰、運弱的緣故。

2、大運已經歷過長生之地，日後逆行逢遇死絕之地時，本命縱使不吉，所造成的災禍也算輕微，這是由於陰陽五行之氣代謝順勢之故；若不幸死於此死絕之地者，也是因疾病而善終，並非意外不測之橫禍。

3、大運剛過長生之地，而要進入沐浴（敗）之鄉時，此時的歲運若逢遇刑剋惡煞，且與本命相符或沖剋本命時，由於會產生五行反戰之情，故將有不小之災禍，嚴重時甚至有亡故之憂。

4、古經云：「傷寒換陽，行運換甲，換過是人，換不過是鬼。」這是說大運的地支可分為寅卯辰之東方運、巳午未之南方運、申酉戌之西方運、亥子丑之北方運，其中兩方運的運頭、運尾交接期，例如辰巳、未申、戌亥、丑寅等的交接期，由於是90度的轉角換方運，故稱為「轉角運」。在此轉角運的當時，天干之字如又逢遇甲癸或是癸甲之轉換者，即稱為「行運換甲」，此運都有凶災之事生，尤其是老人更須防死運臨身，亦就是說老人最忌逢「換甲運」，至於其他運限之人，也會有禍事發生。

5、大運逢「轉角運」之時，其為福、為禍之應期都是特別的快，由衰運入旺鄉，喜事即到；由旺鄉入絕地，禍害隨臨。

6、先賢壺中子說：「年雖逢於冠帶，尚有餘災；運初入於衰鄉，猶披懟福。」大運的運行既有交替之時，也有生旺死絕更迭之情，則在其兩運交接的時候，也就是運頭、運尾交接之時，如果此兩運恰好是由旺入衰，或是由衰入旺之交接運柱者，由於衰旺運柱之不同，也會有截然不同的影響。

如果目前之大運剛要由沐浴（敗）、衰、絕之地交接至生、冠、官、旺等地時，不可認為馬上即有富貴、福祿之運來到，這是因為前運尚存破敗禍害之餘災未盡的緣故；或是剛由生旺之地交接至衰敗之鄉時，也不可認為馬上即有破敗禍害之事生，這是因為前運猶披富貴、福祿之懟福的緣故。

7、先賢壺中子又說：「將徹不徹，寧有久否之殃；欲交不交，尚有幾殘之禍。」這一句話大抵同前段之意。也就是說是大運由衰敗之地要交接至吉慶之鄉時，必於臨離之時更有重挫、阻撓之事臨身；或是由吉慶之地要轉入衰敗之鄉時，同樣會再有富貴、福祿之重福臨身。像這種運頭、運尾交接之際，如果流年所逢遇的也是吉凶、福禍交接之年，或是神煞有天乙、二德、將星、劫殺、亡神、病死、官符、白虎等物者，其重撓、重福之應驗會更明顯。

三、流年

流年又稱為「遊行太歲」。太歲乃是一歲之主宰、諸神之領袖，又可分為「當生太歲」與「遊行太歲」等兩種。所謂「當生太歲」乃是命局四柱中的年柱地支，為終生之主；而「遊行太歲」則是逐年輪轉、遊行地支十二宮，並以定一年、四時之吉凶禍福。所以我們常稱的歲、運之字眼，這個「歲」即是指「遊行太歲」，也就是「流年」之意。

經云：「反吟、伏吟，涕泣零零。」所謂「伏吟」，即是流年的干支與日柱的干支相同之意，如流年與日柱的干支都為辛巳，即是；「反吟」，則是流年的干支與日柱的干支成天剋地沖之意，例如流年為辛巳、日柱為乙亥或丁亥，即是。命局若逢此反吟、伏吟的流年，家人或本人會有職變異動、升官發財、失業敗財、疾病纏身、破耗刑喪等情形；至於該年會發生吉應或凶應之情形，則完全看流年是命局的喜用神或忌用神而定。

流年干支與命局四柱中任何一柱干支，或是與大運干支成天剋地沖之情形者，又稱為「征太歲」，例如流年為丁亥，而命局四柱中之任何一柱有癸巳或辛巳，或是當時的大運為癸巳或辛巳者，即是。征太歲之為吉、為凶，一樣須看該流年為命局的喜用神或忌用神而定（註）。

命學名著繼善篇說：「太歲乃眾煞之主，入命未必為殃；若逢戰鬥之鄉，必主刑於本命。」這「入命未必為殃」的說詞，正可以解釋前述反吟、伏吟的情形。如果流年是命局的喜用神，會有先小凶而後吉的情形；但若為忌用神且與命局成刑沖破壞之情形時，則本人或家人必有破敗刑喪之憂。

又說：「歲傷日干，為禍必輕。」這種情形即是流年之干剋日主之干，例如流年干為癸、日干為丁，也就是說該流年是日主之偏官星入命之意。事實上偏官星入命，其為福、為禍，一樣須看日主的強弱及偏官星為喜用神或忌用神而定：

1、日主強而以偏官星為喜用神者：該年工作職務上必有異動、升遷、掌權、得主管的賞識、壓力大、事業拓展或創新之舉、金榜題名、女性的異性緣浮現、遠行旅遊等。

2、日主弱而以偏官星為忌用神者：該年工作職務上易受長官的斥責或拖累、事事阻礙多、去官罷職之災、同事與朋友間多小人口舌是非、自營事業有受朋友拖累而官訟損財之憂、易有跌撲受傷或舟車血光之災、不測橫禍、疾病纏身之苦，女性易有失貞或受制於男人、婚外情、離婚之憂。

繼善篇說：「劫財陽刃，切忌時逢；歲運併臨，災殃立至。」大運的干支與流年的干支一樣者，例如大運與流年干支均為甲子，即稱為「歲運併臨」。至於劫財、陽刃入命，未必即有災殃，一樣須視日主之旺衰而定，唯因劫財與陽刃均有剋損財星之力，故不管其為喜、為忌，在歲運逢遇時，必定都會有不利財運事情的發生，只是這錢財的支出可分為值得的支出（如購車、購屋、裝潢、捐款……等），與不值得的耗損（如失業而無收入、被倒錢、罰款、遭竊……等）；此外，男女命同樣須防感情糾紛、婚姻危機或是另一半身體違和的情形。

※註：我們平常所聽到「犯太歲」的字眼，就是一個人八字命局出生年的地支與該流年的地支相沖或相同的情形，例如某一人是民國79年、庚午年出生，因此在民國85年、丙子年與民國91年、壬午年的這兩年，對他（她）而言就稱為「犯太歲」，餘此類推。

由此可知，一個人每隔六年就會產生「犯太歲」的情形，然而這種犯太歲的流年對一個人會產生吉應或凶應的情形，也是要看該年的干支是命局的喜用神或忌用神，就整個命局的八個字做全盤分析後才能論斷吉凶，並不是說只單憑命局年柱地支一個字與該流年地支相沖或相同，就能夠為命局吉凶的論斷。因此我們在日常生活上所聽到或江湖術士之流輩說：「一個人在犯太歲之年就會產生如何的不吉利」等的說詞，這如同只看男、女兩方命局年支一個字有形、沖、破情形，就說不宜結婚等說詞，一樣是無稽之談而不足採信的論調。

四、大運、流年與命局通論

一個人的一生，除了夭殤、極貧賤之命格外，必會有一個輝煌騰達的大運，若已歷經此輝煌騰達之大運者，就稱為已發之命；若未歷經者，即是未發之命。

命局若為已發之命，由於其旺氣已過，再來所面臨的就是衰頹之運，所以大運如果是不好之運、流年也是忌用神之年，而該年又逢遇命局日主天干傷剋流年天干之情形者，所產生的災禍必大，本人也會有不測之災，尤其是老年人逢之更驗。

如果是未發之命，由於其本命之氣乃處於正待茁壯之期，此時大運與流年都為否運，而該年也是日犯歲君之情形，一樣會有災禍之事臨身，只是對本人所造成的衝擊會比較小，也就是說本人終將能度過此難關，而去迎接即將到來之旺運，並配合命局之架構而得以去享受層次不等的財名之福。

此輝煌騰達之運，原則上會與命局四柱的喜用神配合，也就是說喜用神氣聚於年柱，則騰達之運會在第一、二柱；喜用神氣聚於月柱，則發達之運會在第二～四柱；喜用神氣聚於日柱，則騰達之運會在第四～六柱；喜用神氣聚於時柱，則騰達之運即在第六柱以後之事了。

又命局的喜用神如果是分散於各柱而不是氣聚於一柱的話，此時則須視各柱用神力量的大小，並配合該管限之大運為喜、為忌而來推論何時為輝煌騰達之運。

大運與流年入命，除單純的推論歲、運干支為命局之喜用神、忌用神而造成好壞的影響外，命、歲、運三者彼此間的干支，也可能會有合、會、刑、沖等情形發生，而其結果對命局也會產生完全不一樣的吉、凶影響。

1、命局與歲運之干支如果都為喜用神，則歲運入命後，其三者之間的干支彼此經過三合、六合、三會方後，仍是喜用神者，則會更加強本人富貴榮顯之氣勢；若是成為忌用神者，則本人將會因外力的干涉，或是外在環境之影響，而導致先吉後凶之災禍。

2、命歲運之干支間，原本有部分干支是為忌用神，但因三者、或兩者彼此間產生合、會之情形者，則在此歲運期間，本人會有先凶後吉、逢凶化吉之兆。例如本命之喜用神喜金、水，忌火、燥土，原命局有巳、或巳丑，此時歲、運之地支有酉丑、或酉金，則三者之地支即得三合或半三合成金局，命局支中巳火因三合局而化忌為喜，即是。

3、命局中的喜用神被歲或運單純剋去，但彼此間無合、會，或是剋合的情形時，則本人在此運限期間，其福貴之氣將減損；反之，命局中的忌神被單純剋去者，本人在此歲運期間的災禍不僅會降低，且諸事可逢凶化吉而得相安無事。

4、歲、運的干支會影響到本命局干支間的刑沖合會之結構，也就是說命局中若有合、會之局，但卻逢遇歲、運干支的剋破時，則命局合、會之局就會成為破格之狀；同理，命局中有刑、沖的情形，一旦逢遇歲、運干支的合、會時，則命局中刑、沖的力量，就會減輕或消失。

5、命學名著氣象篇說：「六合得用，權尊六部。三刑得用，威鎮三邊。」因此命、歲、運見寅巳申、或是丑戌未之三刑者，未必即可以凶災論之。如果是日主剛強、三刑有氣，三刑又為喜用神者，那本人在此運限期間，必可輝煌騰達，只是過程中將遭遇不少的阻礙；但日主如為身弱、三刑無氣又非為喜用神者，此時本人即須防有災禍臨身之憂。

五、再論歲、運十神對命局之影響

歲、運入命既會產生禍福吉凶之影響，而此福吉之好是好在哪裡、禍凶之壞是壞在何處，也就是說好、壞的「具體例證」是何物，則須看歲、運之十神入命有哪些，並分別其為喜用神、忌用神而有不同之吉凶禍福的影響。

大抵而言，此十神吉、凶兩面之意義相同於第五章的論述，今再簡述於後，以做為一前一後論述的對應。

1、**正官：**

（1）**為喜用神者：**工作職務上有升遷、異動、掌權、換主管、調單位之喜，得長官之讚賞並委以重任、有壓力之存在，聲譽佳、得屬下之敬仰，謀職易成、課業成績表現優異、考試可得榜，因升官而獲調薪之喜，學生之品行與課業佳，女性有紅鸞星動或婚嫁之喜。

（2）**為忌用神者：**工作事業壓力重，受長官或師長的斥責、拖累，有去官、降職、記過之災，犯小人、招惹口舌是非，易有官訟損財之憂、遭小偷而致財物損失，不良性的異動、調冷衙門之單位，經常犯錯、出毛病而致聲譽不佳，易違規、犯法。自營事業有被倒財或受阻之情形，或是易受到營業政府單位的刁難、掣肘。

2、**偏官：**

（1）**為喜用神者：**有升遷、異動、掌權、調單位之喜，唯都屬於開創性、改革性、挑戰性、冒險性等較具高壓力、高膽識、吃力不討好之部門、職階；由於恩威並施，故雖得屬下之敬仰，卻也會招致屬下的抗拒；自創事業有擴大版圖的雄心、課業成績表現優異、考試之功名可得、求職順利，女性有紅鸞星動或婚嫁之喜。

（2）為忌用神者：工作職務上會遭逢重挫，受主管、長官或師長的刁難、斥責，有去官、丟職之憂，交到損友而誤入歧途、作姦犯科、為非作歹。自營之事業因資金調度或周轉不良，或受制於政府單位，或因犯小人、受朋友的拖累而倒閉並惹上官訟牢獄；身體健康不好，須防舟車血光之災，女性須防有失貞之憂。

3、正財：

（1）為喜用神者：工作事業進展順利、生活上平順如意，很得主管賞識，但不一定會升遷，同事間相處和諧，滿足且安逸於現狀之生活，有口福、會享受物質生活；有遠行、出國旅遊或添購生活用品之舉；男性會贏得女性之青睞，異性緣好，容易交到女朋友。自營之事業進財小如意，但都是積少成多、客源不斷的型態。

（2）為忌用神者：貪玩、貪圖享受、無心於工作事業上，上班時喜歡開溜、出小差，以得過且過的心態在混日子；錢財守不住，易流失於不知不覺的購物或花費中；學生則無心於課業上，男生會沉迷於遊樂場所或交女友，女生則愛打扮、逛街、胡亂購物、迷偶像。自營之事業會東補、西補而虧小本；生活上容易因分心、大意而失物損財。

4、偏財：

（1）為喜用神者：工作事業上可說是財名雙得、事事如意，且能替公司賺取不少利潤，故薪津、獎金也是獲利豐厚；容易獲得意外之財，如中獎、獲得遺產等；會賺錢也很會享受，並以追求高品味、高格調的物質生活為首要；出手大方，秉持有福同享之理念，對朋友、同事或周遭之人非常慷慨；自營之事業客源廣進、進財豐厚；男性則異性緣特佳，容易享齊人之福，可同時與數位女友交往，已婚之人須防有婚外情之事生；女性易有體重過剩之憂，或購物大血拼的情形。

（2）為忌用神者：無心於工作職務上的拓展，好吃懶做，只想貪圖安逸之享樂；

以交際應酬之名，而遂行私人利益的花費；不會節制，開銷費用非常大，經常處於入不敷出的窘境；喜歡出入風花雪月的場所，因此容易受現實物慾的誘惑而從事非法勾當。自營之事業容易因好大喜功的心態而亂擴充、亂投資，終而導致資金周轉不良、損失慘重；此外，須防長輩身體健康狀況有損，男性易因挪用公款或受女性的拖累，而吃上官司或去官丟職。

5、正印：

（1）為喜用神者：會得長官或貴人助力而有擴權之喜，但不一定會升官，有購屋、置產、購車、裝潢之舉，想再次讀書、追求學問，或是有在職進修的機會，事業安穩，注重心靈之生活，經常逛書店或看畫展；自營事業將因得長輩、兄姊之助而創業有成。

（2）為忌用神者：工作事業上勞多獲少、貴人助力減低，會被調到事務雜而繁瑣的部門，偶爾會受到長官的糾正或教誨，業務單位之業績難以拓展；學生則智慧不開，領悟及理解力不好；自營事業因客源不繼，故獲利不好。

6、偏印：

（1）為喜用神者：工作上得主管、長官大力的支持，職務上則有擯權之喜，且工作份量增加，但不一定會升官；對本身之專業技能有再深入研究、進修的機會；領悟力好、分析能力強，就事物之判斷常有其獨特之見解，並多能獲得公司或社會大眾之採納、接受；對宗教、文學、藝術活動特別熱衷，並有專業之文學、著作出版。自創的事業都能得力於長輩、兄姊、貴人之助力，而得創業有成；原經營之事業，可能受到外在之因素而結束，但是獲利豐厚。

（2）為忌用神者：易失於偏激、主觀、鑽牛角尖的情緒反應；任職之部門繁雜或不合己意，無法稱心的表達自己之思想、意見，工作上常受長官的約束、糾紛，以致有苦難言、有志難伸；自私、本位主義重，易受同事的批評與流言中傷，因而陷於無助、受孤立困境；業務之拓展或企劃案，均無法順利達成目標；常會因自身為錯誤之判斷，以致造成公司或個人金錢、財物上莫大的損失，終而去職。自創事業因客源不繼而陷於停擺、結束營業，或因自身判斷錯誤而虧損累累；身體上易有腦神經衰弱、生殖或泌尿系統之毛病。

7、食神：

（1）為喜用神者：工作上因辛勤之革創而升遷、掌權，事業上有新創舉、新契機之轉捩點，也是一個投資創業的吉運，專注於學術著作的編寫，或是傾其所學從事教育人才之事業；諸事都能逢凶化吉，不會發生舟車血光、意外不測之災；就職或自營事業的業務推展順暢、客源不絕，故有很好的獲利。

（2）為忌用神者：喜歡天馬行空的胡思亂想，職務上之企劃或業務的推展，常見理想過高、與現實脫節而無法推行；無耐心、虎頭蛇尾，凡事無主見、不能堅持到底；喜歡耍小聰明、愛說話，一說起話來則是滔滔不絕、毫無節制，且所說內容又是空洞無內涵。

8、傷官：

（1）為喜用神者：志氣與雄心非常大、精力又充沛，常有開創新風氣、領導新潮流之創舉；天縱英明、口才優異、辯才無礙，就業務之拓展、

及的實事求是的務實精神；工作上一樣會得力於同事的助力，在其剛強、擇善固執的堅持之信念下，會披荊斬棘、破除萬難的創造出一番讓人刮目相看的傲人成就。自營事業也會因朋友、兄弟姊妹的助力而成就輝煌，且會有再投資、擴展事業版圖的雄心壯舉。

（2）為忌用神者：個性上過於頑固、執拗，完全無法接受他人的意見、聽不下別人的建言，凡事自認為自己很行、自我為是，脾氣則易產生剛愎自用、暴躁、情緒化、無耐性又容易動怒的失控表現；工作上與人格格不入、容易與人起衝突，常遭受同事的中傷與排擠，且會因職務上的表現不理想而被調職或撤職，以致落寞寡歡或失業、喪志。

自營之事業將因金錢之周轉不靈，或受友倒財之累而關閉、結束營業；平居生活上財運不好，常被借錢或有破財之憂；易受損友之慫恿而從事違法、傷天害理的勾當；夫妻均須防口角爭吵、感情困擾、婚姻危機及身體違和之災。

六、範例

一、男命：民國50年農曆10月24日寅時建生

年	傷官	辛	丑	比劫	9～13歲	戊	戌	14～18歲
月	比劫	己	亥	偏財	19～23歲	丁	酉	24～28歲
日		戊	辰	比肩	29～33歲	丙	申	34～38歲
時	偏官	甲	寅	偏官	39～43歲	乙	未	44～48歲

分析：這是一個日主弱的偏財格命局，以火、土之印、比星為喜用神。民國86年、丁丑年，這一年他雖然是如民間或江湖術士所說的犯太歲，然而流年年干丁火印星、年支丑土比劫星都為命局的喜用神，丁火印星引化時干甲木偏官星以成官印相生之情形，這一年農曆的四月、巳火月令，他經朋友之引薦，從一家證券公司的課長職務換職到另一家證券公司，職務高升為經理。

二、男命：民國41年農曆11月12日辰時建生

年	偏財	壬	辰	比肩				
月	偏財	壬	子	正財	34～38歲	丙	辰	39～43歲

日		戊	申	食神	44～48歲	丁 巳	49～53歲
時	偏印	丙	辰	比肩	54～58歲	戊 午	59～63歲

分析：這是一個屬於特殊格局之從勢格中的「假從財格」之命局，以剋洩耗日主五行之金、木與濕土為喜用神，以火、燥土為忌用神。他任職產險公司，民國89年、庚辰年，他雖然一樣是犯太歲，但因流年天干庚金為食神星生助年、月干的壬水偏財星，地支辰庫加強命局申子辰三合水局的力量，干支都為命局的喜用神，這一年從襄理職務升任副理職務。

三、女命：民國53年農曆8月13日丑時建生

年	偏財	甲	辰	偏印	5～9歲	壬 申	10～14歲
月	傷官	癸	酉	月刃	15～19歲	辛 未	20～24歲
日		庚	午	正官	25～29歲	庚 午	30～34歲
時	比劫	辛	巳	偏官	35～39歲	己 巳	40～44歲

分析：這是一個日主元神非常旺的月刃格，以剋洩耗日主庚金元神的食神、傷官、正偏財、正偏官星為喜用神，以生助日主元神的正偏印、比肩、比劫星為忌用神。

由於月柱是八字命局的樞紐之柱，而比劫星又是日主十二長生中的旺氣之位，為最強的氣勢，所以比劫星如果位在月支的話，就以月刃之名詞稱之，因此整個命局就稱之為月刃格。不管是男命或女命，如為月刃格的話，他們約在32歲之前的婚姻或感情，必定會產生挫折。

她在民國73年、甲子年、21歲結婚，當時的大運為未土，未中暗藏丁火偏官夫星。這一段婚姻維持到民國82年、癸酉年、30歲，酉為命局地支的比劫星，被她發現先生有外遇，而這個外遇的事情發生在民國80年、辛未年，辛為命局天干的比劫星。她當時為了小孩著想，因而隱忍下先生的外遇行為，並希望先生能回心轉意；82年後的前兩年，他先生還算能夠節制自身的行為，但到民國85年起他先生又犯起老毛病，她忍無可忍的終於在民國86年、丁丑年與先生先辦妥離婚事宜。

這個「丑」庫為她命局的比劫庫、損大筆錢財之庫，因此她86年不僅失去了婚姻，也替先生清償了因經商失敗所背負的大筆債務。

第十七章

論富貴貧賤

富貴之路，是人人一生中所追求且亟欲達到的目標、獲取的事物；貧賤之途，則是人人所排斥且避之唯恐不及的一個瘟神。俗語說：「有錢能使鬼推磨。」又說：「金錢雖不是萬能，但是無錢卻是萬事不能。」財富所影響的層面不僅是個人而已，並且也是一個國家國力強弱的象徵、企業興衰榮枯之所繫。

以國家而言，縱使地大、物博、人多，但是如果沒有豐厚之財富做後盾的話，也很難以在這世界上躋身於強權國家之林，例如現今的印度，及尚未從事經濟改革之前的中國大陸，即是很明顯的例證；同理，縱使國土不大、人口尚可，但是擁有強勢之財富做後盾的話，也是能在世界舞台上揮灑自如，例如台灣、荷蘭、比利時、丹麥、瑞士等國家，雖然都是蕞爾小國，但因為挾其雄厚的財富為後盾，故也都能立足於世界舞台，並也都能藉此創造出令人刮目相看、嘖嘖稱奇的經濟奇蹟。

貴氣則是另一種提升自我身分、地位的象徵，當我們在社會上因為才華秀氣的發揮、或是工作能力的表現，而獲致成就、達到一定之職階時，隨之而來的必是眾人的肯定與讚揚，本人除自身能感受到貴氣成就所帶來的榮譽感外，家屬並也是與有榮焉，並也得以藉此而光宗耀祖。所以說富與貴皆是人人一生所欲追求之目標。

先賢說：「財旺生官，官旺引財。」故大抵而言，富與貴終究是會併臨於同一個人的身上，蓋一個人當他因經商獲利，其財富累積到足以影響一個區域、一個城市、一個社會，甚或是一個國家時，此時他必定會將心志轉移到如何在這個社會、這個國家奠立其個人的身分地位，據此他必會結交所謂上流社會的權貴人物，藉以抬高其聲譽與地位；亦或者是一個人當他在工作事業上獲致一定的成就、達成一定的位階時，相對跟著而來的必是薪津的調升、紅利的發放、入股的參與等，因而得以享受名利雙收之福。

俗語說：「貧賤夫妻百世哀。」這一句話可以說是對貧賤之義下了很好的註腳。自金錢貨幣發明以後，人類即正式進入凡事都以金錢為購買或換取貨物、勞力等生活上所需的一切事物的社會；試想，一個人如果是落魄到身無三兩銀的地步時，可想而知他必定是舉步維艱、三餐難以為繼，到最後有可能淪落街頭而成流浪漢；縱使不至於落難到這樣的情境，也必會為了營生之計而四處奔走，甚至於拋棄尊嚴、犧牲形象都在所不惜，這為了只是求最基本的溫飽生活而已。

雖然說富不過三代、窮也不過三代，但是當我們身處貧困的窘境時，也唯有當事人才能夠體會到箇中的滋味，且不要說三代，即使只有三個月或三年，這期間因貧賤之困而所經歷的痛苦，足可讓人終生難忘，所以筆者常形容說：「悠遊在快樂、富貴中的生活，其度年如日；困頓於痛苦、貧賤的日子，其度日如年。」

富貴既然是人人之所求，貧賤則是人人之所惡，但並不是每一個人都能獲致富貴的前程，也不是每一個人都會困頓於貧賤之環境，並且也不是每一個人都能永遠富貴，或是一世貧賤，而其間富貴貧賤程度的差異，也是人人不同；這之間的差別，除了受後天生、長之環境影響外，最重要的當然也是因每一個人八字命局的不同，而產生的差距。

一、富命

命學名著滴天髓說：「何知其人富，財氣通門戶。」這一句話開門見山的以財星做為富命的首要條件。八字命局的架構中，除了專旺命局之人外，不管正格或從勢格之人，命局中不見財星，或是財氣薄弱之人，一輩子要談上富命，恐是緣木求魚而不可得；縱使能獲得大運的相助，也是僅得以溫飽、生活無憂而已。

先賢說：「財為養命之源」，財氣雖是富命的基本要件，但仍須配合日主強弱、用神與忌神之力量、歲運是否生助等，才得推知其富命的程度如何。

1、日主強、財旺之人，歲運得官煞星相助者，必因專業技能、專業知識，或是工作能力的表現，而成就富貴之命。

2、日主強、財旺之人，歲運得食傷星相助者，必因經商創業、創意靈感，或是藝術才氣的發揮，而成就富裕之命。

3、日主強、官煞旺之人，歲運得財星相助者，必定成就其富貴之命；但此財運過後，則又回復原來貴而不富的境況。

4、日主強、食傷旺之人，歲運得財星相助者，必定成就其富裕之命；但此財運過後，則又回復原來勞（巧）而不富之命。

5、日主強、財官或煞俱旺之人，歲運再得財官或煞星相助者，必定成就大富大貴之命。

6、日主強、財或食傷俱旺之人，歲運再得財或食傷星相助者，必定成就大富翁之命。

7、日主強、財旺、比肩或比劫星並旺之人，歲運若得官煞或食傷星相助者，也可如鯉躍龍門般的成就其驟發富貴或富翁之命，但此官煞食傷運過後，則又再次回復原來為財奔波忙碌的境況。

8、日主強、財衰或無、比肩或比劫星並旺之人，歲運縱得官煞食傷星的相助，也僅得溫飽而已，無法成就富貴之命。

9、日主弱、財旺、官煞有力之人，歲運得比肩、比劫星幫比者，事業上必因朋友、兄弟姊妹等同儕的助力而成就富貴之命。

10、日主弱、財旺、食傷有力之人，歲運得印星、比肩、比劫星生助者，事業上將因長輩、朋友、兄弟姊妹之助而得以成就富裕之命。

11、從財格之人，歲運得財官煞相助者，必定成就富貴之命。
12、從兒格之人，歲運得食傷財星相助者，必定成就富裕之命。
13、本命已成就富命格局之人，但是命局過於寒凍、燥熱，或是財星逢沖剋者，須待歲運逢遇調候、通關用神相助時，才得成就其富裕之命。
14、偏財得地為用之人，其財富豐厚之程度，必較正財為用之人來得深遠及廣袤。
15、財星近貼日主，或與日主剋合者，本人成就富裕之命必定較為穩固與長久。
16、命局財星所居處之柱，其所管限之期間，如能與生助之大運相配合的話，例如日元身強、財星位居月柱而有力者，且生助財星之大運正好在第三～五柱時，則此命歲運配合之結果，在此運限內必定獲利豐厚、財源不斷。
17、命局財星所居處之柱，其所管限之期間，如無法與生助之大運相配合為用者，則本人一生僅得安穩度日，要成就為富命之人，恐怕是難如所願。

二、貴命

滴天髓說：「何知其人貴，官星有理會。」先賢說：「大凡貴命，合二、三格局，取之左右逢源，忌見格多而雜。」又說：「諸般貴氣雖合格，六格大綱難捨得，更看向背運辰行，不可一途而取足。」以官、煞星為貴氣的表徵，只要官、煞有力且格局清純而不駁雜者，即為具備貴格之命。

這個「官煞」、「貴氣」所涵蓋的層面，在以前封建社會所存狹窄之觀念的認為做官、身為衙門之人，才算是得貴之人；但在今日之社會，已經是多方面的意義了，只要在工作、事業上有相當的成就，不管他是從政或是經商，不管是服務於公家機關或是民營事業，當他爬升到一定的位階，或是具有相當的影響力，而能受到眾人的尊重與敬仰時，則他的身分、地位及收入必相對的提高，這也是一種貴氣的象徵。

1、日主強、命局與歲運又都得財官煞印相生之人，一生必定成就其大富、大貴之命。

2、日主強、官印或煞印相生之人，歲運得官煞相助者，必定成就其貴氣之命；若是得財星生助者，必將成就其富貴之命。

3、日主強、官煞弱、印旺，歲運得財星相助者，也可成就其驟發富貴之命。

4、日主強、官旺而煞弱，歲運行財、官鄉之地；或是煞旺而官弱，歲運行財、煞鄉之地，均可成就其富貴之命。

5、日主強、官煞並見而混雜之人，歲運行去官留煞，或是去煞留官之地者，亦可成就其驟發富貴之命；但此歲運過後，又將回復至原來的境遇。

6、從煞格歲運行財官煞之鄉，專旺格歲運行印、比之地，均可成就其富貴之命。

7、日主強、比肩或劫刃旺，歲運行官、煞之鄉；或是身煞兩停之人，歲運行食神、傷官之地，均可成就其富貴之命。

8、日主強、官煞用神被忌神剋破者，歲運行制化該忌神之鄉時，必成就其貴氣之命。

9、日主強、食神制煞太過，或是傷官剋官過甚，歲運逢遇財星之地，必可成就其富貴之命。

10、日主弱、印衰而官煞旺，歲運行正、偏印之地；或是身弱、印旺、官煞弱，歲運行官煞之地者，均可成就其驟發貴氣之命。

11、日主弱、官印或煞印相生，而印逢財破之人，歲運行比劫祿刃之地，必可成就其富貴之命。

12、日主弱、為傷官配印之人，歲運逢遇印、比之地，在文學、藝術之領域上必可成就其貴氣之命。

13、官、煞星得用，但命局過於偏枯之人，歲運行調候或通關用神之地者，亦可成就其驟發富貴之命。

14、官、煞星得用並緊貼日主，或與日干成五合之情者，其成就富貴之命必定較為穩固與長久。

15、命局官、煞星所居處之柱，其所管限之期間，如能與生助之大運相配合的話，例如日主身強官、煞星位居月柱而有力者，且生助官、煞星之大運正好在第三～五柱者，則此命歲運配合的結果，在此運限內必定官職三級連跳、一路攀升。

16、命局官、煞星所居處之柱，其所管限的期間，如無法與生助之大運相配合為用者，則本人一生僅得安穩度日，要成就為貴命之人，恐怕是難如所願。

三、貧命

滴天髓說：「何知其人貧，財神反不真。」三盤賦說：「日衰財重，黨煞則窮。」財星既為養命之源，則無財，或財氣薄弱、亦或財氣過重以致無法負荷，即無從為養命之依據，生活必將陷於困頓而舉步維艱。

財富既然是決定貧困與否的一個最重要因素，因此命局中的財星如被剋破、情不向日主，或是日主元神弱而無法擔負財氣之荷者，這即是「財神反不真」的命局，那本人要脫離貧困的生活，則唯待歲運之助了。

1、日主強、比肩劫旺、財官煞星弱者，為貧困之命。

2、日主強、正偏印旺、財食傷星弱者，為貧困之命。

3、日主強、財星雖得用，但本命呈偏枯之局又不見調候、通關的用神者，為貧困之命。

4、日主強、財旺、官煞弱，歲運逢遇比劫祿刃之鄉，會陷於貧困的窘境。

5、日主強、財平、食傷旺，歲運逢遇梟印之地，會陷於貧困的窘境。

6、日主弱、財旺、官煞或食傷旺者，為貧困之命。

7、日主弱、比劫祿刃遭官煞剋制、印逢財破，或財得食傷生助者，為貧困之命。

8、日主弱、比劫祿刃旺、財旺，歲運逢遇官、煞之地，會陷於貧困之窘境。

9、日主弱、印旺、比肩或比劫星弱者，歲運逢遇財星或食傷之地，會陷於貧困的窘境。

10、從財格，歲運逢遇比劫、祿刃之地；從兒格，歲運逢遇官煞、梟印之鄉；專旺格，歲運逢遇財官煞之地，均會陷於貧困之窘境。

四、賤命

滴天髓說：「何知其人賤，官星還不見。」繼善篇說：「非夭即貧，必是身衰遇鬼。」可知，古時之封建社會，均以官煞星的強弱，及為喜用或忌用神，做為本人之為貴、為賤的決定因素。

這裡所謂的賤，應以不能顯用於社會而言，而不是專指下賤、不具人格、毫無社會地位、不知羞恥等方面之意義。除非本命格局紊亂，一生大運又不得運助者，方有可能真正成為毫無社會地位之賤命，否則目前為貴命之人，它日逢遇剋破之歲運時，即有可能成為反貴為賤之輩；同理，目前為賤命而庸庸祿祿之人，它日逢遇生助之大運時，亦有可能成為反賤為貴之人，例如明朝開國皇帝太祖朱元璋即是一個甚為明顯的例證。所以人在得意而意氣風發時，切勿驕縱自滿，更須知福、惜福，以造福社會；在落魄不得意時，切勿妄自菲薄，更當自勵自強，以待它日一飛沖天之時。

1、命局五行駁雜、用神失時失地、用神無情無力者，為貧賤之命。
2、日主強、比劫祿刃旺極、官煞不見，又無法入專旺格者，為貧賤之命。
3、日主強、財衰、官煞不見，歲運逢遇比劫祿刃之地，會陷於貧賤的窘境。
4、日主強、財官煞不見、食傷星弱，歲運逢遇偏印之地，會陷於貧賤的窘境。
5、日主弱、印星平氣、官煞混雜，歲運逢遇財星之地，會陷於貧賤的窘境。
6、日主弱、比肩或比劫星平氣，歲運逢遇官煞旺鄉，會陷於貧賤的窘境。
7、日主弱、官煞混雜，又無法入從勢格者，為貧賤之命。

例一、女命：民國47年農曆5月2日丑時建生

年　食神　戊　戌　食神

月　食神　戊　午　月刃　24～28歲　乙　卯　29～33歲

日　　　　丙　寅　偏印　34～38歲　甲　寅　39～43歲

時　比肩　丙　申　偏財　44～48歲　癸　丑　49～53歲

分析：這不僅是一個日主元神非常旺的月刃格，地支又見寅午戌三合火局、比劫局，命局中唯一的喜用神申金雖出現在時柱的地支，但申金不僅被時干的丙火剋制，又與日支的寅木六沖，此外在年、月柱又見戊、戌燥土，所以這是一個過於偏枯的火炎土燥之命局。

除了命局過於偏枯之外，她前四柱的大運又都運行木、火等非為喜用之運，因此她在國中畢業後就隻身從嘉義縣鄉下離鄉到北部謀職求發展。也許是年少無知，或是八字命局的使然，她到北部求發展的夢不僅碎了，最後也當起了流鶯，這期間也曾經自殺而未成；到民國73年、甲子年，她與一位神棍認識後隨即從良，兩人並進而同居生子，到現在（民國91年）兩人雖都沒有辦理結婚登記事宜，但該神棍對她也不錯。

該神棍從民國79年起即以怪力亂神之手段，向不知情的信眾大舉斂財，他們因錢財來得非常容易，也因此毫無節制的花費在吃、喝、居家裝潢及賭博上，結果到民國83年、甲戌年時，因入不敷出而欠了大筆債務，房子不僅被法院拍賣，到現在也還在躲避以前的債權人。

第十八章

論吉凶壽殘夭

吉、壽之慶，同樣是人人所喜、趨之若鶩的人生追求目標；凶、夭之災，則是眾人視為鬼魅且敬而遠之、避之唯恐不及的惡曜。趨吉避凶、喜壽忌夭之路，乃是人生在世所努力追尋且亟欲達到的目標，然而同富貴貧賤之理，也並不是都能盡如人願，這其間影響的因素除了後天的生、長環境因素之外，當然的也脫離不了先天八字命局及歲、運的影響。

八字命局中就吉凶壽夭之看法，雖說當以本命配合歲、運為論斷之依據，但一個人在後天行事做為上的行善積德或為惡逞兇，也可以給本身命局為一個相當大的改造。

積善者，可以在其吉中逢夭之運，得延算天年以續享福祿；為惡者，也會在其吉中有壽之運，遭短促其壽以折福德。故知吉凶壽夭雖是先天之命配合後天之運，以為一生福澤與否的註解，但是後天的積善或為惡，仍然會影響這先天所有的命局。

一、吉命

滴天髓說：「何知其人吉，喜神為輔弼。」所謂喜神者，乃是輔助用神之星曜。大抵命局之八字，必定具有用神以為日主生助之用，其次再備有喜神以為幫扶用神之用，如此用神得勢且有力，本人一生將是有吉無凶而得安穩度日。譬如以官為用，則財、印必為喜神，此時財、印若同透天干，或藏於地支，當歲運逢遇傷官之地，因原命局有財化傷、有印制傷，故官星得以無傷。

又或者是歲運逢遇比劫祿刃之地，原命局中有官星制劫以護財；或是逢遇財鄉，得原命局之官星化財以生印等。諸如此類日主與喜、用神彼此間互相衛護、庇佑得所，即是喜神為輔弼的命局。

二、凶命

滴天髓說：「何知其人凶，忌神輾轉攻。」所謂忌神者，即是剋破、損害命局中喜、用神之惡曜。五言獨步說：「有病方為貴，無傷不是奇，格中如去病，財官兩相隨。」神峰通考說：「何以謂之病？八字中原有所害之神也。何以謂之藥？如八字中原有所害之一字，而得一字以去之之謂也。」

這裡的病，即是忌神；藥，即是去病之喜神。故命局中若是病重而得藥，為大富大貴之人；病輕而得藥，略富略貴之人；無病而無藥，不富不貴之人。

但若是命局中有用神而無喜神、或是有喜神而無法去除局中之忌神，或是無法補救大運之逆勢，如果一生的大運都不入背逆之地時，尚可悠遊而無災的安享天年；但如不幸的於有朝一日逢遇背逆的忌運時，將因有病而無藥，其所發生的災禍必定凶頑而難解救。

譬如日主戊土生於寅月而日主元神原神薄弱者，乃以丙丁巳午火為用神、以戊己戌未為喜神，此時命局若僅見火星用神透干或藏支，但不見土星喜神，或是喜神弱而無力者，則當他日歲、運逢遇水鄉—財星之地時，因原命的比肩、比劫星喜神不見或無力，而無法回剋歲、運之忌神—財星，此時喜神必將直接被剋破以致無法護衛日主，故所生的災禍必定是凶頑而難解救。

三、壽命

滴天髓說：「何知其人壽，性定元氣厚。」命局干支如不見戰沖剋洩的情形，且四柱通根得地、五行氣勢均停，無用之閒神被合去、壞局之忌神被沖剋，與日主相合者皆為喜用神，八字格局呈現出一片和平氣氛，無偏枯之象、不見缺陷之憾，這就是性定之命局。由於性定，因此本人心性即存有豁達的胸襟，凡事隨緣而樂天知命，不生貪戀物慾之私、不做苟且違法之事，為人處事寬厚和平，並具備仁善慈德之心，因此而得以榮享福壽之天年。

所謂元氣厚者，乃是五行相輔相成，日主、喜用神皆通根得地而旺，不見刑沖剋破之忌神，亦或是忌神已被剋制者，所喜者皆是提綱之神、所忌者盡是失令之物，用神與日主或時支團結而有情，大運又都運行喜用之鄉，例如官弱得財、財輕遇食、身旺得食傷洩秀為用、身強得官煞相輔為用、身弱得印綬當權相生等皆是。本人因日主強弱得所、喜用神有情又有力，且又得歲、運的相助，故而得以享富貴福壽之榮。

四、殘命

滴天髓說：「五行和者，一世無災；血氣亂者，平生多疾。忌神入五臟而病凶，客神遊六經而災小。」病源賦說：「木被金制，不無患手疾之兒童；火被水刑，未免失明之子弟。」

命局的八字如果為五行失調、燥濕調候不當而過於偏枯、刑沖剋破過力而不見通關用神者，由於病重無藥以醫治，故多帶有殘疾之症。

原命局之偏枯、失調若過於嚴重時，將是一生殘疾度日；若是症狀輕但逢忌運的沖剋而致受傷者，重者也有可能會導致終生殘疾之災，輕者則於忌運過後而無礙。

五、夭命

滴天髓說：「何知其人夭，氣濁神枯了。」驚神論說：「滿盤陽刃，決定分屍。」又說：「弔客、喪門歲運併臨方孝服。」所謂「濁」，即是「弱」之意，故氣濁即是氣弱。日主失令、用神淺薄、喜神無氣、忌神得令且氣深重，提綱與時支不來幫比日主卻情向忌神，年支與日支又相剋沖而不合，命局之五行應合而不合、忌沖卻逢沖，歲運之鄉不行喜用之地卻與忌神結黨，命局逢遇這些情形者，都可稱為氣濁之命。

所謂神枯者，則是身弱而印綬過重、身旺卻剋洩全無，身旺用財卻見比肩祿刃奪財，身弱用印卻遭財星損印，身弱、比弱、無印綬而財官食傷重疊剋洩重，亦或是五行金寒水冷並土濕、火炎土燥又水木枯槁者等均是。

此外行運遇換甲之地，或是生死交換之鄉（即月令為日主之生地、大運為日主之死地；或是月令為死地、大運為生地者），亦或是日主弱而命歲運成三刑逢沖之地，且三刑又是忌用神者。

逢遇此等氣濁、神枯之命歲運者，命局中如不見天乙、天德、月德、將星等吉神煞之救助，後天陰、陽宅之配合又不好的話，就很容易導致夭折、短壽之死運。

六、範例

例一、男命：民國52年農曆10月22日午時建生

年	正印	癸	卯	比劫	11～15歲	壬 戌	16～20歲
月	正印	癸	亥	偏印	21～25歲	辛 酉	26～30歲
日		甲	申	偏官	31～35歲	庚 申	36～40歲
時	偏官	庚	午	傷官			

分析：日主甲木生於十月的亥水月令，在年、月干又見兩個癸水，此癸水不僅通根於月支亥水，且亥、癸水又被日支的申金所生助，而此申金又見透干於時支的庚金，因此是一個水勢非常旺盛的偏印格。

他命局的水勢不僅旺盛，金氣也不弱，且日主甲木坐下為申金而成為金伐木的截腳煞的情形，此時的甲木唯有依賴年支的卯木及月支亥中甲木做為植根之物，並以時支的午火制金為用，否則會有水旺木漂、金旺木折的情形；又此亥中甲木及年支卯木雖為命局的忌用神，但也是不得已的釜底抽薪之用法。

由於年支卯木、亥中甲木本身也都受到日支申金的暗剋，而成為一水旺根爛的情形，所以像這種命局的架構完全植基於一個不穩固的根基上，在先天上就已

經隱伏著危機，也就是說往後若再逢運申、酉金歲運的話，必將會對生命、財產造成很大的損害。

他在26～30歲的大運為酉金運，由於此酉金先行剋損了年支的卯木，因而對命局造成了致命的損傷；到了民國82年、癸酉年、31歲，大運為更金運，酉金不僅再次的將年支卯木斲斷，大運庚金又參一腳的不僅再次的傷剋日主甲木，且又加強命局過旺水勢的根氣，時支午火的氣息也可說幾乎熄滅，他在當年國曆的8月因發生車禍而亡故。享年31歲，應該算是一個不壽的八字命局。

第十九章

學歷、考運與職系

俗語說：「萬般皆下品，唯有讀書高。」又說：「十年寒窗無人問，一舉成名天下知。」這說明了我國自古以來，不管身處貧富貴賤的任何階層之人，對學問之求取與科舉考試重視的程度。在封建之社會裡，要出人頭地、要光宗耀祖，除了少數因異路功名榮顯之人外，大多數的人唯有從讀聖賢書，並進而參與科舉應試之途，才得以有顯達的機會。

事實上學歷之受重視，不僅存在於我國古時的封建社會，在今日的科技昌明時代一樣受到重視，甚至於更甚於以往，而且不僅是我國重視學歷而已，在世界各國都有相同的情形。試觀國、內外知名學府、500大企業，它們錄取、用人的標準、升遷的評估考覈及薪水高低核發之依據，沒有一樣不是以學歷的高低做為參考依據；而這學歷、文憑獲取的高低，當然是以讀書及參加一關又一關的考試而決定之。

雖說擁有高學歷或是金榜題名之人，必須要歷經十年的寒窗苦讀，才得以能如所願，但是所有歷經十年寒窗苦讀之人，他們雖也都具有滿腹的經綸，卻未必每個人都能如願的因參與考試而獲得高學歷，或是榮登金榜題名客，這其中名落孫山之人更見比比皆是。同樣都是這麼的努力、這麼的用功，但卻有不一樣的後果，這除了先天八字命局之結構外，其次影響最深的就是考運的好壞。

命局結構縱使有不完美之處，但只要能得歲、運的幫助，也是能夠金榜題名；反之，命盤格局雖稱佳美，如不得運助的話，縱使才高八斗，也僅得流落鄉里為一寒儒、秀士之輩。

大抵而言，學問之高低、文憑取得與科舉功名之考取，其喜用神的取用與一般格局的取用並無差別。雖說官、煞、印三者為富貴功名與學問的基本含意，但仍須審視命局之是否清朗有氣而不駁雜，調候、通關用神是否有情且得力，以及日主之身強或身弱、日主是否能駕馭財官煞印之物等而定，並非一概見到官煞印之物，即可推定為學問可求、功名可得。

一、學歷、文憑

星平海會論科甲歌說：「魁星歲駕五經名，甲旺提綱榜眼清。火明木秀從魁印，金白水清甲第新。重疊玉堂登紫閣，調和水火貫黃金。木生春令逢傷食，甲宿文場義理深。財印兩輕官煞是，甲第連科一舉成。根苗天乙俱榜眼，為魁木火定解英。相涵金水親黃榜，遞立丙丁侍紫宸。金水秋氣火方取，魁星官煞貴分明。煞重身輕休道弱，如逢印綬作魁星。誰知議此分高下，熟記猶如徐子平。」

這篇論述乃是以官煞印星的強弱，及五行調和之是否恰當，做為能否有才高八斗的文學義理，與能否取得科舉魁星的命理依據。這是由於印星乃為學術、文教之星，正官、七煞為位階、榮譽之星，官、煞均能生印，故官印或煞印二者並稱為學術之星；其次六神中的食神、傷官則為才華嶄露、天賦揮灑之星。此外神煞中的文昌貴人，表示獲得有才學之人的相助；學堂、學館貴人，則是本人具文學才華與能榮登科舉甲榜之名；華蓋則主具追求藝術、文學之雅趣，且生性聰明。

1、日主強且財官印配合得宜、相生為用之人，不僅是一富貴並享之命，並也是一高學歷之人。

2、命局用神配合得宜，四柱不見刑沖破害者，可獲取高學歷。

3、官印或煞印相生為用之人，命局不見傷官剋官無情、或是食神制煞過重、亦或是財星近貼日主並損壞印星者，可獲得高學歷。

4、傷官配印為用之人，命局不見財星損印者，此人大抵都具有聰穎的天賦，歲運又逢生助者，必可獲取高學歷。

5、身旺、官煞亦旺之人，得食神制煞或是傷官駕官為用者，可獲取高學歷。

6、身強、比劫祿刃旺之人，得食神、傷官洩秀為用而不見印星壞局者，可獲得高學歷。

7、月令為印星或官煞星，如為喜用神且不逢剋破者，可獲得高學位。

8、五行之金水文華、水木相涵、木火通明、火土文明、土金皁富等，五象相成而有祥和之氣，不見刑沖剋破者，此人必定是才高八斗、文華洋溢之人，如又得歲運相助時，不僅是可獲取高學歷，並且可在文學的領域上綻放光芒。

9、五行木旺土崩得火之焙土、土旺水縮得金之生水、水旺木漂得土之阻水、金旺木損得水之生木、火旺金熔得土之護金、金寒水冷得火之暖局、火炎土燥得水之潤局等，通關、調候之用神得用，歲運又不背逆者，可獲得高學歷。

10、官煞印食傷等用神被剋破，或是坐下逢空亡，命局不見救應之神者，若在大運第二、三柱見救應之神，且於青少年、國中求學之數年又得相助之運者，也可獲得高學歷；若是大運吉、流年不好者，僅能獲得一中等之學歷而已。

11、官煞印食傷等用神坐下為文昌、學堂、將星……等吉神貴人者，易獲取高學歷，若早年的歲運再行生助之地者，例如官煞星行財鄉、印星行官煞鄉、食傷星行財鄉等，必可獲得高學歷。

12、官煞印食傷等用神氣聚於年、月柱者，在年輕之期即已嶄露其文華之光芒，而得以如甘羅少小拜相、孔融早年揚名般的獲得高學歷；但用神若是聚於日、時柱，且大運在第三、四柱起始行喜用之鄉者，則於中年後會興起再求學之念頭，並也都能如願的獲得高學歷。

13、專旺格、從勢格及化氣格之人，大運之第二、三柱不行背逆之鄉者，必可獲得高學歷。

二、科舉、考運

滴天髓說：「巍巍科第邁等倫，一個元機暗裡存。清得淨時黃榜客，雖雜濁氣亦中式。秀才不是塵凡子，清氣還嫌官不起。異路功名莫說輕，日元得氣遇財星。」清朝相國陳素庵說：「看科第之發，不外清貴，但於清貴中尋其秀氣，是為科目；或秀之極、或秀而奇，則廷對及第、闈試掄元。舊取木秀火輝、金白水清等格，往往有驗，然五行生剋合法，皆可以掇巍科第；舊又取最吉之運，方發科第，不知大貴之人，即及第掄元，不必遇最吉運始貴，次吉之運可以得之，最吉之運乃其乘大權躋極品時也，若科第必登於最吉之運，則其成就有限矣。」

由這兩篇的論述可知，科舉、考運的好壞乃是以命局之清淨、官星生起為科舉掄元之根基。科舉掄元、金榜題名乃是人人所追求的目標，然而要達到這個目標則須經過考試之途；同樣的，今日我們要躋入高學府之林、要任職於公家機關、要服務於知名之大企業等，也必須歷經考試之途，若能夠通過考試之測驗，則學校、職務之取得已是握於手中了。

一般而言，才學豐富、實力夠、成績優良之人，在考試上必定佔有很大之優勢，且能夠通過考試之關而榜上有名；但是也有實力好的人卻考不上，實力平庸之人卻能金榜題名，這種出乎一般人意料之外的事情，經常發生在我們周遭的生活中，有時候不得不讓人嘆造化之弄人，故而也常有人歸咎於考運不佳，而致無法達成願望。至於考運之吉凶，也是不離原命局的喜忌用神、通關用神、調候用神及病藥用神等之類屬。

1、八字格局清奇、用神真假分明、閒神與忌神各有所歸、大運又不背逆者，則一生的考運可說是無往不利，每考必中。

2、命局為煞印相生之貴格，或是官印雙清之美格，考試之流年逢遇官煞印用神之地者，考試可上榜。

3、用神輕微、喜神暗伏而秀氣深藏之人，流年逢遇引動喜神之地者，可得榜上有名。

4、身、印兩旺，流年行財星之鄉；身、比兩強，流年行官、煞或食、傷之鄉；身、官或身、煞兩強，流年行食神制煞之地，或是傷官駕官之鄉；身衰、財旺，流年行比劫祿刃之地；身弱、印旺，流年行官、煞之地。以上命局的大運若又不背逆者，均可榜上有名；但若是大運為背逆之鄉時，雖也能考上，然而都是為吊車尾的名次。

5、命局金寒水冷之象，流年逢遇木火暖局之鄉；或是火土炎燥之格，流年逢金水潤局之地；亦或是干支用神與它柱成沖剋之狀，又無救應之神，流年走通關之路者。由於這類之命局都為過於偏枯之命，故大運也須為不背逆之鄉，才得以有科舉中第之機，否則單憑流年之力，恐怕會力有所未逮，縱使上榜，也一樣是吊車尾的名次。

6、特殊格局之命，流年行旺神喜用之鄉時，必定金榜題名。

7、命局之用神被剋破者，流年行制化該剋破之物的喜用之鄉時，考試可得榜。

8、命局為官煞混雜而並旺者，流年行去官留煞，或是去煞留官之地時，可金榜題名。

9、流年與命局用神合化成喜用神，或與忌神合化成喜用神者，可金榜題名。

三、科系、職業

俗語說：「男怕入錯行，女怕嫁錯郎。」可知職業的選擇對一個人一生的影響不可為不大，如果我們選擇的行業能夠適合我們的興趣的話，那我們在工作上的付出，絕對是盡心且盡力、盡職且負責，甚至於會有工作狂的表現情形；但如果所選擇的行業與自身的興趣不合的話，那我們工作態度將會是做一天和尚敲一天鐘與得過且過的心態，根本毫無鬥志可言。

到最後也因為就職事業之是否適合本命，而在職場上所為之付出的不同，其結果顯現在升遷與獲利上的情形，則會有頗大的差別。

至於要如何能夠知道自己的興趣與適合的職業是何種屬性，並不一定是每一個人都能了解，也可以說絕大多數的人都不甚了解自己適合的行業是哪一種類屬；尤其是在高中求學階段，已經有選擇組別、科系的抉擇分才教育，在這一個青少年時期，更不太可能能夠完全了解自己的興趣在哪裡，大部分的人都是一窩蜂的跟著時代潮流選科系，以當前社會上最吃香、最熱門的行業是哪一種，就跟著選擇該行業或是與該行業有關的科系為求學之志願，但這一種選科系的依據，並不一定能符合自己的個性與興趣，所以我們會發現在當今之社會上有很多人都是學非所用，在校所學的並不能發揮於工作上的表現，嚴格來說這都是一種社會資源的浪費。

事實上一個人的個性、脾氣與興趣、喜好，可以說脫離不了八字命局的影響，而八字命局中十神（又稱六神）的屬性各有其特色及涵蓋之意義，故如果一個人能夠事先了解其命盤的結構，必定也可以從命盤中知道他本人的優缺點，也因此可以從命盤中五行喜用的十神屬性，以客觀審慎的態度，配合對自身個性、興趣的認知，去選擇一個適宜的科系的話，如此將來任事就職時，必定是學以致用且能得心應手，則未來於工作上要升遷的機會絕對是比他人強得多。

今就五行、十神與科系、職業之屬性、種類分述如後：

1、五行與科系分類：

（1）木之五行：畜牧系、農經系、造林園藝系、醫學系、獸醫系、文學系、法政學系、軍警學系、教育學系、美術系、音樂系、人類學系、裝潢建材科、家政科、美工設計科。

（2）火之五行：化工系、生化系、電機系、紡織系、食品營養系、印刷科、電子科、電工科、電子通訊科、機電維修科、餐飲科、美容科、服飾科、影視科、醫事檢驗科。

（3）土之五行：建築系、土木工程系、地政系、環保系、礦冶系、考古系、管理系、地球科學系、製圖系、企管系、食品加工科、陶藝科、雕塑科。

（4）金之行業：商學系、理工學系、機械系、板金科、機械維修科、金屬加工科。

（5）水之行業：大眾傳播系、觀光系、天文系、氣象學系、廣電學系、海洋學系、大眾運輸系、資訊系、輪機系、造船系、水產養殖科、水產加工科、冷凍空調科。

2、十神與科系分類：

（1）正官科系：國貿系、運輸管理系、公共工程系、法律系、教育系、會統系、管理學系、地政系、企管系、畜牧系、政治系。

（2）偏官科系：軍警學系、犯罪學系、機械系、礦冶系、機工科、天文系、考古系、輪機系、理工系、化工系。

（3）正印科系：幼保科、護理科、家政科、社教系、語文學系、史地學系、文學系、藥學系、人類學系。

（4）偏印科系：醫學系、法醫系、生化系、理化學系、會計學系、經濟系、銀行保險系、地球科學系、電算系、設計科、建築系、氣象系、畜牧系。

（5）正財科系：食品科、食品加工科、服飾科、造林園藝系、紡織系、農業系、資材科、冷凍空調科、塑化科。

（6）偏財科系：農經系、商數系、財經系、食品製造科、食品管銷科、工藝科、裝潢建材科、美工科、養殖科。

（7）食神科系：海洋系、大眾運輸系、觀光系、戲劇系、影劇系、食品營養科、印刷科、美容美髮科、廣告設計科。

（8）**傷官科系**：資訊系、美術系、音樂系、舞蹈系、語文學系、文學系、花藝設計科、理化學系、電機系、電訊科、電子科。

（9）**比肩科系**：大眾傳播系、廣電系、地政系、環保系、地質系、行銷系、染整科、礦冶系、森林系。

（10）**比劫科系**：體育系、考古系、法醫系、社會學系、犯罪學系、軍警學系、新聞學系、國術系。

3、五行與職業分類：

筆者參酌命學先進陳品宏老師所著《五行事業適屬表》內就職業之分類，與筆者的經驗與認知，分述於後：

（1）**木之五行**：

文學、文藝、文具店、文化事業、文人、作家、寫作、撰文、教員、校長、教育品、教育業、中醫師、西醫師、書店、出版社、公務員、司法人員、政治家、警察、軍人、參政者、創造界、醫藥學業、植物學界。

木材、木器、木製品、家具、裝潢業、製紙業、園藝業、花藝業、樹苗業、青果商、布匹買賣、宗教家、傳道者、人才養成業、宗教用品販售業。

（2）火之五行：

與電熱有關之性質如高熱性、光亮性、火爆性之行業、光學、光照、照明、高熱溶液、易燃燒物、汽油業、瓦斯業、酒精業、石化業。

食用油、菸酒專賣業、食品業、再製品業、物品加工業、工廠、製造廠、修護廠、機械加工品、手工藝品、自助餐、服飾業、百貨業、裝飾品業、美容美髮業、化妝品、印染業、雕刻家、心理學家、演說家、歌舞藝術業。

（3）土之五行：

土產及地產業、農產業、畜牧業、土產品、農牧產品百貨、蔬果買賣業、市場攤販業、飼料製造與販售業、防水事業（如雨衣、雨傘、雨帆、容器、築堤防）、水泥業、石材業、陶瓷器製造販售業。

建築業、仲介業、房屋買賣業、風水地理業、會計業、記帳員、紀錄員、代理商、經銷商、企管顧問業、秘書、書記、代書、設計業、護理業、古董界、鑑定師、紙糊業、喪葬業、墓地管理業、靈骨塔業、出家人。

（4）金之五行：

金屬材質或金屬工具之販售業、五金器物製造與販售業、機械工具、運輸用具、汽車或機車販售業、珠寶商、採礦業、礦冶業、伐木業、家電販售業、金融界、科技事業、堅硬事業、主宰性事業、主動性事業。

（5）水之行業：

流通性、服務性、多客戶群性、漂游性質、奔波流動性質、連續運動性質、不穩定易變化性質、低溫不燃燒之化學性質、以海為謀生之性質。

冷凍業、空調業、冷飲業、低溫不燃液體製造販售業、滅火器材製造與販售業、水利輸送販售業、貨櫃運輸業、水產業、漁獲業、船員航海業、冷藏業、港務裝卸業、魚具業、釣具業、環保清潔業、清掃業、泳池業、消防業、湖泊池塘浴池經營與維修業、冷藏與冷凍物之販售業、流動性之攤販。

媒體及大眾傳播業、陸海空運輸業、旅遊業、美容護膚、飲用水販售、酒品販賣、海底打撈、排水工程、下水道、水電工程、第四台、電梯與電扶梯工程、遊覽公司、搬家公司、房屋仲介業、外交事務官、記者、業務貿易人員、郵差、偵探社、玩具。

聲樂家、音樂家、音響器材製造與販賣、DVD與VCD租售業、魔術師、馬戲團、飯店與旅社服務業、咖啡SHOP、PUB、百貨公司、休閒度假村、冷飲與冰品販賣、洗衣店、賞鯨豚、浮潛、SPA水療服務、三溫暖業、自由業、張老師諮詢中心、演藝事業、運動家、五術事業、育兒中心、幼稚園、褓姆、安養中心、喜憨兒中心、精神病患收容所、遊民收容中心、資訊業、業務銷售人員、直銷業。

4、十神與職業分類：

（1）用神為正官者：

宜從事政治、公務員、公家機關、民營事業、內勤人員、行政管理人員、律師、司法人員、軍警內勤人員、薪水階級之上班族、公司主管……等具行政性、管理性、領導性之事業。

（2）用神為七煞者：

宜從事軍警外事人員、職業軍人、外科醫生，具冒險性、挑戰性、開創性與激烈性之工作如運動員、特技行業、首領與指揮官、採礦與冶礦業。

（3）用神為正印者：

宜從事文教業、出版社、文學家、教師、牧師、傳道者、秘書、慈善事業、安養中心、收容中心、宗教事業、宗教用品、學術研究機構。

（4）用神為偏印者：

宜從事較為專業性、精明性、腦力激盪性之行業，如創造、發明、設計開發新事物、科技、醫藥、醫師、會計、幕僚策劃人員。

（5）用神為正財者：

宜從事較具保守性之財物、金錢事業，如金融、保險業之內勤人員、財政與經濟事業、小型商務性之事業、門市型與店鋪型之事業、小本生意之攤販業。

（6）用神為偏財者：

宜從事具高度經濟活動與交際手腕業，如經商創業、合縱連橫之商業聯盟、量販店、流通物流業、進出口貿易事業、工廠之經營、股票與證券之買賣。

（7）**用神為食神者：**

宜從事服務業、外交事業、才藝業、文學與藝術創作業、特殊才藝業、瘦身美容業、專精技術或才華事業。

（8）**用神為傷官者：**

宜從事潮流性、革創型、靈感性與才華性之行業，如服飾設計師、珠寶設計師、資訊工程師、藝術收藏家、書畫家、音樂家、舞蹈家、演藝工作者、雕刻家、伶人、相聲表演者、默劇表演者。

（9）**用神為比肩者：**

宜從事合夥事業、自由業、服務業、律師、演說家、武術、國術館。

（10）**用神為比劫者：**

宜從事需高度體力、精力與耐力之事業，如武市行業、流動事業、挑戰事業、高空跳傘、飛車特技、特技人員、爆破專家、蛙人部隊等，競爭激烈又具冒險性之事業。

前面行業之屬性雖各有其五行與十神之歸屬，但就今日社會之複雜性與流通性而言，大多數行業種類之屬性，已非單一之性質就可以涵蓋全部之屬性。

蓋現今之行業因牽涉到多樣化之使用，與多功能用途方面的延伸，所以要判斷一個行業的適用，即需綜觀其營業性質、項目與客戶鎖定層面等多面之屬性，而用以推斷其應該包含有哪些的五行與十神之類屬，也就是說一個行業有可能涵蓋數種五行與十神，也唯有如此的推斷才可算是周延，且不致背離現實甚遠。

四、範例：

例一、男命：民國42年農曆1月13日寅時建生

年	正財	癸	巳	偏印			
月	偏官	甲	寅	偏官	28～32歲	辛 亥	33～37歲
日		戊	申	食神	38～42歲	庚 戌	43～47歲
時	偏官	甲	寅	偏官	48～52歲	己 酉	53～57歲

分析：他任職產險公司；學歷為大學法律系畢業。日主元神為戊土，雖在年柱地支見巳火偏印星生助日主之物，但因地支見寅巳申三刑又沖的情形，且剩下其他十

神都為財、官、食神等剋洩耗日主元神之物，因此這是一個屬於特殊格局的「假從財格」之命局，以剋洩耗日主五行之金、水、木為喜用神，以濕土為閒神，以火、燥土為忌用神。

命局中僅在年干見癸水正財星，而偏財星則暗藏在日支申金之中（申宮暗藏庚、戊、壬），在地支則見寅巳申三刑且又得用的架構，故為一「貴大於利」的格局。

他在民國72年、癸亥年進入保險公司服務；在民國82年、癸酉年，為傷官生財的喜用年，升任課長職務；民國84年、乙亥年，為財旺生官的喜用流年，升任襄理職務；民國89年、庚辰年，為食神制煞兼生助財庫（辰—為水庫、為戊土之正財庫）的喜用流年，升調台東分公司經理職務；民國91年、壬午年，壬水為偏財喜用之星，午火為正印、為權勢擴大但多勞累之半喜半忌之星，這一年平調至屏東分公司，職務未升遷，但權勢與壓力都相對的增加。

例二、女命：民國62年農曆4月8日酉時建生

年	正官	癸	丑	傷官	10～14歲	戊	午	15～19歲
月	比劫	丁	巳	建祿	20～24歲	己	未	25～29歲

日　丙　午　比劫　30～34歲　庚　申　35～39歲

時　比劫　丁　酉　正財　40～44歲　辛　酉　45～49歲

分析：這是一個日主元神強的建祿格局，以金、水、溼土為喜用神，以木、火、燥土為忌用神。她在民國83、甲戌年專科畢業，畢業後在會計事務所上班。民國87、戊寅年，她參加高普考的考試，由於戊土為燥土、為忌用神，剋合了年干癸水正官星之喜用神，而寅木為偏印星也是剋破了年支丑土傷官星之喜用神，這一年的考試因而名落孫山。

她在民國87年的10月來找筆者推算命理，筆者告訴她說：「民國89年是一個很好的考運流年。」民國89年、庚辰年，庚金是她命局的偏財星、辰庫則為官星庫，干支都是命局的喜用神，這一年她如願的插班考上夜間部大學；但由於大運為未土、燥土之非為喜用之運，所以只考上中等的夜間部大學。

後記

「八字命理學」是五術學理中的推算人生命與運的一門學問，是集歷代先人之智慧結晶所成就的一門學問。由於這一門學問頗為深奧而難學難懂，因此很多想要研讀八字命理學之人，由於無法領悟其中深奧的道理，以致半途而廢並視學八字命理學為畏途。

事實上八字命理學在推算人生運勢的準確度是頗高的，只因它難學難懂以致迄今都無法被了解、被推廣開來，甚至於被一些學藝不精的江湖術士利用為賺取客戶錢財的一種工具，而讓社會上的知識分子所排斥並譏為無稽之談。

人的一生運勢都會歷經吉凶、否泰的情形，而這種情形並不是如江湖術士般所說：單靠一張財神符、一個印章、擺放個水族箱、水族箱放幾條魚、膜拜財神爺、放個招財物……等，就能達到生意錢財滾進、事業輝煌騰達……等的效果。這些說法都是騙人的說詞，也是術士賺錢的技倆而不足採信。

基此之故，筆者今以一般社會大眾為閱讀對象，而以很白話、淺顯的文字敘述方式編寫此書，藉此希望「八字命理學」的學派理論能如西洋星座學般的能廣為社會大眾所了解與接受，並進而對自身未來之運勢能有預先的認知，而為趨吉避凶的積極作為，以期藉後天人為的方式將吉利、好的運勢擴展到極限，將凶災、不好的厄運壓縮到最少，而讓我們一生的奮鬥能更平坦與順暢。

民國九十一年十二月　完稿於筆者高雄工作室

LWN 研究中心

命學・命名・擇日・文王卦・地理・安塔位
陽宅・陰宅・堪輿・法律諮詢・開光、安神位

林煒能 謹識

〇服務項目：	〇服務潤金：	〇服務內容：
一、八字論命：五年詳批：二二〇〇元		※為客戶詳論：事業、婚姻、感情、子女、坐向、顏色喜用、擺飾品。
二、結婚、遷居 擇日：二二〇〇元		※結婚：擇選訂婚、安床、迎娶等三吉日。遷居：先至現場勘察宅向。
三、公司、行號、個人 命名：二二〇〇元		※個人包括：大人、小孩、初生兒。
四、命名＋八字詳批：三〇〇〇元		※與前項之命名至少選取20—30組以上名字，由客戶選取。
五、卜卦：	卜二卦：一〇〇〇元	※一卦專精論斷一事，範圍雖狹小，但是其論斷之精準，真叫人讚揚。
六、陽宅堪輿：	公寓：六〇〇〇元（不含擇日） 透天、別墅：一〇〇〇〇元（含擇日） 公司、工廠、營業場所：二〇〇〇〇元 （一五〇坪以內・含擇日）	※詳細為客戶規劃財庫、文昌位、負責人位、內部格局配置平面圖。
七、陰宅地理：	吉地土葬：三〇〇〇〇元 安靈塔位：二六〇〇〇元	※不論點選幾處吉地、或是幾處靈塔，都以直到客戶滿意為止。
八、開光、安神位：六〇〇〇元		※包含擇選開光、安神位之吉日、吉時，以及開光、安神位之儀式。

國家圖書館出版品預行編目資料

八字入門—好學又實用的八字學習書 / 林煒能著.
－－第一版－－臺北市：知青頻道出版；
紅螞蟻圖書發行，2011.9
面　；　公分－－(Easy Quick；114)
ISBN 978-986-6276-99-6（平裝）

1.命書

293.1　　100015673

Easy Quick 114

八字入門—好學又實用的八字學習書

作　　者／林煒能
美術構成／Chris' office
校　　對／楊安妮、周英嬌、林煒能
發 行 人／賴秀珍
總 編 輯／何南輝
出　　版／知青頻道出版有限公司
發　　行／紅螞蟻圖書有限公司
地　　址／台北市內湖區舊宗路二段121巷19號（紅螞蟻資訊大樓）
網　　站／www.e-redant.com
郵撥帳號／1604621-1　紅螞蟻圖書有限公司
電　　話／(02)2795-3656（代表號）
傳　　真／(02)2795-4100
登 記 證／局版北市業字第796號
法律顧問／許晏賓律師
印 刷 廠／卡樂彩色製版印刷有限公司
出版日期／2011年 9 月　第一版第一刷
　　　　　2020年 3 月　　　第三刷（500本）

定價 360 元　港幣 120 元

ISBN 978-986-6276-99-6　　Printed in Taiwan